OEUVRES
DE
P. CORNEILLE.

DE L'IMPRIMERIE DE P. DIDOT, L'AINÉ,
CHEVALIER DE L'ORDRE ROYAL DE SAINT-MICHEL,
IMPRIMEUR DU ROI.

OEUVRES

DE

P. CORNEILLE

AVEC

LE COMMENTAIRE DE VOLTAIRE,

ET LES JUGEMENTS DE LA HARPE.

TOME HUITIÈME.

A PARIS,

Chez JANET ET COTELLE, LIBRAIRES.

M DCCC XXII.

SERTORIUS,
TRAGÉDIE.

1662.

PRÉFACE DE VOLTAIRE.

Après tant de tragédies peu dignes de Corneille, en voici une où vous retrouvez souvent l'auteur de *Cinna*; elle mérite plus d'attention et de remarques que les autres. L'entrevue de Pompée et de Sertorius eut le succès qu'elle méritait; et ce succès réveilla tous ses ennemis. Le plus implacable était alors l'abbé d'Aubignac, homme célèbre en son temps, et que sa *Pratique du Théâtre*, toute médiocre qu'elle est, faisait regarder comme un législateur en littérature. Cet abbé, qui avait été long-temps prédicateur, s'était acquis beaucoup de crédit dans les plus grandes maisons de Paris. Il était bien douloureux sans doute à l'auteur de *Cinna* de voir un prédicateur et un homme de lettres considérable écrire à madame la duchesse de Retz, à l'abri d'un privilége du roi, des choses qui auraient flétri un homme moins connu et moins estimé que Corneille.

« Vous êtes poëte, et poëte de théâtre, dit-il à

« ce grand homme dans sa quatrième disserta-
« tion adressée à madame de Retz; vous êtes
« abandonné à une vile dépendance des his-
« trions : votre commerce ordinaire n'est qu'avec
« leurs portiers; vos amis ne sont que des librai-
« res du Palais. Il faudrait avoir perdu le sens,
« aussi bien que vous, pour être en mauvaise hu-
« meur du gain que vous pouvez tirer de vos veil-
« les et de vos empressements auprès des histrions
« et des libraires. Il vous arrive assez souvent,
« lorsqu'on vous loue, que vous n'êtes plus af-
« famé de gloire, mais d'argent..... Défaites-vous,
« M. de Corneille, de ces mauvaises façons de
« parler, qui sont encore plus mauvaises que vos
« vers... J'avois cru, comme plusieurs, que vous
« étiez le poëte de la critique de l'École des
« femmes, et que Licidas était un nom déguisé
« comme celui de M. de Corneille; car vous
« êtes sans doute le marquis de Mascarille, qui
« piaille toujours, qui ricane toujours, qui
« parle toujours, et ne dit jamais rien qui vail-
« le, etc. » Ces horribles platitudes trouvaient
alors des protecteurs, parceque Corneille était
vivant. Jamais les Zoïle, les Gacon, les Fréron
n'ont vomi de plus grandes indignités. Il attaqua
Corneille sur sa famille, sur sa personne; il exa-

mina jusqu'à sa voix, sa démarche, toutes ses actions, toute sa conduite dans son domestique; et dans ces torrents d'injures il fut secondé par les mauvais auteurs, ce que l'on croira sans peine.

J'épargne à la délicatesse des honnêtes gens*, et à des yeux accoutumés à ne lire que ce qui peut instruire et plaire, toutes ces personnalités, toutes ces calomnies que répandirent contre ce grand homme ces faiseurs de brochures et de feuilles qui déshonorent la nation, et que l'appât du plus léger et du plus vil gain engage encore plus que l'envie à décrier tout ce qui peut faire honneur à leur pays, à insulter le mérite et la vertu, à vomir imposture sur imposture, dans le vain espoir que quelqu'un de leurs mensonges pourra venir enfin aux oreilles des hommes en place, et servir à perdre ceux qu'ils ne peuvent rabaisser. On alla jusqu'à lui imputer des vers qu'il n'avait point faits; ressource ordinaire de la basse envie, mais ressource inutile; car ceux qui ont assez de lâcheté pour faire courir un ouvrage sous le nom d'un grand homme

---

* Ne pouvait-il pas leur épargner aussi les sottises de d'Aubignac, en se dispensant de les reproduire? P.

PRÉFACE

n'ayant jamais assez de génie pour l'imiter, l'imposture est bientôt reconnue.

Mais enfin rien ne put obscurcir la gloire de Corneille, la seule chose presque qui lui restât. Le public de tous les temps et de toutes les nations, toujours juste à la longue, ne juge les grands hommes que par leurs bons ouvrages, et non par ce qu'ils ont fait de médiocre ou de mauvais.

Les belles scènes du *Cid*, les admirables morceaux des *Horaces*, les beautés nobles et sages de *Cinna*, le sublime de Cornélie, les rôles de Sévère et de Pauline, le cinquième acte de *Rodogune*, la conférence de Sertorius et de Pompée; tant de beaux morceaux, tous produits dans un temps où l'on sortait à peine de la barbarie, assureront à Corneille une place parmi les plus grands hommes jusqu'à la dernière postérité.

Ainsi l'excellent Racine a triomphé des injustes dégoûts de madame de Sévigné, des farces de Subligni, des méprisables critiques de Visé, des cabales des Boyer et des Pradon; ainsi Molière se soutiendra toujours, et sera le père de la vraie comédie, quoique ses pièces ne soient pas suivies comme autrefois par la foule; ainsi les charmants opéras de Quinault feront toujours les délices de quiconque est sensible à la douce harmonie de la poésie, au naturel et à la vérité de l'expression, aux graces faciles du style, quoique ces mêmes opéras aient toujours été en butte aux satires de Boileau, son ennemi personnel, et quoiqu'on les représente moins souvent qu'autrefois.

Il est des chefs-d'œuvre de Corneille qu'on joue rarement; il y en a, je crois, deux raisons: la première, c'est que notre nation n'est plus ce qu'elle était du temps des *Horaces* et de *Cinna*: les premiers de l'état alors, soit dans l'épée, soit dans la robe, soit dans l'église, se faisaient un honneur, ainsi que le sénat de Rome, d'assister à un spectacle où l'on trouvait une instruction et un plaisir si noble.

Quels furent les premiers auditeurs de Corneille? un Condé, un Turenne, un cardinal de Retz, un duc de La Rochefoucauld, un Molé, un Lamoignon, des évêques gens de lettres, pour lesquels il y avait toujours un banc particulier à la cour, aussi bien que pour messieurs de l'Académie: le prédicateur venait y apprendre l'éloquence et l'art de prononcer; ce fut l'école de Bossuet: l'homme destiné aux premiers emplois de la robe venait s'instruire à parler dignement. Aujourd'hui, qui fréquente nos spectacles? un certain nombre de jeunes gens et de jeunes femmes.

La seconde raison est qu'on a rarement des acteurs dignes de représenter *Cinna* et *les Horaces*. On n'encourage peut-être pas assez cette profession, qui demande de l'esprit, de l'éducation, une connaissance assez grande de la langue, et tous les talents extérieurs de l'art oratoire. Mais quand il se trouve des artistes qui réunissent tous ces mérites, c'est alors que Corneille paraît dans toute sa grandeur.

Mon admiration pour ce rare génie ne m'empêchera point de suivre ici le devoir que je me suis prescrit, de marquer avec autant de franchise que d'impartialité ce qui me paraît défectueux, aussi bien que ce qui me semble sublime. Autant les injures des d'Aubignac et de ceux qui leur ressemblent sont méprisables, autant on doit aimer un examen réfléchi, dans lequel on respecte toujours la vérité que l'on cherche, le goût des connaisseurs qu'on a consultés, et l'auteur illustre que l'on commente. La critique s'exerce sur l'ouvrage, et non sur la personne : elle ne doit ménager aucun défaut, si elle veut être utile.

PRÉFACE DE CORNEILLE.

AU LECTEUR.

Ne cherchez point dans cette tragédie les agréments qui sont en possession de faire réussir au théâtre les poëmes de cette nature : vous n'y trouverez ni tendresses d'amour, ni emportements de passions, ni descriptions pompeuses, ni narrations pathétiques. Je puis dire toutefois qu'elle n'a point déplu, et que la dignité des noms illustres, la grandeur de leurs intérêts, et la nouveauté de quelques caractères, ont suppléé au manque de ces graces. Le sujet est simple, et du nombre de ces événements connus, où il ne nous est pas permis de rien changer qu'autant que la nécessité indispensable de les réduire dans la règle nous force d'en resserrer les temps et les lieux. Comme il ne m'a fourni aucunes femmes, j'ai été obligé de recourir à l'invention pour en introduire deux, assez compatibles l'une et l'autre avec les vérités historiques auxquelles je me suis attaché. L'une a vécu de ce temps-là ; c'est la première femme de Pompée, qu'il répudia pour entrer dans l'alliance de Sylla, par le mariage d'Émilie, fille de sa femme. Ce divorce est constant par le rapport de tous ceux qui ont écrit la vie de Pompée; mais aucun d'eux ne nous apprend ce que devint cette malheureuse, qu'ils appellent tous Antistie, à la réserve d'un Espagnol, évêque de Gironne, qui lui donne le nom d'Aristie, que j'ai préféré, comme plus doux à l'oreille. Leur silence m'ayant laissé liberté entière de lui faire un refuge, j'ai cru ne lui en pouvoir choisir un avec plus de vraisemblance que chez les ennemis de ceux qui l'avaient outragée : cette retraite en a d'autant plus, qu'elle produit un effet véritable par les lettres des principaux de Rome que je lui fais porter à Sertorius, et que Perpenna remit entre les mains de Pompée, qui en usa comme je le marque. L'autre femme est une pure idée de mon esprit, mais qui ne laisse pas d'avoir aussi quelque fondement dans l'histoire. Elle nous apprend que les Lusitaniens appelèrent Sertorius d'Afrique pour être leur chef contre le parti de Sylla; mais elle ne nous dit point s'ils étoient en république, ou sous une monarchie. Il n'y a donc rien qui répugne à leur donner une reine; et je ne la pouvois faire sortir d'un sang plus considérable que de celui de Viriatus, dont je lui fais porter le nom, le plus grand homme que l'Espagne ait opposé aux Romains, et le dernier qui leur ait fait tête dans ces provinces avant Sertorius. Il n'étoit pas roi en effet, mais il en avoit toute l'autorité; et les préteurs et consuls que Rome envoya pour le combattre, et qu'il défit souvent, l'estimèrent assez pour faire des traités de paix avec lui comme avec un souverain et juste ennemi. Sa mort arriva soixante et huit ans avant celle que je traite; de sorte qu'il auroit pu être aïeul ou bisaïeul de cette reine que je fais parler ici.

Il fut défait par le consul Q. Servilius, et non par Brutus, comme je l'ai fait dire à cette princesse, sur la foi de cet évêque espagnol que je viens de citer, et qui m'a jeté dans l'erreur après lui. Elle est aisée à corriger par le changement d'un mot dans ce vers unique qui en parle, et qu'il faut rétablir ainsi :

Et de Servilius l'astre prédominant.

Je sais bien que Sylla, dont je parle tant dans ce poëme, étoit mort six ans avant Sertorius; mais, à le prendre à la rigueur, il est permis de presser les temps pour faire l'unité de jour; et, pourvu qu'il n'y ait pas d'impossibilité formelle, je puis faire arriver en six jours, voire en six heures, ce qui s'est passé en six ans. Cela posé, rien n'empêche que Sylla ne meure avant Sertorius, sans rien détruire de ce que je dis ici; puisqu'il a pu mourir depuis qu'Arcas est parti de Rome pour apporter la nouvelle de la démission de sa dictature; ce qu'il fait en même temps que Sertorius est assassiné. Je dis de plus que, bien que nous devions être assez scrupuleux observateurs de l'ordre des temps, néanmoins, pourvu que ceux que nous faisons parler se soient connus, et aient eu ensemble quelques intérêts à démêler, nous ne sommes pas obligés à nous attacher si précisément à la durée de leur vie. Sylla étoit mort quand Sertorius fut tué, mais il pouvoit vivre encore sans miracle; et l'auditeur, qui communément n'a qu'une teinture superficielle de l'histoire, s'offense rarement d'une pareille prolongation qui ne sort point de la vraisemblance. Je ne voudrois pas toutefois faire une règle générale de cette licence, sans y mettre quelque distinction. La mort de Sylla n'apporta aucun changement aux affaires de Sertorius en Espagne, et lui fut de si peu d'importance, qu'il est malaisé, en lisant la vie de ce héros chez

Plutarque, de remarquer lequel des deux est mort le premier, si l'on n'en est instruit d'ailleurs. Autre chose est de celles qui renversent les états, détruisent les partis, et donnent une autre face aux affaires, comme a été celle de Pompée, qui feroit révolter tout l'auditoire contre un auteur, s'il avoit l'imprudence de la mettre après celle de César. D'ailleurs, il falloit colorer et excuser en quelque sorte la guerre que Pompée et les autres chefs romains continuoient contre Sertorius; car il est assez malaisé de comprendre pourquoi l'on s'y obstinoit, après que la république sembloit être rétablie par la démission volontaire et la mort de son tyran. Sans doute que son esprit de souveraineté qu'il avoit fait revivre dans Rome n'y étoit pas mort avec lui, et que Pompée et beaucoup d'autres, aspirant dans l'ame à prendre sa place, craignoient que Sertorius ne leur y fût un puissant obstacle, ou par l'amour qu'il avoit toujours pour sa patrie, ou par la grandeur de sa réputation et le mérite de ses actions, qui lui eussent fait donner la préférence, si ce grand ébranlement de la république l'eût mise en état de ne se pouvoir passer de maître. Pour ne pas déshonorer Pompée par cette jalousie secrète de son ambition, qui semoit dès-lors ce qu'on a vu depuis éclater si hautement, et qui peut-être étoit le véritable motif de cette guerre, je me suis persuadé qu'il étoit plus à propos de faire vivre Sylla, afin d'en attribuer l'injustice à la violence de sa domination. Cela m'a servi de plus à arrêter l'effet de ce puissant amour que je lui fais conserver pour son Aristie, avec qui il n'eût pu se défendre de renouer, s'il n'eût eu rien à craindre du côté de Sylla, dont le nom odieux, mais illustre, donne un grand poids aux raisonnements de la politique, qui fait l'ame de toute cette tragédie.

Le même Pompée semble s'écarter un peu de la prudence d'un général d'armée, lorsque sur la foi de Sertorius il vient conférer avec lui dans une ville dont le chef du parti contraire est maître absolu; mais c'est une confiance de généreux à généreux, et de Romain à Romain, qui lui donne quelque droit de ne craindre aucune supercherie de la part d'un si grand homme. Ce n'est pas que je ne veuille bien accorder aux critiques qu'il n'a pas assez pourvu à sa propre sûreté; mais il m'étoit impossible de garder l'unité de lieu sans lui faire faire cette échappée, qu'il faut imputer à l'incommodité de la règle, plus qu'à moi qui l'ai bien vue. Si vous ne voulez la pardonner à l'impatience qu'il avoit de voir sa femme, dont je le fais encore si passionné, et à la peur qu'elle ne prît un autre mari, faute de savoir ses intentions pour elle, vous la pardonnerez au plaisir qu'on a pris à cette conférence, que quelques uns des premiers dans la cour et pour la naissance et pour l'esprit ont estimée autant qu'une pièce entière. Vous n'en serez pas désavoué par Aristote, qui souffre qu'on mette quelquefois des choses sans raison sur le théâtre, quand il y a apparence qu'elles seront bien reçues, et qu'on a lieu d'espérer que les avantages que le poëme en retirera pourront mériter cette grace.

PERSONNAGES.

SERTORIUS, général du parti de Marius en Espagne.
PERPENNA, lieutenant de Sertorius.
AUFIDE, tribun de l'armée de Sertorius.
POMPÉE, général du parti de Sylla.
ARISTIE, femme de Pompée.
VIRIATE, reine de Lusitanie, à présent Portugal.
THAMIRE, dame d'honneur de Viriate.
CELSUS, tribun du parti de Pompée.
ARCAS, affranchi d'Aristius, frère d'Aristie.

La scène est à Nertobrige, ville d'Aragon, conquise par Sertorius, à présent Catalayud.

SERTORIUS.

ACTE PREMIER.

SCÈNE I[1].

PERPENNA, AUFIDE.

PERPENNA.

D'où me vient ce désordre, Aufide? et que veut dire
Que mon cœur sur mes vœux garde si peu d'empire[2]?

---

[1] On doit être plus scrupuleux sur *Sertorius* que sur les quatre ou cinq pièces précédentes, parceque celle-ci vaut mieux. Cette première scène paraît intéressante; les remords d'un homme qui veut assassiner son général, font d'abord impression.

[2] L'abbé d'Aubignac, malgré l'aveuglement de sa haine pour Corneille, a raison de reprendre ces expressions, *que veut dire qu'un cœur garde peu d'empire sur des vœux?* Il traite ces vers de *galimatias*; mais il devait ajouter que cette manière de parler, *que veut dire* au lieu de *pourquoi, est-il possible, comment se peut-il*, etc., était d'usage avant Corneille. Malherbe dit, en parlant du mariage de Louis XIII avec l'infante d'Espagne:

> Son Louis soupire
> Après ses appas.
> Que veut-elle dire

L'horreur que malgré moi me fait la trahison [1]

De ne venir pas?

Cette ridicule stance de Malherbe n'excuse pas Corneille, mais elle fait voir combien il a fallu de temps pour épurer la langue, pour la rendre toujours naturelle et toujours noble, pour s'élever au-dessus du langage du peuple, sans être guindé.

[1] L'horreur que, malgré moi, me fait la trahison
Contre tout mon espoir révolte ma raison.

Le premier vers est bien; le second semble pouvoir passer à l'aide des autres, mais il ne peut soutenir l'examen. On voit d'abord que le mot *raison* n'est pas le mot propre : un crime révolte le cœur, l'humanité, la vertu; un système faux et dangereux révolte la raison. Cette raison ne peut être révoltée contre *tout un espoir*. Le mot de *tout* mis avec *espoir* est inutile et faible; et cela seul suffirait pour défigurer le plus beau vers. Examinez encore cette phrase, et vous verrez que le sens en est faux. *L'horreur que me fait la trahison révolte ma raison contre mon espoir* signifie précisément empêche ma raison d'espérer; mais que Perpenna ait des remords ou non, que l'action qu'il médite lui paraisse pardonnable ou horrible, cela n'empêchera pas la raison de Perpenna d'espérer la place de Sertorius. Si l'on examinait ainsi tous les vers, on en trouverait beaucoup plus qu'on ne pense de défectueux, et chargés de mots impropres. Que le lecteur applique cette remarque à tous les vers qui lui feront de la peine, qu'il tourne le vers en prose, qu'il voie si les paroles de cette prose sont précises, si le sens est clair, s'il est vrai, s'il n'y a rien de trop ni de trop peu; et qu'il soit sûr que tout vers qui n'a pas la netteté et la précision de la prose la plus exacte, ne vaut rien*. Les vers, pour être bons, doivent avoir tout le mérite d'une prose parfaite, en s'élevant au-dessus d'elle par le rhythme, la cadence, la mélodie, et par la sage hardiesse des figures.

* Si Voltaire eût voulu se rappeler que la poésie et la prose sont deux langues essentiellement différentes, il eût bientôt reconnu combien son paradoxe était insoutenable; et c'est ce qu'il eût encore mieux senti, s'il eût fait l'essai de sa méthode, non sur de mauvais vers, qu'il pouvait très bien

ACTE I, SCÈNE I.

Contre tout mon espoir révolte ma raison [1];
Et de cette grandeur sur le crime fondée,

[1] Une raison révoltée contre un espoir, une image qui ne trouve point de bras à lui prêter au point d'exécuter, méritent le même reproche que l'abbé d'Aubignac fait aux premiers vers; et *exécuter* ne peut être employé comme un verbe neutre.

juger sans se donner la peine de les mettre en prose, mais sur des vers généralement reconnus pour beaux, et tirés de nos meilleurs poëtes. Alors il eût vu que ces vers, ainsi décomposés, n'auraient produit souvent qu'une prose très bizarre, sans qu'on pût leur en faire un sujet de reproche, ni rien en conclure à leur désavantage. Veut-on s'en assurer par une expérience? Que l'on choisisse, dans le récit de la mort d'Hippolyte, quelques vers du style le plus élevé, tels que ceux-ci, par exemple:

Cependant, sur le dos de la plaine liquide,
S'élève à gros bouillons une montagne humide, etc.,

et qu'on essaie de les mettre en prose sans rien changer aux expressions, cette prose ne paraîtrait-elle pas fort étrange?

Que l'on tâche de soumettre à la construction vulgaire ces vers de Racine:

Ce dieu, depuis long-temps votre unique refuge,
Que deviendra l'effet de ses prédictions?

ou ces autres vers empruntés du même poëte:

Captive, toujours triste, importune à moi-même,
Pouvez-vous souhaiter qu'Andromaque vous aime?

bientôt on en reconnaîtra l'impossibilité. C'est ce que démontrerait une foule d'autres exemples; et Voltaire lui-même pourrait en fournir un grand nombre. D'après cela conçoit-on qu'il puisse établir en principe que des vers, pour être bons, doivent avoir la précision de la prose la plus exacte? De quelle précision veut-il donc parler? en est-il qui puisse égaler celle d'un vers bien fait?

Voltaire a donc manifestement confondu et les idées et les genres, en proposant pour modèle aux poëtes la précision de la prose, tandis qu'au contraire ce serait à celle de la poésie que la prose devrait tâcher quelquefois de s'élever. P.

Dont jusqu'à ce moment m'a trop flatté l'idée,
L'image tout affreuse au point d'exécuter
Ne trouve plus en moi de bras à lui prêter.
En vain l'ambition, qui presse mon courage,
D'un faux brillant d'honneur pare son noir ouvrage;
En vain, pour me soumettre à ses lâches efforts,
Mon ame a secoué le joug de cent remords :
Cette ame, d'avec soi tout-à-coup divisée [1],
Reprend de ses remords la chaîne mal brisée;
Et de Sertorius le surprenant bonheur
Arrête une main prête à lui percer le cœur.

AUFIDE.

Quel honteux contre-temps de vertu délicate [2]
S'oppose au beau succès de l'espoir qui vous flatte?
Et depuis quand, seigneur, la soif du premier rang
Craint-elle de répandre un peu de mauvais sang?
Avez-vous oublié cette grande maxime,
Que la guerre civile est le règne du crime;
Et qu'aux lieux où le crime a plein droit de régner,
L'innocence timide est seule à dédaigner?
L'honneur et la vertu sont des noms ridicules [3] :

---

[1] *Divisée d'avec soi* est une faute contre la langue ; on est séparé de quelque chose, mais non pas divisé de quelque chose. Cette première scène est déja intéressante.

[2] Ce vers n'est pas français. Un contre-temps de vertu est impropre ; et comment un contre-temps peut-il être honteux? *Le beau succès*, et *le crime qui a plein droit de régner*, révoltent le lecteur.

[3] Cette maxime abominable est ici exprimée assez ridiculement. Nous avons déja remarqué, dans la première scène de *la Mort de Pompée*, qu'il ne faut jamais étaler ces dogmes du crime; que ces sentences triviales, qui enseignent la scélératesse, ressemblent trop

ACTE I, SCÈNE I.

Marius ni Carbon n'eurent point de scrupules;
Jamais Sylla, jamais....

PERPENNA.

Sylla ni Marius

à des lieux communs d'un rhéteur qui ne connaît pas le monde. Non seulement de telles maximes ne doivent jamais être débitées, mais jamais personne ne les a prononcées, même en faisant un crime, ou en le conseillant. C'est manquer aux lois de l'honnêteté publique et aux règles de l'art; c'est ne pas connaître les hommes, que de proposer le crime comme crime. Voyez avec quelle adresse le scélérat Narcisse presse Néron de faire empoisonner Britannicus : il se garde bien de révolter Néron par l'étalage odieux de ces horribles lieux communs, qu'un empereur doit être empoisonneur et parricide, dès qu'il y va de son intérêt; il échauffe la colère de Néron par degrés, et le dispose petit à petit à se défaire de son frère, sans que Néron s'aperçoive même de l'adresse de Narcisse; et, si ce Narcisse avait un grand intérêt à la mort de Britannicus, la scène en serait incomparablement meilleure. Voyez encore comme Acomat, dans la tragédie de *Bajazet*, s'exprime, en ne conseillant qu'un simple manquement de parole à une femme ambitieuse et criminelle :

> Et d'un trône si saint la moitié n'est fondée
> Que sur la foi promise, et rarement gardée.
> Je m'emporte, seigneur....

Il corrige la dureté de cette maxime par ce mot si naturel et si adroit, *je m'emporte.*

Le reste de cette première scène est beau et bien écrit. On ne peut, ce me semble, y reprendre qu'une seule chose, c'est qu'on ne sait point que c'est Perpenna qui parle : le spectateur ne peut le deviner. Ce défaut vient en partie de la mauvaise habitude où nous avons toujours été d'appeler nos personnages de tragédie, *seigneurs.* C'est un nom que les Romains ne se donnèrent jamais. Les autres nations sont en cela plus sages que nous. Shakespeare et Addison appellent César, Brutus, Caton, par leurs noms propres.

N'ont jamais épargné le sang de leurs vaincus [1];
Tour-à-tour la victoire autour d'eux en furie
A poussé leur courroux jusqu'à la barbarie;
Tour-à-tour le carnage et les proscriptions
Ont sacrifié Rome à leurs dissensions [2]:
Mais leurs sanglants discords qui nous donnent des maîtres
Ont fait des meurtriers, et n'ont point fait de traîtres;
Leurs plus vastes fureurs jamais n'ont consenti
Qu'aucun versât le sang de son propre parti;
Et dans l'un, ni dans l'autre aucun n'a pris l'audace
D'assassiner son chef pour monter en sa place.

AUFIDE.

Vous y renoncez donc et n'êtes plus jaloux [3]
De suivre les drapeaux d'un chef moindre que vous?
Ah! s'il faut obéir, ne faisons plus la guerre;
Prenons le même joug qu'a pris toute la terre.
Pourquoi tant de périls? pourquoi tant de combats?
Si nous voulons servir, Sylla nous tend les bras.
C'est mal vivre en Romain que prendre loi d'un homme:
Mais, tyran pour tyran, il vaut mieux vivre à Rome.

PERPENNA.

Vois mieux ce que tu dis quand tu parles ainsi.
Du moins la liberté respire encore ici.

---

[1] On ne dit point mon vaincu, comme on dit mon esclave, mon ennemi.

[2] *Le carnage qui a sacrifié Rome aux dissensions*, quelle incorrection! quelle impropriété! et que ce défaut revient souvent!

[3] Ce couplet du confident est beaucoup plus beau que tout ce que dit le principal personnage. Ce n'est point un défaut qu'Aufide parle bien; mais c'en est un grand que Perpenna, principal personnage, ne parle pas si bien que lui.

ACTE I, SCÈNE I.

De notre république à Rome anéantie,
On y voit refleurir la plus noble partie;
Et cet asile, ouvert aux illustres proscrits,
Réunit du sénat le précieux débris.
Par lui Sertorius gouverne ces provinces,
Leur impose tribut, fait des lois à leurs princes [1],
Maintient de nos Romains le reste indépendant :
Mais comme tout parti demande un commandant,
Ce bonheur imprévu qui par-tout l'accompagne,
Ce nom qu'il s'est acquis chez les peuples d'Espagne....

AUFIDE.

Ah! c'est ce nom acquis avec trop de bonheur
Qui rompt votre fortune et vous ravit l'honneur :
Vous n'en sauriez douter, pour peu qu'il vous souvienne
Du jour que votre armée alla joindre la sienne.
Lors....

PERPENNA.

N'envenime point le cuisant souvenir
Que le commandement devoit m'appartenir.
Je le passois en nombre aussi bien qu'en noblesse;
Il succomboit sans moi sous sa propre foiblesse :
Mais sitôt qu'il parut je vis en moins de rien
Tout mon camp déserté pour repeupler le sien;
Je vis par mes soldats mes aigles arrachées
Pour se ranger sous lui voler vers ses tranchées;
Et, pour en colorer l'emportement honteux,
Je les suivis de rage, et m'y rangeai comme eux.

---

[1] Par un caprice de langue on dit faire la loi à quelqu'un, et non pas faire des lois à quelqu'un.

L'impérieuse aigreur de l'âpre jalousie
Dont en secret dès-lors mon ame fut saisie
Grossit de jour en jour sous une passion [1]
Qui tyrannise encor plus que l'ambition :
J'adore Viriate [2]; et cette grande reine,
Des Lusitaniens l'illustre souveraine,
Pourroit par son hymen me rendre sur les siens
Ce pouvoir absolu qu'il m'ôte sur les miens.
Mais elle-même, hélas! de ce grand nom charmée,
S'attache au bruit heureux que fait sa renommée;
Cependant qu'insensible à ce qu'elle a d'appas
Il me dérobe un cœur qu'il ne demande pas.
De son astre opposé telle est la violence [3],
Qu'il me vole par-tout, même sans qu'il y pense,
Et que, toutes les fois qu'il m'enléve mon bien,

---

[1] Une aigreur s'envenime, devient plus cuisante, se tourne en haine, en fureur, mais une aigreur qui grossit sous une passion n'est pas tolérable.

[2] Après avoir entendu les discours d'un conjuré romain qui doit assassiner son général ce jour même, on est bien étonné de lui entendre dire tout d'un coup, *j'adore Viriate*. Il n'y a que la malheureuse habitude de voir toujours des héros amoureux sur le théâtre, comme dans les romans, qui ait pu faire supporter un si étrange contraste. Quand on représente un héros enivré de la passion furieuse et tragique de l'amour, il faut qu'il en parle d'abord : son cœur est plein; son secret doit échapper avec violence : il ne doit pas dire en passant, *j'adore*; le spectateur n'en croira rien. Vous parlez d'abord politique, et après vous parlez d'amour. Si on a dit, *non bene conveniunt, nec eâdem in sede morantur majestas et amor*, on en doit dire autant de l'amour et de la politique; l'une fait tort à l'autre; aussi ne s'intéresse-t-on point du tout à la passion prétendue de Perpenna pour la reine de Lusitanie.

[3] Un astre, dans les anciens préjugés reçus, a de la puissance,

ACTE I, SCÈNE I.

Son nom fait tout pour lui sans qu'il en sache rien.
Je sais qu'il peut aimer, et nous cacher sa flamme :
Mais je veux sur ce point lui découvrir mon ame ;
Et, s'il peut me céder ce trône où je prétends,
J'immolerai ma haine à mes desirs contents [1] ;
Et je n'envierai plus le rang dont il s'empare,
S'il m'en assure autant chez ce peuple barbare,
Qui, formé par nos soins, instruit de notre main,
Sous notre discipline est devenu romain.

AUFIDE.

Lorsqu'on fait des projets d'une telle importance,
Les intérêts d'amour entrent-ils en balance?
Et, si ces intérêts vous sont enfin si doux,
Viriate, lui mort, n'est-elle pas à vous?

PERPENNA.

Oui; mais de cette mort la suite m'embarrasse [2].
Aurai-je sa fortune aussi bien que sa place?
Ceux dont il a gagné la croyance et l'appui
Prendront-ils même joie à m'obéir qu'à lui [3]?
Et, pour venger sa trame indignement coupée,

---

de l'influence, de l'ascendant ; mais on n'a jamais attribué de la violence à un astre [*].

[1] *Contents* est de trop, et n'est là que pour la rime. C'est un défaut trop commun.

[2] *M'embarrasse*, terme de comédie.

[3] C'est bien pis. Par quelle fatalité, à mesure que la langue se polissait, Corneille mettait-il toujours plus de barbarismes dans ses vers?

[*] Si dans les anciens préjugés un astre a non seulement de la puissance, mais une influence prédominante, un ascendant irrésistible, pourquoi ne pourrait-on pas lui attribuer de la violence? P.

N'arboreront-ils point l'étendard de Pompée?
AUFIDE.
C'est trop craindre, et trop tard; c'est dans votre festin
Que ce soir par votre ordre on tranche son destin.
La trêve a dispersé l'armée à la campagne,
Et vous en commandez ce qui nous accompagne.
L'occasion nous rit dans un si grand dessein,
Mais tel bras n'est à nous que jusques à demain.
Si vous rompez le coup, prévenez les indices.
Perdez Sertorius, ou perdez vos complices.
Craignez ce qu'il faut craindre : il en est parmi nous
Qui pourroient bien avoir mêmes remords que vous;
Et si vous différez.... Mais le tyran arrive.
Tâchez d'en obtenir l'objet qui vous captive;
Et je prierai les dieux que dans cet entretien
Vous ayez assez d'heur pour n'en obtenir rien.

SCÈNE II.

SERTORIUS, PERPENNA.

SERTORIUS.
Apprenez un dessein qui vient de me surprendre.
Dans deux heures Pompée en ce lieu se doit rendre;
Il veut sur nos débats conférer avec moi,
Et pour toute assurance il ne prend que ma foi.
PERPENNA.
La parole suffit entre les grands courages.
D'un homme tel que vous la foi vaut cent otages;

ACTE I, SCÈNE II.

Je n'en suis point surpris : mais ce qui me surprend,
C'est de voir que Pompée ait pris le nom de Grand,
Pour faire encore au vôtre entière déférence¹,
Sans vouloir de lieu neutre à cette conférence.
C'est avoir beaucoup fait que d'avoir jusque-là
Fait descendre l'orgueil des héros de Sylla.

SERTORIUS.

S'il est plus fort que nous, ce n'est plus en Espagne,
Où nous forçons les siens de quitter la campagne²,
Et de se retrancher dans l'empire douteux
Que lui souffre à regret une province ou deux,
Qu'à sa fortune lasse il craint que je n'enlève,
Sitôt que le printemps aura fini la trêve.
C'est l'heureuse union de vos drapeaux aux miens
Qui fait ces beaux succès qu'à toute heure j'obtiens ;
C'est à vous que je dois ce que j'ai de puissance :
Attendez tout aussi de ma reconnoissance.
Je reviens à Pompée, et pense deviner
Quels motifs jusqu'ici peuvent nous l'amener.
Comme il trouve avec nous peu de gloire à prétendre,

---

¹ *Faire déférence* est un solécisme. On montre, on a de la déférence ; on ne fait point déférence comme on fait hommage.

² *Quitter la campagne* est une de ces expressions triviales qui ne doivent jamais entrer dans le tragique. Scarron, voulant obtenir le rappel de son père, conseiller au parlement, exilé dans une petite terre, dit au cardinal de Richelieu :

> Si vous avez fait quitter la campagne
> Au roi tanné qui commande en Espagne,
> Mon père, hélas ! qui vous crie merci,
> La quittera, si vous voulez, aussi.

Et qu'au lieu d'attaquer il a peine à défendre [1],
Il voudroit qu'un accord, avantageux ou non,
L'affranchît d'un emploi qui ternit ce grand nom;
Et chatouillé d'ailleurs par l'espoir qui le flatte,
De faire avec plus d'heur la guerre à Mithridate,
Il brûle d'être à Rome, afin d'en recevoir
Du maître qu'il s'y donne et l'ordre et le pouvoir.

PERPENNA.

J'aurois cru qu'Aristie ici réfugiée,
Que, forcé par ce maître, il a répudiée,
Par un reste d'amour l'attirât en ces lieux
Sous une autre couleur lui faire ses adieux [2];

---

[1] C'est un solécisme *; il faut, *il a peine à se défendre*. Ce verbe n'est neutre que quand il signifie *prohiber, empécher; je défends qu'on prenne les armes, je défends qu'on marche de ce côté*, etc.

[2] Cela n'est pas français, c'est un barbarisme de phrase : on vient faire, on engage, on invite à faire, on attire quelqu'un dans une ville pour y faire ses adieux; mais *attirer faire* est un solécisme intolérable. De plus, toutes ces expressions et ces tours sont de la prose trop négligée et trop embrouillée.

J'aurais cru qu'Aristie l'attirât est un solécisme; il faut *l'attirait*, à l'imparfait, parceque la chose est positive ** : j'aurais cru que vous

---

* Cette faute était à remarquer, d'autant plus qu'aujourd'hui même elle échappe à de jeunes gens qui passent pour bien écrire. Dans le poëme intitulé *le Mérite des Femmes*, on trouve ce vers, que l'auteur aurait dû corriger :

Chacun savoit mourir, nul ne savoit défendre.   P.

** Voltaire, dans *Nanine*, s'est permis un solécisme à-peu-près pareil :

En s'épousant, ils crurent qu'ils s'aimèrent.

Il faut *qu'ils s'aimoient*, ou *qu'ils s'aimeroient*. Ce solécisme n'excuse pas celui de Corneille; mais il étonne, parcequ'on ne peut pas l'imputer au temps où Voltaire écrivait. P.

ACTE I, SCÈNE II.

Car de son cher tyran l'injustice fut telle,
Qu'il ne lui permit pas de prendre congé d'elle.

SERTORIUS.

Cela peut être encore; ils s'aimoient chèrement :
Mais il pourroit ici trouver du changement.
L'affront pique à tel point le grand cœur d'Aristie,
Que, sa première flamme en haine convertie,
Elle cherche bien moins un asile chez nous
Que la gloire d'y prendre un plus illustre époux.
C'est ainsi qu'elle parle, et m'offre l'assistance
De ce que Rome encore a de gens d'importance[1],
Dont les uns ses parents, les autres ses amis,
Si je veux l'épouser, ont pour moi tout promis.
Leurs lettres en font foi, qu'elle me vient de rendre[2].
Voyez avec loisir ce que j'en dois attendre;
Je veux bien m'en remettre à votre sentiment.

PERPENNA.

Pourriez-vous bien, seigneur, balancer un moment,
A moins d'une secrète et forte antipathie
Qui vous montre un supplice en l'hymen d'Aristie?
Voyant ce que pour dot Rome lui veut donner,
Vous n'avez aucun lieu de rien examiner.

SERTORIUS.

Il faut donc, Perpenna, vous faire confidence

étiez amis, je ne savais pas que vous fussiez amis; je pensais que vous aviez été amis, j'espérais que vous seriez amis.

[1] *Gens d'importance*, expression populaire et triviale, que la prose et la poésie réprouvent également.

[2] Cela n'est pas français; il faut, *leurs lettres, qu'elle vient de me rendre, en font foi.* Toute cette conversation est d'un style trop familier, trop négligé.

Et de ce que je crains, et de ce que je pense.

J'aime ailleurs [1]. A mon âge il sied si mal d'aimer [2],
Que je le cache même à qui m'a su charmer [3] :

[1] Un tel amour est si froid qu'il ne fallait pas en prononcer le nom. *J'aime ailleurs* est d'un jeune galant de comédie : ce n'est pas là Sertorius.

Cette passion de l'amour est si différente de toutes les autres, qu'elle ne peut jamais occuper la seconde place; il faut qu'elle soit tragique, ou qu'elle ne se montre pas. Elle est tout-à-fait étrangère dans cette scène où il ne s'agit que d'intérêt d'état; mais on était si accoutumé aux intrigues d'amour sur le théâtre, que le vieux Sertorius même prononce ce mot qui sied si mal dans sa bouche. Il dit, *J'aime ailleurs*, comme s'il était absolument nécessaire à la tragédie que le héros aimât en un endroit ou en un autre. Ces mots *j'aime ailleurs* sont du style de la comédie.

[2] *A mon âge* est encore comique; et *il sied si mal d'aimer* l'est davantage. Il semble qu'on examine ici, comme dans *Clélie*, s'il sied à un vieillard d'aimer ou de n'aimer pas. Ce n'est point ainsi que les héros de la tragédie doivent penser et parler. Si vous voulez un modèle de ces vieux personnages auxquels on propose une jeune princesse par un intérêt de politique, prenez-le dans l'Acomat de l'admirable et sage Racine :

> Voudrois-tu qu'à mon âge
> Je fisse de l'amour le vil apprentissage?
> Qu'un cœur qu'ont endurci la fatigue et les ans,
> Suivît d'un vain plaisir les conseils imprudents?

C'est là penser et parler comme il faut. Racine dit toujours ce qu'il doit dire dans la position où il met ses personnages, et le dit de la manière la plus noble, et à-la-fois la plus simple, la plus élégante. Corneille, surtout dans ses dernières pièces, débite trop souvent des pensées ou fausses, ou mal placées, ou exprimées en solécismes, ou en termes bas, pires que des solécismes; mais aussi il étincelle de temps en temps de beautés sublimes.

[3] Sertorius que Viriate a su charmer! ce n'est pas là Horace ou Curiace.

Mais, tel que je puis être, on m'aime, ou, pour mieux dire,
La reine Viriate à mon hymen aspire;
Elle veut que ce choix de son ambition
De son peuple avec nous commence l'union,
Et qu'ensuite à l'envi mille autres hyménées
De nos deux nations l'une à l'autre enchaînées
Mêlent si bien le sang et l'intérêt commun,
Qu'ils réduisent bientôt les deux peuples en un ¹.
C'est ce qu'elle prétend pour digne récompense
De nous avoir servis avec cette constance
Qui n'épargne ni biens ni sang de ses sujets
Pour affermir ici nos généreux projets:.
Non qu'elle me l'ait dit, ou quelque autre pour elle;
Mais j'en vois chaque jour quelque marque fidèle;
Et comme ce dessein n'est plus pour moi douteux,
Je ne puis l'ignorer qu'autant que je le veux.
 Je crains donc de l'aigrir si j'épouse Aristie,
Et que de ses sujets la meilleure partie,
Pour venger ce mépris, et servir son courroux,
Ne tourne obstinément ses armes contre nous.
Auprès d'un tel malheur, pour nous irréparable,
Ce qu'on promet pour l'autre est peu considérable;
Et, sous un faux espoir de nous mieux établir,
Ce renfort accepté pourroit nous affoiblir ².

---

 ¹ Mauvaise expression. *En un* finissant un vers choque l'oreille, et réduire *deux en un* choque la langue.

 ² Observez comme ce style est confus, embarrassé, négligé, comme il pèche contre la langue. *Auprès d'un tel malheur irréparable pour nous, ce qu'on promet pour l'autre est peu considérable:* quel est cet *autre?* c'est Aristie; mais il faut le deviner: et quel est

Voilà ce qui retient mon esprit en balance.
Je n'ai pour Aristie aucune répugnance;
Et la reine à tel point n'asservit pas mon cœur,
Qu'il ne fasse encor tout pour le commun bonheur.

PERPENNA.

Cette crainte, seigneur, dont votre ame est gênée
Ne doit pas d'un moment retarder l'hyménée.
Viriate, il est vrai, pourra s'en émouvoir;
Mais que sert la colère où manque le pouvoir?
Malgré sa jalousie et ses vaines menaces,
N'êtes-vous pas toujours le maître de ses places?
Les siens, dont vous craignez le vif ressentiment,
Ont-ils dans votre armée aucun commandement?
Des plus nobles d'entre eux, et des plus grands courages,
N'avez-vous pas les fils dans Osca pour otages[1]?
Tous leurs chefs sont Romains; et leurs propres soldats,
Dispersés dans nos rangs, ont fait tant de combats[2],
Que la vieille amitié qui les attache aux nôtres
Leur fait aimer nos lois et n'en vouloir point d'autres.
Pourquoi donc tant les craindre? et pourquoi refuser....

ce *renfort?* est-ce le *renfort* du mariage d'Aristie? Serait-il permis de s'exprimer ainsi en prose? et quand une telle prose est en rimes, en est-elle meilleure?

[1] On ne peut dire, vous avez pour otages les fils des plus *grands courages*. Que la malheureuse nécessité de rimer entraîne d'impropriétés, d'inutilités, de termes louches, de fautes contre la langue! mais qu'il est beau de vaincre tous ces obstacles! et qu'on les surmonte rarement!

[2] Expression du peuple de province, *faire des combats, faire une maladie*

SERTORIUS.

Vous-même, Perpenna, pourquoi tant déguiser?
Je vois ce qu'on m'a dit : vous aimez Viriate [1];
Et votre amour caché dans vos raisons éclate.
Mais les raisonnements sont ici superflus :
Dites que vous l'aimez, et je ne l'aime plus [2].
Parlez : je vous dois tant, que ma reconnoissance
Ne peut être sans honte un moment en balance.

PERPENNA.

L'aveu que vous voulez à mon cœur est si doux,

[1] Vers de comédie. Il semble que ce soit Damis ou Éraste qui parle, et c'est le vieux Sertorius !

[2] Si Sertorius a le ridicule d'aimer à son âge, il ne doit pas céder tout d'un coup sa maîtresse; s'il n'aime pas, il ne doit pas dire qu'il aime. Dans l'une et l'autre supposition le vers est trop comique.

Voilà où conduit cette malheureuse coutume de vouloir toujours parler d'amour, de ne point traiter cette passion comme elle doit l'être. Comment a-t-on pu oublier que Virgile dans l'*Énéide* ne l'a peinte que funeste? On ne peut trop redire que l'amour sur le théâtre doit être armé du poignard de Melpomène, ou être banni de la scène. Il est vrai que le Mithridate de Racine est amoureux aussi, et que de plus il a le ridicule d'être le rival de deux jeunes princes ses fils. Mithridate est au fond aussi fade, aussi héros de roman, aussi condamnable que Sertorius; mais il s'exprime si noblement, il se reproche sa faiblesse en si beaux vers; Monime est un personnage si décent, si aimable, si intéressant, qu'on est tenté d'excuser dans la tragédie de *Mithridate* l'impertinente coutume de ne fonder les tragédies françaises que sur une jalousie d'amour [*].

[*] Ce jugement, si favorable à Racine, n'est pas, comme on pourrait le croire, l'effet d'une aveugle prévention. Il est bien vrai que son style enchanteur fait disparaître toutes ses fautes : et voilà ce que ne peuvent s'imaginer certains écrivains assez malheureux pour n'avoir aucune idée de l'art d'écrire. P.

SERTORIUS.

Que j'ose....

SERTORIUS.

C'est assez : je parlerai pour vous.

PERPENNA.

Ah, seigneur, c'en est trop; et....

SERTORIUS.

Point de repartie :
Tous mes vœux sont déja du côté d'Aristie;
Et je l'épouserai, pourvu qu'en même jour
La reine se résolve à payer votre amour[1] :
Car, quoi que vous disiez, je dois craindre sa haine,
Et fuirois à ce prix cette illustre Romaine[2].
La voici : laissez-moi ménager son esprit;
Et voyez cependant de quel air on m'écrit[3].

---

[1] Voilà donc ce vieux Sertorius qui a deux maîtresses, et qui en cède une à son lieutenant. Il forme une partie carrée de Perpenna avec Viriate, et d'Aristie avec Sertorius.

Et on a reproché à Racine d'avoir toujours traité l'amour! mais qu'il l'a traité différemment!

[2] *A ce prix* n'est pas juste; la haine de Viriate n'est pas un prix : il veut dire, *je fuirais cette illustre Romaine, si son hymen me privait des secours de Viriate.*

[3] Cela est trop comique.

SCÈNE III.

SERTORIUS, ARISTIE.

ARISTIE[1].

Ne vous offensez pas si dans mon infortune
Ma foiblesse me force à vous être importune;
Non pas pour mon hymen, les suites d'un tel choix
Méritent qu'on y pense un peu plus d'une fois;
Mais vous pouvez, seigneur, joindre à mes espérances
Contre un péril nouveau nouvelles assurances[2].
J'apprends qu'un infidèle, autrefois mon époux,
Vient jusque dans ces murs conférer avec vous :
L'ordre de son tyran, et sa flamme inquiète,
Me pourront envier l'honneur de ma retraite :
L'un en prévoit la suite, et l'autre en craint l'éclat;

---

[1] Ce premier couplet d'Aristie n'a pas toute la netteté qui est absolument nécessaire au dialogue; *l'un et l'autre qui ont sa raison d'état contre sa retraite; Pompée qui veut se ressaisir par la violence d'un bien qu'il ne peut voir ailleurs sans déplaisir.* Ces phrases n'ont pas l'élégance et le naturel que les vers demandent. Mais le plus grand défaut, ce me semble, c'est qu'Aristie ne lie point une intrigue tragique; elle ne sait ce qu'elle veut; elle est délaissée par son mari; elle est indécise; elle n'est ni assez animée par la vengeance, ni assez puissante pour se venger, ni assez touchée, ni assez héroïque.

[2] Ces phrases barbares, et le reste du discours d'Aristie, ne sont pas assurément tragiques; mais ce qui est contre l'esprit de la vraie tragédie, contre la décence aussi bien que contre la vérité de l'histoire, c'est une femme de Pompée qui s'en va en Aragon pour prier un vieux soldat révolté de l'épouser.

SERTORIUS.

Et tous les deux contre elle ont leur raison d'état.
Je vous demande donc sûreté tout entière
Contre la violence et contre la prière,
Si par l'une ou par l'autre il veut se ressaisir
De ce qu'il ne peut voir ailleurs sans déplaisir.

SERTORIUS.

Il en a lieu, madame; un si rare mérite
Semble croître de prix quand par force on le quitte :
Mais vous avez ici sûreté contre tous,
Pourvu que vous puissiez en trouver contre vous,
Et que contre un ingrat dont l'amour fut si tendre,
Lorsqu'il vous parlera, vous sachiez vous défendre.
On a peine à haïr ce qu'on a bien aimé,
Et le feu mal éteint est bientôt rallumé.

ARISTIE.

L'ingrat, par son divorce en faveur d'Émilie,
M'a livrée au mépris de toute l'Italie.
Vous savez à quel point mon courage est blessé :
Mais s'il se dédisoit d'un outrage forcé[1],
S'il chassoit Émilie, et me rendoit ma place,
J'aurois peine, seigneur, à lui refuser grace;
Et, tant que je serai maîtresse de ma foi,
Je me dois toute à lui, s'il revient tout à moi.

SERTORIUS.

En vain donc je me flatte; en vain j'ose, madame,
Promettre à mon espoir quelque part en votre ame;
Pompée en est encor l'unique souverain.
Tous vos ressentiments n'offrent que votre main;

---

[1] Le mot de *dédire* semble petit et peu convenable. Peut-être

ACTE I, SCÈNE III.

Et, quand par ses refus j'aurai droit d'y prétendre,
Le cœur toujours à lui ne voudra pas se rendre.

ARISTIE.

Qu'importe de mon cœur, si je sais mon devoir,
Et si mon hyménée enfle votre pouvoir?
Vous ravaleriez-vous jusques à la bassesse [1]
D'exiger de ce cœur des marques de tendresse,
Et de les préférer à ce qu'il fait d'effort
Pour braver mon tyran et relever mon sort?
Laissons, seigneur, laissons pour les petites ames
Ce commerce rampant de soupirs et de flammes [2];
Et ne nous unissons que pour mieux soutenir
La liberté que Rome est prête à voir finir.
Unissons ma vengeance à votre politique,
Pour sauver des abois toute la république [3]:
L'hymen seul peut unir des intérêts si grands.
Je sais que c'est beaucoup que ce que je prétends;
Mais, dans ce dur exil que mon tyran m'impose,

s'il se repentait serait mieux placé. On ne se dédit point d'un outrage.

[1] *Ravaler* ne se dit plus.

[2] L'abbé d'Aubignac condamne durement ce *commerce rampant*, et je crois qu'il a raison, mais le fond de l'idée est beau. Aristie et Sertorius pensent et s'expriment noblement; et il serait à souhaiter qu'il y eût plus de force, plus de tragique dans le rôle de la femme de Pompée.

[3] On n'a jamais dû dire *sauver des abois*, parceque *abois* signifie les derniers soupirs, et qu'on ne sauve point d'un soupir; on sauve d'un péril, et on tire d'une extrémité; on rappelle des portes de la mort; on ne sauve point des *abois*. Au reste, ce mot *abois* est pris des cris des chiens qui aboient autour d'un cerf forcé avant de se jeter sur lui.

Le rebut de Pompée est encor quelque chose ;
Et j'ai des sentiments trop nobles ou trop vains,
Pour le porter ailleurs qu'au plus grand des Romains.
SERTORIUS.
Ce nom ne m'est pas dû, je suis....
ARISTIE.
Ce que vous faites
Montre à tout l'univers, seigneur, ce que vous êtes ;
Mais quand même ce nom sembleroit trop pour vous,
Du moins mon infidèle est d'un rang au-dessous :
Il sert dans son parti, vous commandez au vôtre ;
Vous êtes chef de l'un, et lui sujet dans l'autre ;
Et son divorce enfin, qui m'arrache sa foi,
L'y laisse par Sylla plus opprimé que moi,
Si votre hymen m'élève à la grandeur sublime [1]
Tandis qu'en l'esclavage un autre hymen l'abyme [2].

[1] *Grandeur sublime* n'est plus d'usage : ce terme, *sublime*, ne s'emploie que pour exprimer les choses qui élèvent l'ame ; une pensée sublime, un discours sublime. Cependant pourquoi ne pas appeler de ce nom tout ce qui est élevé? On doit, ce me semble, accorder à la poésie plus de liberté qu'on ne lui en donne. C'est sur-tout aux bons auteurs qu'il appartient de ressusciter des termes abolis, en les plaçant avantageusement. Mais aussi remarquons que *rang sublime* vaut bien mieux que *grandeur sublime* : pourquoi ? c'est que *sublime* joint avec *rang* est une épithète nécessaire ; *sublime* apprend que ce rang est élevé ; mais *sublime* est inutile avec *grandeur*. Ne vous servez jamais d'épithètes que quand elles ajouteront beaucoup à la chose.

[2] Le mot d'*abyme* ne convient point à l'esclavage. Pourquoi dit-on, *abymé dans la douleur, dans la tristesse*, etc.? c'est qu'on y peut ajouter l'épithète de *profonde*; mais un esclavage n'est point profond ; on ne saurait y être abymé. Il y a une infinité d'expres-

ACTE I, SCÈNE III.

Mais, seigneur, je m'emporte, et l'excès d'un tel heur
Me fait vous en parler avec trop de chaleur.
Tout mon bien est encor dedans l'incertitude [1] :
Je n'en conçois l'espoir qu'avec inquiétude;
Et je craindrai toujours d'avoir trop prétendu,
Tant que de cet espoir vous m'ayez répondu [2].
Vous me pouvez d'un mot assurer ou confondre.

SERTORIUS.

Mais, madame, après tout, que puis-je vous répondre?
De quoi vous assurer, si vous-même parlez
Sans être sûre encor de ce que vous voulez?
De votre illustre hymen je sais les avantages;
J'adore les grands noms que j'en ai pour otages,
Et vois que leur secours, nous rehaussant le bras,
Auroit bientôt jeté la tyrannie à bas [3] :
Mais cette attente aussi pourroit se voir trompée
Dans l'offre d'une main qui se garde à Pompée,

---

sions louches, qui font peine au lecteur; on en sent rarement la raison, on ne la cherche pas même; mais il y en a toujours une, et ceux qui veulent se former le style doivent la chercher.

[1] Il semble que son bien consiste à être incertain. Quand on dit, *tout mon bien est dans l'espérance*, on entend que le bonheur consiste à espérer. L'auteur veut dire, *tout mon bien est incertain*.

[2] On ne répond point d'un espoir, on répond d'une personne, d'un événement. *Tant que* n'est pas ici français en ce sens.

[3] Des noms pour *otages*, des secours qui *rehaussent le bras*, et qui jettent la tyrannie *à bas*, sont des expressions trop impropres, trop triviales; ce style est trop obscur et trop négligé. Un secours qui rehausse le bras n'est ni élégant ni noble; la tyrannie jetée à bas n'est pas meilleure. Voyez si jamais Racine a jeté la tyrannie à bas. Quoi! dans une scène entre la femme de Pompée et un général romain il n'y a pas quatre vers supérieurement écrits!

SERTORIUS.

Et qui n'étale ici la grandeur d'un tel bien,
Que pour me tout promettre et ne me donner rien.

ARISTIE.

Si vous vouliez ma main par choix de ma personne,
Je vous dirois : « Seigneur, prenez; je vous la donne [1];
« Quoi que veuille Pompée, il le voudra trop tard ».
Mais, comme en cet hymen l'amour n'a point de part,
Qu'il n'est qu'un pur effet de noble politique,

---

[1] Il semble qu'Aristie ne doit point dire à Sertorius, *Si vous m'aimiez, je vous épouserais*. Ce n'est point du tout son intention, de faire des coquetteries à ce vieux général; elle ne veut que se venger de Pompée. Il est vrai que ces mariages politiques ne peuvent faire aucun effet au théâtre; ce sont des intrigues, mais non pas des intrigues tragiques. Le cœur veut être remué, et tout ce qui n'est que politique est plutôt fait pour être lu dans l'histoire, que pour être représenté dans la tragédie.

Plus j'examine les pièces de Corneille, et plus je suis surpris qu'après le prodigieux succès du *Cid*, il ait presque toujours renoncé à émouvoir. Je ne peux m'empêcher de dire ici que, quand je pris la résolution de commenter les tragédies de Corneille, un homme qui honore sa haute naissance par les talents les plus distingués m'écrivit, *Vous prenez donc Tacite et Tite-Live pour des poëtes tragiques?* En effet, *Sertorius* et toutes les pièces suivantes sont plutôt des dialogues sur la politique, et des pensées dans le goût et non dans le style de Tacite[*], que des pièces de théâtre : il faut bien distinguer les intérêts d'état et les intérêts du cœur. Tout ce qui n'est point fait pour remuer fortement l'ame n'est pas du genre de la tragédie : le plus grand défaut est d'être froid.

[*] Si ces pensées, sans être du style de Tacite, sont cependant, comme Voltaire le reconnaît, dans le goût de Tacite, il ne fallait pas dire que les plus méprisables écrivains de l'autre siècle n'avaient rien écrit *de si ridicule et de si plat* que les dernières pièces de Corneille : car ces écrivains ne pensaient pas mieux qu'ils ne s'exprimaient; et, à leur égard, Corneille demeure toujours à une distance incommensurable. P.

ACTE I, SCÈNE III.

Souffrez que je vous dise, afin que je m'explique,
Que quand j'aurois pour dot un million de bras,
Je vous donne encor plus en ne l'achevant pas.
   Si je réduis Pompée à chasser Émilie,
Peut-il, Sylla régnant, regarder l'Italie?
Ira-t-il se livrer à son juste courroux?
Non, non; si je le gagne, il faut qu'il vienne à vous.
Ainsi par mon hymen vous avez assurance
Que mille vrais Romains prendront votre défense :
Mais, si j'en romps l'accord pour lui rendre mes vœux,
Vous aurez ces Romains et Pompée avec eux;
Vous aurez ces amis par ce nouveau divorce;
Vous aurez du tyran la principale force,
Son armée, ou du moins ses plus braves soldats,
Qui de leur général voudront suivre les pas;
Vous marcherez vers Rome à communes enseignes.
Il sera temps alors, Sylla, que tu me craignes.
Tremble, et crois voir bientôt trébucher ta fierté,
Si je puis t'enlever ce que tu m'as ôté.
Pour faire de Pompée un gendre de ta femme,
Tu l'as fait un parjure, un méchant, un infame[1] :
Mais, s'il me laisse encor quelques droits sur son cœur,
Il reprendra sa foi, sa vertu, son honneur;
Pour rentrer dans mes fers il brisera tes chaînes;
Et nous t'accablerons sous nos communes haines.
J'abuse trop, seigneur, d'un précieux loisir :
Voilà vos intérêts; c'est à vous de choisir.

---

[1] On ne doit jamais donner le nom d'infame à Pompée; et surtout Aristie, qui l'aime encore, ne doit point le nommer ainsi.

SERTORIUS.

Si votre amour trop prompt veut borner sa conquête,
Je vous le dis encor, ma main est toute prête [1].
Je vous laisse y penser : sur-tout souvenez-vous
Que ma gloire en ces lieux me demande un époux;
Qu'elle ne peut souffrir que ma fuite m'y range,
En captive de guerre, au péril d'un échange,
Qu'elle veut un grand homme à recevoir ma foi [2];
Qu'après vous et Pompée il n'en est point pour moi;
Et que....

SERTORIUS.
Vous le verrez, et saurez sa pensée.

ARISTIE.
Adieu, seigneur : j'y suis la plus intéressée,
Et j'y vais préparer mon reste de pouvoir [3].

SERTORIUS.
Moi, je vais donner ordre à le bien recevoir [4].

---

[1] L'amour de Sertorius n'est ni prompt ni lent; car en effet il n'en a point du tout, quoiqu'il ait dit qu'il est amoureux, pour être au ton du théâtre. Il faut avouer que les anciens Romains auraient été bien étonnés d'entendre reprocher à Sertorius un amour trop prompt.

[2] Ce vers n'est pas français, c'est un barbarisme : on dit bien, *Il est homme à recevoir sa foi;* et encore ce n'est que dans le style familier. Il y a dans *Polyeucte, Vous n'êtes pas homme à la violenter;* mais *un grand homme à faire quelque chose* ne peut se dire. *Souvenez-vous qu'elle veut un grand homme* est beau, mais *un grand homme à recevoir une foi* ne forme point un sens; *vouloir à* est encore plus vicieux.

[3] On ne prépare point un pouvoir. Elle veut dire qu'elle va se préparer à regagner Pompée, ce qui n'est pas bien flatteur pour Sertorius.

[4] C'est ainsi qu'on pourrait finir une scène de comédie. Rien

ACTE I, SCÈNE III.

(*seul.*)
Dieux, souffrez qu'à mon tour avec vous je m'explique [1].
Que c'est un sort cruel d'aimer par politique !
Et que ses intérêts sont d'étranges malheurs,
S'ils font donner la main quand le cœur est ailleurs !

n'est plus difficile que de terminer heureusement une scène de politique.

[1] On ne doit, ce me semble, s'adresser aux dieux que dans le malheur ou dans la passion : c'est là qu'on peut dire, *nec deus intersit nisi dignus;* mais qu'il *s'explique* avec les dieux comme avec quelqu'un à qui il parlerait d'affaire !.... Le mot *s'expliquer* n'est pas le mot propre. Et que dit-il aux dieux? *que c'est un sort cruel d'aimer par politique, et que les intérêts de ce sort cruel sont des malheurs étranges, s'ils font donner la main quand le cœur est ailleurs.* C'est en effet la situation où Sertorius et Aristie se trouvent : mais on ne plaint nullement un vieux soldat dont le cœur est ailleurs. Il y a dans cet acte de beaux vers et de belles pensées; mais tout est affaibli par le peu d'intérêt qu'on prend à la prétendue passion du héros et aux offres que lui fait Aristie, et surtout par le mauvais style.

FIN DU PREMIER ACTE.

ACTE SECOND.

SCÈNE I.

VIRIATE, THAMIRE.

VIRIATE.

Thamire, il faut parler, l'occasion nous presse :
Rome jusqu'en ces murs m'envoie une maîtresse ;
Et l'exil d'Aristie, enveloppé d'ennuis,
Est prêt à l'emporter sur tout ce que je suis.
En vain de mes regards l'ingénieux langage
Pour découvrir mon cœur a tout mis en usage [1] ;
En vain par le mépris des vœux de tous nos rois
J'ai cru faire éclater l'orgueil d'un autre choix [2] :
Le seul pour qui je tâche à le rendre visible [3],
Ou n'ose en rien connoître, ou demeure insensible,

---

[1] Un exil qui est prêt à l'emporter sur tout ce qu'est Viriate, expressions un peu trop négligées et trop impropres. Une grande reine, une héroïne ne doit pas dire, ce me semble, qu'elle a employé l'*ingénieux langage de ses regards*.

[2] J'ai cru faire éclater l'orgueil d'un autre choix;

n'est pas une expression propre; ce choix n'est pas orgueilleux.

[3] Est-ce son cœur? est-ce l'orgueil de son choix qu'elle tâche à rendre visible?

SERTORIUS.

Et laisse à ma pudeur des sentiments confus,
Que l'amour-propre obstine à douter du refus [1].
Épargne-m'en la honte, et prends soin de lui dire,
A ce héros si cher.... Tu le connois, Thamire;
Car d'où pourroit mon trône attendre un ferme appui?
Et pour qui mépriser tous nos rois, que pour lui [2]?
Sertorius, lui seul digne de Viriate,
Mérite que pour lui tout mon amour éclate.
Fais-lui, fais-lui savoir le glorieux dessein
De m'affermir au trône en lui donnant la main :
Dis-lui.... Mais j'aurois tort d'instruire ton adresse [3],
Moi qui connois ton zèle à servir ta princesse.

THAMIRE.

Madame, en ce héros tout est illustre et grand;
Mais, à parler sans fard, votre amour me surprend.

---

[1] Il ne faut jamais parler de sa pudeur*; mais il faut encore moins *laisser à sa pudeur des sentiments confus, que l'amour-propre obstine à douter du refus*, parceque c'est un galimatias ridicule.

[2] Cet embarras, cette crainte de nommer celui qu'elle aime, pourraient convenir à une jeune personne timide, et semblent peu faits pour une femme politique. Mais, *et pour qui mépriser tous nos rois, que pour lui?* est un vers digne de Corneille. Il faudrait, pour que ce vers fît son effet, qu'il fût pour un jeune héros aimable, et non pas pour un vieux soldat de fortune.

[3] Peut-être le mot d'*adresse* est-il plus propre au comique qu'au tragique dans cette occasion.

* Didon parle de sa pudeur dans l'*Enéide*, et c'est un des beaux endroits de Virgile. Racine fait dire à Phèdre :

De l'austère pudeur les bornes sont passées.

Il n'est donc pas vrai qu'on ne doit jamais parler de sa pudeur. P.

Il est assez nouveau qu'un homme de son âge
Ait des charmes si forts pour un jeune courage,
Et que d'un front ridé les replis jaunissants
Trouvent l'heureux secret de captiver les sens ¹.

VIRIATE.

Ce ne sont pas les sens que mon amour consulte :
Il hait des passions l'impétueux tumulte ;

---

¹ *Des charmes si forts pour un jeune courage, des replis jaunissants d'un front qui trouvent le secret de captiver les sens.* Discours de soubrette, sans doute, plutôt que de la confidente d'une reine ; mais discours qui rendent Viriate un personnage intolérable à quiconque a un peu de goût. Ces replis jaunissants, et cette pudeur de Viriate, et ce héros si cher que Thamire connaît, font un étrange contraste. Rien n'est plus indigne de la tragédie.

La réplique de Viriate me paraît admirable. Je ne voudrais pourtant pas qu'une reine parlât des *sens*. Racine, qu'on regarde si mal à propos comme le premier qui ait parlé d'amour, mais qui est le seul qui en ait bien parlé, ne s'est jamais servi de ces mots, *les sens** . Voyez la première scène de *Pulchérie*.

* Peu de personnes avaient observé cette délicatesse de Racine ; et véritablement il s'est interdit, même dans la tragédie de *Phèdre*, l'usage de ce mot, que son sujet sembloit amener si naturellement. C'est une difficulté qui n'était pas aisée à vaincre, et que pourtant il a surmontée dans tout le rôle de Phèdre, qui est un des chefs-d'œuvre de notre théâtre. Mais parceque Racine s'est interdit cette expression, il y aurait trop de rigueur à la condamner dans ces beaux vers de Viriate. Voltaire, dans *OEdipe*, a fait dire à Jocaste :

Tu sais qu'à mon devoir tout entière attachée,
J'étouffai de mes sens la révolte cachée.

Elle ajoute, à quelques vers de distance, dans la même scène :

Ce n'était point, Égine, un feu tumultueux,
De mes sens enchantés enfant impétueux ;

et personne ne s'en est scandalisé. Il ne faut rien outrer, même en matière de bienséance. P.

ACTE II, SCÈNE I.

Et son feu que j'attache aux soins de ma grandeur
Dédaigne tout mélange avec leur folle ardeur.
J'aime en Sertorius ce grand art de la guerre
Qui soutient un banni contre toute la terre;
J'aime en lui ces cheveux tout couverts de lauriers,
Ce front qui fait trembler les plus braves guerriers,
Ce bras qui semble avoir la victoire en partage :
L'amour de la vertu n'a jamais d'yeux pour l'âge :
Le mérite a toujours des charmes éclatants;
Et quiconque peut tout est aimable en tout temps [1].

THAMIRE.

Mais, madame, nos rois, dont l'amour vous irrite,
N'ont-ils tous ni vertu, ni pouvoir, ni mérite?
Et dans votre parti se peut-il qu'aucun d'eux
N'ait signalé son nom par des exploits fameux?
Celui des Turdetans, celui des Celtibères,
Soutiendroient-ils si mal le sceptre de vos pères?....

VIRIATE.

Contre des rois comme eux j'aimerois leur soutien;
Mais contre des Romains tout leur pouvoir n'est rien.
Rome seule aujourd'hui peut résister à Rome :
Il faut pour la braver qu'elle nous prête un homme [2],

---

[1] Ces sentiments de Viriate sont les seuls qu'elle aurait dû exprimer. Il ne fallait pas les affaiblir par cette *pudeur et ce héros si cher.*

[2] C'est dommage qu'un aussi mauvais vers suive ce vers si beau :

Rome seule aujourd'hui peut résister à Rome.

C'est presque toujours la rime qui amène les vers faibles, inutiles et rampants, avant ou après les beaux vers. On en a fait souvent la remarque. Cet inconvénient attaché à la rime a fait naître plus

Et que son propre sang en faveur de ces lieux
Balance les destins, et partage les dieux [1].
Depuis qu'elle a daigné protéger nos provinces,
Et de son amitié faire honneur à leurs princes [2],
Sous un si haut appui nos rois humiliés
N'ont été que sujets sous le nom d'alliés;
Et ce qu'ils ont osé contre leur servitude
N'en a rendu le joug que plus fort et plus rude.
Qu'a fait Mandonius, qu'a fait Indibilis,
Qu'y plonger plus avant leurs trônes avilis,
Et voir leur fier amas de puissance et de gloire
Brisé contre l'écueil d'une seule victoire?
Le grand Viriatus, de qui je tiens le jour,
D'un sort plus favorable eut un pareil retour [3].
Il défit trois préteurs, il gagna dix batailles,
Il repoussa l'assaut de plus de cent murailles [4];

d'une fois la proposition de la bannir; mais il est plus beau de vaincre une difficulté que de s'en défaire. La rime est nécessaire à la poésie française par la nature de notre langue, et est consacrée à jamais par les ouvrages de nos grands hommes.

[1] *Balance*, etc. est un très beau vers; mais celui qui le précède est mauvais. *Le propre sang de Rome en faveur de ces lieux!*

[2] *Faire honneur de son amitié* n'est pas le mot propre.

[3] On dit bien en général *un retour du sort*, et encore mieux *un revers du sort*, mais non pas *un retour d'un sort favorable*, pour exprimer une disgrace; au contraire, *un retour d'un sort favorable* signifie une nouvelle faveur de la fortune après quelque disgrace passagère.

[4] *Gagner des batailles, repousser l'assaut de plus de cent murailles.* Voilà de ces vers communs et faibles qu'on doit soigneusement s'interdire. On voit trop que *murailles* n'est là que pour rimer à *batailles*.

ACTE II, SCÈNE I.

Et de Servilius l'astre prédominant
Dissipa tout d'un coup ce bonheur étonnant.
Ce grand roi fut défait, il en perdit la vie,
Et laissoit sa couronne à jamais asservie,
Si pour briser les fers de son peuple captif
Rome n'eût envoyé ce noble fugitif.

Depuis que son courage à nos destins préside,
Un bonheur si constant de nos armes décide,
Que deux lustres de guerre assurent nos climats
Contre ces souverains de tant de potentats,
Et leur laissent à peine, au bout de dix années,
Pour se couvrir de nous l'ombre des Pyrénées.

Nos rois, sans ce héros, l'un de l'autre jaloux,
Du plus heureux sans cesse auroient rompu les coups[1];
Jamais ils n'auroient pu choisir entre eux un maître.

THAMIRE.

Mais consentiront-ils qu'un Romain puisse l'être?

VIRIATE.

Il n'en prend pas le titre, et les traite d'égal:
Mais, Thamire, après tout, il est leur général;
Ils combattent sous lui, sous son ordre ils s'unissent;
Et tous ces rois de nom* en effet obéissent,
Tandis que de leur rang l'inutile fierté

---

[1] *Rompre les coups du plus heureux; avoir l'ombre d'une montagne pour se couvrir, un bonheur qui décide des armes,* tout cela est impropre, irrégulier, obscur.

*Racine s'est approprié cette belle expression dans *Mithridate*:

    Reine long-temps de nom, mais en effet captive,

dit Monime en parlant d'elle-même.

SERTORIUS.

S'applaudit d'une vaine et fausse égalité.

THAMIRE.

Je n'ose vous rien dire après cet avantage,
Et voudrois comme vous faire grace à son âge;
Mais enfin ce héros, sujet au cours des ans,
A trop long-temps vaincu pour vaincre encor long-temps,
Et sa mort....

VIRIATE.

Jouissons, en dépit de l'envie,
Des restes glorieux de son illustre vie:
Sa mort me laissera pour ma protection
La splendeur de son ombre et l'éclat de son nom [1].
Sur ces deux grands appuis ma couronne affermie
Ne redoutera point de puissance ennemie;
Ils feront plus pour moi que ne feroient cent rois.
Mais nous en parlerons encor quelque autre fois.
Je l'aperçois qui vient.

---

[1] Ces figures outrées ne réussissent plus. Le mot d'*ombre* est trop le contraire de *splendeur*; il n'est pas permis non plus à une femme telle que Viriate, de dire que l'ombre d'un général mort protégera plus l'Espagne que ne feraient cent rois : ces exagérations ne seraient pas même tolérées dans une ode. Le vrai doit régner par-tout, et sur-tout dans la tragédie. La splendeur d'une ombre a quelque chose de si contradictoire, que cette expression dégénère en pure plaisanterie.

SCÈNE II.

SERTORIUS, VIRIATE, THAMIRE.

SERTORIUS.
Que direz-vous, madame,
Du dessein téméraire où s'échappe mon ame[1]?
N'est-ce point oublier ce qu'on vous doit d'honneur,
Que demander à voir le fond de votre cœur?

VIRIATE.
Il est si peu fermé, que chacun y peut lire,
Seigneur, peut-être plus que je ne puis vous dire;
Pour voir ce qui s'y passe, il ne faut que des yeux.

SERTORIUS.
J'ai besoin toutefois qu'il s'explique un peu mieux.
Tous vos rois à l'envi briguent votre hyménée;
Et comme vos bontés font notre destinée,
Par ces mêmes bontés j'ose vous conjurer,
En faisant ce grand choix, de nous considérer.
Si vous prenez un prince inconstant, infidèle,
Ou qui pour le parti n'ait pas assez de zèle,
Jugez en quel état nous nous verrons réduits,
Si je pourrai long-temps encor ce que je puis,
Si mon bras....

VIRIATE.
Vous formez des craintes que j'admire.
J'ai mis tous mes états si bien sous votre empire,

---

[1] Une ame ne s'échappe point à un dessein.

Que quand il me plaira faire choix d'un époux,
Quelque projet qu'il fasse, il dépendra de vous.
Mais, pour vous mieux ôter cette frivole crainte,
Choisissez-le vous-même, et parlez-moi sans feinte :
Pour qui de tous ces rois êtes-vous sans soupçon[1]?
A qui d'eux pouvez-vous confier ce grand nom?

SERTORIUS.

Je voudrois faire un choix qui pût aussi vous plaire;
Mais, à ce froid accueil que je vous vois leur faire,
Il semble que pour tous sans aucun intérêt....

VIRIATE.

C'est peut-être, seigneur, qu'aucun d'eux ne me plaît,
Et que de leur haut rang la pompe la plus vaine
S'efface au seul aspect de la grandeur romaine.

SERTORIUS.

Si donc je vous offrois pour époux un Romain?

VIRIATE.

Pourrois-je refuser un don de votre main?

SERTORIUS.

J'ose après cet aveu vous faire offre d'un homme
Digne d'être avoué de l'ancienne Rome.
Il en a la naissance, il en a le grand cœur[2],

---

[1] C'est un barbarisme de phrase. On soupçonne quelqu'un, on a des soupçons, on jette des soupçons sur lui; on n'a pas des soupçons pour quelqu'un, comme on a de l'estime, de l'amitié, de la haine pour quelqu'un. Il est vraisemblable que c'est une faute ancienne des imprimeurs, et qu'on doit lire, *sur qui de tous ces rois êtes-vous sans soupçon?*

[2] Cette phrase signifie *il a la naissance de Rome, il a le grand cœur de Rome.* On sent bien que l'auteur veut dire *il est né Romain, il a la valeur d'un Romain;* mais il ne suffit pas qu'on

ACTE II, SCÈNE II.

Il est couvert de gloire, il est plein de valeur ;
De toute votre Espagne il a gagné l'estime,
Libéral, intrépide, affable, magnanime ;
Enfin c'est Perpenna sur qui vous emportez....

VIRIATE.

J'attendois votre nom après ces qualités ;
Les éloges brillants que vous daignez y joindre
Ne me permettoient pas d'espérer rien de moindre :
Mais certes le détour est un peu surprenant.
Vous donnez une reine à votre lieutenant !
Si vos Romains ainsi choisissent des maîtresses,
A vos derniers tribuns il faudra des princesses [1].

SERTORIUS.

Madame....

VIRIATE.

Parlons net sur ce choix d'un époux.
Êtes-vous trop pour moi ? suis-je trop peu pour vous ?
C'est m'offrir, et ce mot peut blesser les oreilles :
Mais un pareil amour sied bien à mes pareilles [2] :

---

puisse l'entendre, il faut qu'on ne puisse pas l'entendre autrement.

[1] Cette réponse est fort belle, elle doit toujours faire un grand effet. Les vers suivants semblent l'affaiblir. *Parlons net* sent un peu trop le dialogue de comédie ; et le mot de *maîtresse* n'a jamais été employé par Racine dans ses bonnes pièces*.

[2] Un amour qui sied bien ou qui sied mal ne peut se dire ; il semble qu'on parle d'un ajustement. On doit éviter le mot de *mes pareilles*, il est plus bourgeois que noble.

* On le trouve dans *Bajazet*, dans *Britannicus*, dans *Mithridate*, et par conséquent dans les bonnes pièces de Racine. Voltaire lui-même l'a employé plus d'une fois dans *Zaïre*. P.

Et je veux bien, seigneur, qu'on sache désormais
Que j'ai d'assez bons yeux pour voir ce que je fais.
Je le dis donc tout haut, afin que l'on m'entende [1] :
Je veux bien un Romain, mais je veux qu'il commande;
Et ne trouverois pas vos rois à dédaigner,
N'étoit qu'ils savent mieux obéir que régner.
Mais, si de leur puissance ils vous laissent l'arbitre [2],
Leur foiblesse du moins en conserve le titre :
Ainsi ce noble orgueil qui vous préfère à tous
En préfère le moindre à tout autre qu'à vous [3];
Car enfin, pour remplir l'honneur de ma naissance [4],
Il me faudroit un roi de titre et de puissance [5] :

[1] Viriate n'élève pas ici la voix; elle parle devant sa confidente, qui connaît ses sentiments: ainsi ce vers n'est qu'un vers de comédie, qui ne devait pas avoir place dans une scène noble.

[2] Être *arbitre des rois* se dit très bien, parcequ'en effet des rois peuvent choisir ou recevoir un arbitre. On est l'arbitre des lois, parceque souvent les lois sont opposées l'une à l'autre, l'arbitre des états qui ont des prétentions, mais non pas l'arbitre de la puissance; encore moins a-t-on le titre de sa puissance.

[3] Elle veut dire *préfère le moindre* des rois à tout autre Romain que vous.

[4] On soutient l'honneur de sa naissance, on remplit les devoirs de sa naissance, mais on ne remplit point un honneur. Encore une fois rien n'est si rare que le mot propre.

[5] On dit bien, *un roi de nom*; par exemple, Jacques II fut roi de nom, et Guillaume resta roi en effet; mais on ne dit point *roi de titre :* on dit encore moins *roi de puissance;* cela n'est pas français. Toutes ces expressions sont des barbarismes de phrase; mais le sens est fort beau, et tous les sentiments de Viriate ont de la dignité.

Je pense m'en devoir ou le pouvoir sans nom, ou le nom sans pouvoir. Voilà de ces jeux de mots qu'il faut soigneusement éviter;

ACTE II, SCÈNE II.

Mais, comme il n'en est plus, je pense m'en devoir
Ou le pouvoir sans nom, ou le nom sans pouvoir.

SERTORIUS.

J'adore ce grand cœur qui rend ce qu'il doit rendre
Aux illustres aïeux dont on vous voit descendre[1].
A de moindres pensers son orgueil abaissé
Ne soutiendroit pas bien ce qu'ils vous ont laissé.
Mais puisque, pour remplir la dignité royale,
Votre haute naissance en demande une égale,
Perpenna parmi nous est le seul dont le sang
Ne mêleroit point d'ombre à la splendeur du rang[2];
Il descend de nos rois et de ceux d'Étrurie.
Pour moi, qu'un sang moins noble a transmis à la vie,
Je n'ose m'éblouir d'un peu de nom fameux[3],

---

et si on se permet cette licence, il faut du moins s'exprimer avec netteté et correctement. *Se devoir le pouvoir d'un roi sans nom* est un barbarisme et une construction très vicieuse.

[1] Cette expression ne paraît pas juste; on ne voit personne descendre de ses aïeux. Racine dit, dans *Iphigénie*:

Le sang de ces héros dont tu me fais descendre;

mais non pas, *le sang dont on me voit descendre.*

[2] Qu'est-ce qu'un sang qui ne mêlerait point d'ombre à une splendeur? On ne peut trop redire que toute métaphore doit être juste et faire une image vraie.

[3] Le mot de *peu* ne convient point à un nom; un peu de gloire, un peu de renommée, de réputation, de puissance, se dit dans toutes les langues, et *un peu de nom*, dans aucune. Il y a une grammaire commune à toutes les nations, qui ne permet pas que les adverbes de quantité se joignent à des choses qui n'ont pas de quantité. On peut avoir plus ou moins de gloire ou de puissance, mais non pas plus ou moins de nom.

Jusqu'à déshonorer le trône par mes vœux[1].
Cessez de m'estimer jusqu'à lui faire injure :
Je ne veux que le nom de votre créature[2];
Un si glorieux titre a de quoi me ravir[3];
Il m'a fait triompher en voulant vous servir[4];
Et malgré tout le peu que le ciel m'a fait naître[5]....

VIRIATE.

Si vous prenez ce titre, agissez moins en maître,
Ou m'apprenez du moins, seigneur, par quelle loi
Vous n'osez m'accepter, et disposez de moi.
Accordez le respect que mon trône vous donne[6]
Avec cet attentat sur ma propre personne.
Voir toute mon estime, et n'en pas mieux user,

---

[1] Il est étrange que Corneille fasse parler ainsi un Romain, après avoir dit ailleurs, *pour être plus qu'un roi, tu te crois quelque chose*, et après avoir répété si souvent cette exagération prodigieuse, qu'*il n'y a point de bourgeois de Rome qui ne soit au-dessus de tous les rois*. Ces manières si différentes d'envisager la même chose font bien voir que l'archevêque Fénélon et le marquis de Vauvenargues avaient raison de dire que Corneille atteignit rarement le véritable but de la tragédie, et que trop souvent, au lieu d'émouvoir, il exagérait ou il dissertait.

[2] *Créature*, ce mot dans notre langue n'est employé que pour les subalternes qui doivent leur fortune à leurs patrons, et semble ne pas convenir à Sertorius.

[3] Ce titre n'est point *glorieux*; il n'a point *de quoi ravir*. Ce mot *ravir* est trop familier.

[4] Par la construction de la phrase, c'est le glorieux titre qui a voulu servir Viriate.

[5] *Tout le peu* est une contradiction dans les termes; les mots de *peu* et de *tout* s'excluent l'un l'autre.

[6] On ne donne point du respect, on l'impose, on l'imprime, on l'inspire, etc.

ACTE II, SCÈNE II.

C'en est un qu'aucun art ne sauroit déguiser.
Ne m'honorez donc plus jusqu'à me faire injure;
Puisque vous le voulez, soyez ma créature;
Et, me laissant en reine ordonner de vos vœux,
Portez-les jusqu'à moi, parceque je le veux.
  Pour votre Perpenna, que sa haute naissance
N'affranchit point encor de votre obéissance,
Fût-il du sang des dieux aussi bien que des rois,
Ne lui promettez plus la gloire de mon choix.
Rome n'attache point le grade à la noblesse.
Votre grand Marius naquit dans la bassesse;
Et c'est pourtant le seul que le peuple romain
Ait jusques à sept fois choisi pour souverain.
Ainsi pour estimer chacun a sa manière [1] :
Au sang d'un Espagnol je ferois grace entière [2],
Mais parmi vos Romains je prends peu garde au sang,
Quand j'y vois la vertu prendre le plus haut rang.
Vous, si vous haïssez comme eux le nom de reine,
Regardez-moi, seigneur, comme dame romaine [3] :

---

[1] Ainsi pour estimer chacun a sa manière,

est trop familier, et *sa manière pour estimer* est aussi bas que peu français.

[2] Au sang d'un Espagnol je ferois grace entière,

ne dit point ce qu'elle veut dire; elle entend que ce serait faire une grace à un Espagnol que de l'épouser. *Faire grace entière*, c'est ne point pardonner à demi.

[3] Elle ne doit point dire à Sertorius qu'il peut haïr le trône, après que Sertorius lui a dit qu'il déshonorerait le trône, s'il osait aspirer à elle. Tous ces raisonnements sur le trône semblent trop se contredire; tantôt le trône de Viriate dépend de Sertorius, tantôt Sertorius est au-dessous du trône, tantôt il hait le trône, tan-

Le droit de bourgeoisie à nos peuples donné
Ne perd rien de son prix sur un front couronné.
Sous ce titre adoptif, étant ce que vous êtes,
Je pense bien valoir une de mes sujettes ;
Et, si quelque Romaine a causé vos refus,
Je suis tout ce qu'elle est, et reine encor de plus.
Peut-être la pitié d'une illustre misère....

SERTORIUS.

Je vous entends, madame, et, pour ne vous rien taire,
J'avouerai qu'Aristie....

VIRIATE.
     Elle nous a tout dit;
Je sais ce qu'elle espère et ce qu'on vous écrit.
Sans y perdre de temps, ouvrez votre pensée.

SERTORIUS.

Au seul bien de la cause elle est intéressée :
Mais puisque, pour ôter l'Espagne à nos tyrans,
Nous prenons, vous et moi, des chemins différents,
De grace, examinez le commun avantage,
Et jugez ce que doit un généreux courage.
 Je trahirois, madame, et vous et vos états,
De voir un tel secours, et ne l'accepter pas [1] :
Mais ce même secours deviendroit notre perte,

tôt Viriate veut faire respecter son trône; mais quand même il y aurait de la justesse dans ces dissertations, il y aurait toujours trop de froideur. Presque tous ces raisonnements sont faux : ils auraient besoin du style le plus élégant et le plus noble pour être tolérés; mais malheureusement le style est guindé, obscur, souvent bas, et hérissé de solécismes et de barbarismes [*].

[1] *Je trahirois de voir* est un solécisme.

[*] Voltaire affecte toujours d'oublier le temps où Corneille écrivait. P.

ACTE II, SCÈNE II.

S'il nous ôtoit la main que vous m'avez offerte,
Et qu'un destin jaloux de nos communs desseins
Jetât ce grand dépôt en de mauvaises mains [1].
Je tiens Sylla perdu, si vous laissez unie
A ce puissant renfort votre Lusitanie.
Mais vous pouvez enfin dépendre d'un époux,
Et le seul Perpenna peut m'assurer de vous.
Voyez ce qu'il a fait; je lui dois tant, madame,
Qu'une juste prière en faveur de sa flamme....

VIRIATE.

Si vous lui devez tant, ne me devez-vous rien?
Et lui faut-il payer vos dettes de mon bien?
Après que ma couronne a garanti vos têtes [2],
Ne mérité-je point de part en vos conquêtes?
Ne vous ai-je servi que pour servir toujours,
Et m'assurer des fers par mon propre secours?
Ne vous y trompez pas : si Perpenna m'épouse,
Du pouvoir souverain je deviendrai jalouse,
Et le rendrai moi-même assez entreprenant
Pour ne vous pas laisser un roi pour lieutenant.
Je vous avouerai plus : à qui que je me donne,
Je voudrai hautement soutenir ma couronne;
Et c'est ce qui me force à vous considérer,
De peur de perdre tout, s'il nous faut séparer.

---

[1] On ne *jette* point un *dépôt*, c'est un barbarisme; il faut, *remit ce grand dépôt*.

[2] Que veut dire une couronne qui garantit des têtes? Il falloit au moins dire de quoi elle les garantit : on garantit un traité, une possession, un héritage; mais une couronne ne garantit point une tête.

Je ne vois que vous seul qui des mers aux montagnes
Sous un même étendard puisse unir nos Espagnes :
Mais ce que je propose en est le seul moyen ;
Et, quoi qu'ait fait pour vous ce cher concitoyen,
S'il vous a secouru contre la tyrannie,
Il en est bien payé d'avoir sauvé sa vie [1].
Les malheurs du parti l'accabloient à tel point,
Qu'il se voyoit perdu, s'il ne vous eût pas joint ;
Et même, si j'en veux croire la renommée,
Ses troupes, malgré lui, grossirent votre armée.
Rome offre un grand secours, du moins on vous l'écrit ;
Mais, s'armât-elle toute en faveur d'un proscrit,
Quand nous sommes aux bords d'une pleine victoire [2],
Quel besoin avons-nous d'en partager la gloire ?
Encore une campagne, et nos seuls escadrons
Aux aigles de Sylla font repasser les monts.
Et ces derniers venus auront droit de nous dire
Qu'ils auront en ces lieux établi notre empire !
Soyons d'un tel honneur l'un et l'autre jaloux ;
Et quand nous pouvons tout, ne devons rien qu'à nous.

SERTORIUS.

L'espoir le mieux fondé n'a jamais trop de forces [3].

---

[1] C'est un barbarisme et un contre-sens. On est payé en recevant une récompense, on est payé par une récompense ; mais on n'est point payé de recevoir une récompense : il fallait, *Il fut assez payé, vous sauvâtes sa vie*, ou quelque chose de semblable.

[2] La victoire n'a point de bords ; on touche à la victoire, on est près de la remporter, de la saisir, mais on n'est point à ses bords. Cela ne peut se dire dans aucune langue, parceque dans toutes les langues les métaphores doivent être justes.

[3] On ne peut dire *les forces d'un espoir* ; aucune langue ne peut

ACTE II, SCÈNE II.

Le plus heureux destin surprend par les divorces[1] ;
Du trop de confiance il aime à se venger[2] ;
Et dans un grand dessein rien n'est à négliger.
  Devons-nous exposer à tant d'incertitude
L'esclavage de Rome et notre servitude[3],
De peur de partager avec d'autres Romains
Un honneur où le ciel veut peut-être leurs mains?
Notre gloire, il est vrai, deviendra sans seconde,
Si nous faisons sans eux la liberté du monde;
Mais si quelque malheur suit tant d'heureux combats,
Quels reproches cruels ne nous ferons-nous pas!
D'ailleurs, considérez que Perpenna vous aime,
Qu'il est ou qu'il se croit digne du diadème,
Qu'il peut ici beaucoup; qu'il s'est vu de tout temps
Qu'en gouvernant le mieux on fait des mécontents;
Que, piqué du mépris, il osera peut-être....

VIRIATE.

Tranchez le mot, seigneur : je vous ai fait mon maître,
Et je dois obéir malgré mon sentiment;

admettre ce mot, parceque les forces ne peuvent pas être dans un espoir. C'est un barbarisme.

[1] Un destin n'a point de divorces; il a des vicissitudes, des changements, des revers; et alors ce n'est pas l'heureux destin qui surprend. Cette expression est un barbarisme.

[2] Ce destin qui aime à se venger est une idée poétique qui n'a rien de vrai. Pourquoi aimerait-il à se venger de la confiance qu'on a en lui? Est-ce ainsi que doit raisonner un grand capitaine, un homme d'état?

[3] Ce n'est point l'esclavage qu'on expose ici à l'incertitude des événements; au contraire, c'est la liberté de Rome et celle de l'Espagne, pour laquelle Sertorius et Viriate combattent, et qu'on exposerait.

SERTORIUS.

C'est à quoi se réduit tout ce raisonnement.
Faites, faites entrer ce héros d'importance [1],
Que je fasse un essai de mon obéissance;
Et si vous le craignez, craignez autant du moins
Un long et vain regret d'avoir prêté vos soins [2].

SERTORIUS.

Madame, croiriez-vous....

VIRIATE.

Ce mot vous doit suffire;
J'entends ce qu'on me dit, et ce qu'on me veut dire.
Allez, faites-lui place, et ne présumez pas....

SERTORIUS.

Je parle pour un autre, et toutefois, hélas [3] !
Si vous saviez....

VIRIATE.

Seigneur, que faut-il que je sache?
Et quel est le secret que ce soupir me cache?

---

[1] Faites, faites entrer ce héros d'importance,

est un peu trop comique. L'auteur a déja dit *des gens d'importance:* il n'est pas permis d'écrire d'un style si trivial, sur-tout après avoir écrit de si belles choses.

[2] Il faudrait achever la phrase. *Prêter vos soins* n'a pas un sens complet; on doit dire à qui on les a prêtés. De plus, on ne prête point de soins, on ne prête que les choses qu'on peut retirer. Quand les soins sont une fois donnés, on peut en refuser de nouveaux. Il n'en est pas de même du mot *appui, secours;* on prête son *appui,* son *secours,* son *bras,* son *armée,* etc., parcequ'on peut les retirer, les reprendre. Ce style est très vicieux.

[3] Cet *hélas* dans la bouche de Sertorius est trop déplacé; il ne convient ni à son caractère, ni à son âge, ni à la scène politique et raisonnée qui vient de se passer entre Viriate et lui.

ACTE II, SCÈNE II.

SERTORIUS.

Ce soupir redoublé ¹....

VIRIATE.

N'achevez point; allez :
Je vous obéirai plus que vous ne voulez.

¹ *Ce soupir redoublé* achève de dégrader Sertorius.

Qu'Achille aime autrement que Tyrcis et Philène.

Un vieux capitaine romain qui fait remarquer ses soupirs à sa maîtresse est au-dessous de Tyrcis; car Tyrcis soupirera sans le dire, et ce sera sa maîtresse qui s'en apercevra.

Qu'un amant passionné soit attendri, ému, troublé, qu'il soupire; mais qu'il ne dise pas, Voyez comme je suis attendri, comme je suis ému, comme je suis touché, comme je soupire. Cette pusillanimité dans laquelle Corneille fait tomber Sertorius et Viriate est une preuve bien manifeste de ce que nous avons dit tant de fois, que l'amour s'était emparé du théâtre très long-temps avant Racine; qu'il n'y avait aucune pièce où cette passion n'entrât, et c'était presque toujours mal à propos. Encore une fois l'amour n'a jamais bien été traité que dans les scènes du *Cid*, imitées de Guillem de Castro, jusqu'à l'*Andromaque* de Racine : je dis jusqu'à l'*Andromaque*; car, dans *la Thébaïde* et dans l'*Alexandre*, on sent que Racine suit la mauvaise route que Corneille avait tracée; c'est l'unique raison peut-être pour laquelle ces deux pièces n'intéressent point du tout.

SCÈNE III.

VIRIATE, THAMIRE.

THAMIRE.
Sa dureté m'étonne, et je ne puis, madame[1]....
VIRIATE.
L'apparence t'abuse; il m'aime au fond de l'ame[2].
THAMIRE.
Quoi! quand pour un rival il s'obstine au refus[3]....
VIRIATE.
Il veut que je l'amuse[4], et ne veut rien de plus.
THAMIRE.
Vous avez des clartés que mon insuffisance....
VIRIATE.
Parlons à ce rival; le voilà qui s'avance.

---

[1] Il est assez difficile de comprendre comment Thamire peut parler de dureté après ces hélas et ces soupirs.

[2] Rien n'est assurément moins tragique qu'une femme qui dit qu'un homme l'aime. C'est de la comédie froide.

[3] *Quoi quand* forme une cacophonie désagréable.

[4] Viriate, dans cet hémistiche comique, ne dit point ce qu'elle doit dire: sa vanité lui persuade qu'elle est aimée, et que Sertorius sacrifie son amour à l'amitié; ce n'est pas là un amusement. Il faut convenir que rien n'est plus éloigné du caractère de la tragédie.

SCÈNE IV.

VIRIATE, PERPENNA, AUFIDE, THAMIRE.

VIRIATE.

Vous m'aimez, Perpenna; Sertorius le dit :
Je crois sur sa parole, et lui dois tout crédit[1].
Je sais donc votre amour; mais tirez-moi de peine :
Par où prétendez-vous mériter une reine,
A quel titre lui plaire, et par quel charme un jour
Obliger sa couronne à payer votre amour[2] ?

PERPENNA.

Par de sincères vœux, par d'assidus services,

[1] Il fallait dire, *je le crois.* Corneille a bien employé le mot *je crois* sans régime dans *Polyeucte*, *je vois, je sais, je crois, je suis désabusée;* mais c'est dans un autre sens. Pauline veut dire *j'ai la foi;* mais Viriate n'a point la foi.

Et lui dois tout crédit; ce terme est impropre et n'est pas noble. *Crédit* ne signifie point *confiance*[*]. Racine s'est servi plus noblement de ce mot dans un autre sens, quand il fait dire à Agrippine :

> Je vois mes honneurs croître, et tomber mon crédit.

Crédit alors signifie *autorité, puissance, considération.*

[2] On n'oblige point une couronne à payer; et payer un amour !

[*] *Crédit* peut signifier *confiance*, témoin ces vers du *Menteur*, qui sont passés en proverbe :

DORANTE.

Je disois vérité.

CLITON.

Quand un menteur la dit,
En passant par sa bouche elle perd son crédit;

c'est-à-dire elle n'obtient plus de confiance. P.

Par de profonds respects, par d'humbles sacrifices;
Et si quelques effets peuvent justifier....

VIRIATE.

Eh bien! qu'êtes-vous prêt de lui sacrifier?

PERPENNA.

Tous mes soins, tout mon sang, mon courage, ma vie [1].

VIRIATE.

Pourriez-vous la servir dans une jalousie [2]?

PERPENNA.

Ah, madame!...

VIRIATE.

A ce mot en vain le cœur vous bat;
Elle n'est pas d'amour, elle n'est que d'état.
J'ai de l'ambition, et mon orgueil de reine
Ne peut voir sans chagrin une autre souveraine,
Qui, sur mon propre trône à mes yeux s'élevant,
Jusque dans mes états prenne le pas devant [3].

---

[1] On peut sacrifier son sang et sa vie, ce qui est la même chose: mais sacrifier son courage! qu'est-ce que cela veut dire? on emploie son courage, ses soins; on sacrifie sa vie.

[2] *Dans une jalousie, le cœur vous bat; un orgueil de reine*: ce n'est pas là le style noble; et cette idée de se *faire servir dans une jalousie* est non seulement du comique, mais du comique insipide: ce n'est pas là le φόϐος καὶ ἔλεος, *la terreur et la pitié.* Voilà une plaisante intrigue tragique que de savoir qui de deux femmes passera la première à une porte.

[3] *Prenne le pas devant* ne se dit plus, et présente une petite idée. Voilà de ces choses qu'il faut ennoblir par l'expression. Racine dit:

Je ceignis la tiare, et marchai son égal.

Prendre le pas devant est une mauvaise façon de parler, qui n'est pas même pardonnable aux gazettes.

ACTE II, SCÈNE IV.

Sertorius y règne, et dans tout notre empire
Il dispense des lois où j'ai voulu souscrire :
Je ne m'en repens point, il en a bien usé ;
Je rends graces au ciel qui l'a favorisé.
Mais, pour vous dire enfin de quoi je suis jalouse,
Quel rang puis-je garder auprès de son épouse ?
Aristie y prétend, et l'offre qu'elle fait,
Ou que l'on fait pour elle, en assure l'effet [1].
Délivrez nos climats de cette vagabonde,
Qui vient par son exil troubler un autre monde ;
Et forcez-la sans bruit d'honorer d'autres lieux
De cet illustre objet qui me blesse les yeux.
Assez d'autres états lui prêteront asile.

PERPENNA.

Quoi que vous m'ordonniez, tout me sera facile :
Mais quand Sertorius ne l'épousera pas,
Un autre hymen vous met dans le même embarras [2].
Et qu'importe, après tout, d'une autre ou d'Aristie,
Si....

VIRIATE.

Rompons, Perpenna, rompons cette partie ;
Donnons ordre au présent ; et quant à l'avenir,
Suivant l'occasion nous saurons y fournir.

---

[1] Il faut éviter ces expressions prosaïques et négligées : celle-ci n'est ni noble ni exacte. Une offre n'assure point un effet ; une offre est acceptée ou dédaignée ; le mot d'*effet* ne s'applique qu'aux desseins et aux causes, aux menaces, aux prières.

[2] Perpenna n'a aucune raison de parler d'un autre hymen de Sertorius, puisqu'il n'en est point question dans la pièce : et quel style de comédie ! *un hymen qui met dans l'embarras.*

Le temps est un grand maitre, il régle bien des choses.
Enfin je suis jalouse, et vous en dis les causes.
Voulez-vous me servir?

PERPENNA.

Si je le veux? j'y cours,
Madame, et meurs déja d'y consacrer mes jours[1].
Mais pourrai-je espérer que ce foible service
Attirera sur moi quelque regard propice,
Que le cœur attendri fera suivre....

VIRIATE.

Arrêtez,
Vous porteriez trop loin des vœux précipités.
Sans doute un tel service aura droit de me plaire;
Mais laissez-moi, de grace, arbitre du salaire :
Je ne suis point ingrate, et sais ce que je dois;
Et c'est vous dire assez pour la première fois.
Adieu.

SCÈNE V:

PERPENNA, AUFIDE.

AUFIDE.

Vous le voyez, seigneur, comme on vous joue.
Tout son cœur est ailleurs; Sertorius l'avoue,
Et fait auprès de vous l'officieux rival[2];

---

[1] Il fallait, *et je meurs;* mais cette façon de parler est du style de la comédie; encore ne dit-on pas même, *je meurs d'aller, je meurs de servir,* mais *je meurs d'envie d'aller, de servir;* et cela ne se dit que dans la conversation familière.

[2] Encore une fois, style de comédie.

Tandis que Viriate....

PERPENNA.

Ah! n'en juge point mal.
A lui rendre service elle m'ouvre une voie
Que tout mon cœur embrasse avec excès de joie[1].

AUFIDE.

Vous ne voyez donc pas que son esprit jaloux
Ne cherche à se servir de vous que contre vous,
Et que, rompant le cours d'une flamme nouvelle[2],
Vous forcez ce rival à retourner vers elle?

PERPENNA.

N'importe, servons-la, méritons son amour;
La force et la vengeance agiront à leur tour.
Hasardons quelques jours sur l'espoir qui nous flatte,
Dussions-nous pour tout fruit ne faire qu'une ingrate.

AUFIDE.

Mais, seigneur....

PERPENNA.

Épargnons les discours superflus;
Songeons à la servir, et ne contestons plus;
Cet unique souci tient mon ame occupée.
Cependant de nos murs on découvre Pompée;
Tu sais qu'on me l'a dit : allons le recevoir,
Puisque Sertorius m'impose ce devoir[3].

---

[1] *Embrasser avec excès de joie une voie à rendre service;* on ne peut écrire avec plus d'impropriété. C'est un amas de barbarismes.

[2] *Rompre le cours d'une flamme,* autre barbarisme.

[3] Dans cette scène Perpenna paraît généreux; il n'est plus question de l'assassinat de Sertorius, qui fait le sujet du drame. C'est d'ordinaire un grand défaut dans une pièce, soit tragique, soit

comique, qu'un personnage paraisse sans rappeler les premiers sentiments et les premiers desseins qu'il a d'abord annoncés ; c'est rompre l'unité de dessein qui doit régner dans tout l'ouvrage.

Nous sommes entrés dans presque tous les détails de ces deux premiers actes, pour montrer aux commençants combien il est difficile de bien écrire en vers, pour éviter le reproche qu'on nous a fait de n'en avoir pas assez dit, et pour répondre au reproche ridicule que quelques gens de parti, très mal instruits, nous ont fait d'en avoir trop dit. Nous ne pouvons assez répéter que nous cherchons uniquement la vérité, et qu'aucune cabale ne nous a jamais intimidés.

Nous reprenons quatre fois plus de fautes dans cette édition[*] que dans les précédentes, parceque des gens qui ne savent pas le français ont eu le ridicule d'imprimer qu'il ne fallait pas s'apercevoir de ces fautes.

[*] L'in-4° de 1774.

FIN DU SECOND ACTE.

ACTE TROISIÈME.

SCÈNE I[^1].

SERTORIUS, POMPÉE, SUITE.

SERTORIUS.

Seigneur, qui des mortels eût jamais osé croire

[^1] Cette scène, ou plutôt la seconde, dont celle-ci n'est que le commencement, fit le succès de *Sertorius*, et elle aura toujours une grande réputation. S'il y a quelques défauts dans le style, ces défauts n'ôtent rien à la noblesse des sentiments, à la politique, aux bienséances de toute espèce, qui font un chef-d'œuvre de cette conversation. Elle n'est pas tragique, j'en conviens; elle n'est que politique. La pièce de *Sertorius* n'a rien de la chaleur et du pathétique de la vraie tragédie, comme Corneille l'avoue dans son examen; mais cette scène de Sertorius et de Pompée, prise à part, est un grand modèle.

Il n'y a, je crois, que deux autres exemples sur le théâtre de ces conférences entre de grands hommes, qui méritent d'être remarquées. La première, dans *Shakespeare*, entre Cassius et Brutus; elle est dans un goût un peu différent de celui de Corneille. Brutus reproche à Cassius *that he hath an itching palm*; ce qui signifie précisément que Cassius se fait graisser la patte. Cassius répond qu'il aimerait mieux être un chien, et aboyer à la lune, que de se faire donner des pots de vin. Il y a d'ailleurs des choses vives et animées, mais ce ton de la halle n'est pas tout-à-fait celui de la scène tragique; ce n'est pas celui du sage Addison.

La seconde conférence est dans l'*Alexandre* de Racine, entre

Que la trêve à tel point dût rehausser ma gloire [1] ;
Qu'un nom à qui la guerre a fait trop applaudir
Dans l'ombre de la paix trouvât à s'agrandir [2] ?
Certes, je doute encor si ma vue est trompée,
Alors que dans ces murs je vois le grand Pompée ;

Porus, Éphestion et Taxile. Si Éphestion était un personnage principal, et si la tragédie était intéressante, cette conférence pourrait encore plaire beaucoup au théâtre, même après celle de Sertorius et de Pompée. Le mal est que ces scènes ne sont pas absolument nécessaires à la pièce. Sertorius même dit au quatrième acte :

> .... Quel bruit fait par la ville
> De Pompée et de moi l'entrevue inutile ?

Ces scènes donnent rarement au spectateur d'autre plaisir que celui de voir de grands hommes conférer ensemble.

[1] Certainement Sertorius n'a jamais dit à Pompée, *quel homme aurait jamais osé croire que ma gloire pût être augmentée ?* On ne parle point ainsi de soi-même ; la bienséance n'est pas observée dans les expressions : le fond de la pensée est que la visite de Pompée est le plus grand honneur qu'il ait jamais reçu ; mais il ne doit pas commencer par parler de sa gloire, et par dire que jamais mortel n'eût osé croire que cette gloire pût augmenter ; ces vers peuvent paraître une fanfaronnade plutôt qu'un compliment. Il eût été plus court, plus naturel, plus décent, de supprimer ces vers, et de dire avec une noble simplicité, *Seigneur, je doute encor si ma vue est trompée*, etc.

[2] Comment est-ce qu'un nom trouve quelque chose ? Sertorius veut dire qu'il n'a jamais reçu tant d'honneurs ; mais un nom ne s'agrandit pas [*], et il ne fallait pas qu'il commençât une conversation polie et modeste par dire que la guerre a fait applaudir à son nom. Ce n'est pas au nom qu'on applaudit, c'est à la personne, aux actions.

[*] Le nom d'un homme célèbre s'agrandit dès que sa réputation peut s'accroître. Le nom de Voltaire, déjà très célèbre par *Zaïre*, *Alzire*, *Brutus*, s'agrandit encore par *Mahomet*. Il n'y a rien là que de très simple. P.

Et quand il lui plaira, je saurai quel bonheur
Comble Sertorius d'un tel excès d'honneur.
POMPÉE.
Deux raisons. Mais, seigneur, faites qu'on se retire [1],
Afin qu'en liberté je puisse vous les dire.

SCÈNE II.

SERTORIUS ET POMPÉE, *assis.*

POMPÉE.
L'inimitié qui régne entre nos deux partis
N'y rend pas de l'honneur tous les droits amortis [2].
Comme le vrai mérite a ses prérogatives [3],

---

[1] Pompée ne doit pas demander qu'on se retire pour pouvoir dire en liberté à Sertorius qu'il l'estime. On peut faire un compliment en public, et faire ensuite retirer les assistants : cela même eût fait un bon effet au théâtre.

[2] Cet *amortissement des droits,* ces *prérogatives du vrai mérite,* gâtent un peu ce commencement du discours de Pompée. *Prérogatives* n'est pas le mot propre; et des *prérogatives qui prennent le dessus des haines!* rien n'est moins élégant. Quand même ces deux vers seraient bons, ils pècheraient, en ce qu'ils sont inutiles; ils affaibliraient ces deux beaux vers si nobles et si simples :

> L'estime et le respect sont les justes tributs
> Qu'aux cœurs même ennemis arrachent les vertus.

Rien de trop, voilà la grande règle.

[3] Cette phrase, ce *comme,* ne conviennent pas à Pompée. Cela sent trop son rhéteur. Ce tour est trop apprêté, cette expression trop prosaïque. Le défaut est petit; mais il faut remarquer tout dans un dialogue aussi important que celui de Pompée et de Sertorius.

Qui prennent le dessus des haines les plus vives,
L'estime et le respect sont de justes tributs
Qu'aux plus fiers ennemis arrachent les vertus;
Et c'est ce que vient rendre à la haute vaillance [1]
Dont je ne fais ici que trop d'expérience,
L'ardeur de voir de près un si fameux héros,
Sans lui voir en la main piques ni javelots [2],
Et le front désarmé de ce regard terrible [3]
Qui dans nos escadrons guide un bras invincible.

Je suis jeune et guerrier, et tant de fois vainqueur,
Que mon trop de fortune a pu m'enfler le cœur;
Mais, et ce franc aveu sied bien aux grands courages [4],
J'apprends plus contre vous par mes désavantages,
Que les plus beaux succès qu'ailleurs j'aie emportés [5]
Ne m'ont encore appris par mes prospérités.

---

[1] Ce *rendre* se rapporte à *tribut*; mais on ne rend point un tribut, on rend justice, on rend hommage; on paie un tribut.

[2] Il serait à desirer que Corneille eût autrement tourné ce vers. *Voir piques* n'est pas français [*].

[3] *Le front désarmé* se rapporte à *sans voir*; de sorte que la véritable construction est, *sans lui voir le front désarmé*; ce qui est précisément le contraire de ce qu'il entend. Il reste à savoir si un général doit parler à un autre général de son regard terrible.

[4] C'est ce qu'on doit dire de Pompée, mais c'est ce que Pompée ne doit pas dire de lui: c'est une parenthèse du poëte. Jamais un général d'armée ne se vante ainsi, et ne s'appelle *grand courage*. Il ne faut jamais faire parler les hommes autrement qu'ils ne parleraient eux-mêmes: c'est une règle générale qu'on ne peut trop répéter.

[5] On emporte une place, on remporte un avantage, on a un succès; on n'emporte point un succès. C'est un barbarisme.

[*] La phrase est française, mais *voir piques* n'est point agréable. P.

ACTE III, SCÈNE II.

Je vois ce qu'il faut faire, à voir ce que vous faites [1] :
Les siéges, les assauts, les savantes retraites,
Bien camper, bien choisir à chacun son emploi,
Votre exemple est par-tout une étude pour moi.
Ah! si je vous pouvois rendre à la république,
Que je croirois lui faire un présent magnifique!
Et que j'irois, seigneur, à Rome avec plaisir,
Puisque la tréve enfin m'en donne le loisir,
Si j'y pouvois porter quelque foible espérance
D'y conclure un accord d'une telle importance!
Près de l'heureux Sylla ne puis-je rien pour vous?
Et près de vous, seigneur, ne puis-je rien pour tous?

SERTORIUS.

Vous me pourriez sans doute épargner quelque peine,
Si vous vouliez avoir l'ame toute romaine :
Mais, avant que d'entrer dans ces difficultés,
Souffrez que je réponde à vos civilités [2].

Vous ne me donnez rien par cette haute estime
Que vous n'ayez déja dans le degré sublime [3].
La victoire attachée à vos premiers exploits,
Un triomphe avant l'âge où le souffrent nos lois,
Avant la dignité qui permet d'y prétendre,

---

[1] *Je vois à voir*, répétition qu'il faut éviter.

[2] Il eût été mieux que Sertorius eût répondu aux civilités de Pompée sans le dire; cela donne à son discours un air apprêté et contraint. Il annonce qu'il veut faire un compliment; un tel compliment doit être sans appareil, afin qu'il paraisse plus naturel et plus vrai. On n'a pas besoin de faire retirer les assistants pour faire un compliment.

[3] *Degré sublime*, expression faible et impropre employée pour la rime.

Font trop voir quels respects l'univers vous doit rendre.
Si dans l'occasion je ménage un peu mieux
L'assiette du pays et la faveur des lieux [1],
Si mon expérience en prend quelque avantage,

[1] Je ne peux m'empêcher de remarquer ici qu'on trouve dans plusieurs livres, et sur-tout dans l'*Histoire du Théâtre*, que le vicomte de Turenne, à la représentation de *Sertorius*, s'écria: *Où donc Corneille a-t-il pu apprendre l'art de la guerre?* Ce conte est ridicule. Corneille eût très mal fait d'entrer dans les détails de cet art; il fait dire en général à Sertorius ce que ce Romain devait peut-être se passer de dire, qu'il sait mieux se prévaloir du terrain que Pompée. Il n'y a pas là de quoi étonner un Turenne. Les généraux de Charles-Quint et de François Ier pouvaient, en effet, s'étonner que Machiavel, secrétaire de Florence, donnât des règles excellentes de tactique, et enseignât à disposer les bataillons comme on les range aujourd'hui; c'est alors qu'on pouvait dire: *Où Machiavel a-t-il appris l'art de la guerre?* Mais si le vicomte de Turenne en avait dit autant sur un ou deux vers de Corneille, qui n'enseignent point la tactique, et qui ne doivent point l'enseigner, il aurait dit une puérilité dont il était incapable.

On pouvait plus justement dire que Corneille parlait supérieurement de politique. La preuve en est dans ces vers:

    Lorsque deux factions divisent un empire, etc.

Elle est encore plus dans *Cinna*. Nous sommes inondés depuis peu de livres sur le gouvernement. Des hommes obscurs, incapables de se gouverner eux-mêmes, et ne connaissant ni le monde, ni la cour, ni les affaires, se sont avisés d'instruire les rois et les ministres, et même de les injurier. Y a-t-il un seul de ces livres, je n'en excepte pas un, qui approche de loin de la délibération d'Auguste dans *Cinna*, et de la conversation de Sertorius et de Pompée? C'est là que Corneille est bien grand; et la comparaison qu'on peut faire de ces morceaux avec tous nos fatras de prose sur la politique le rend encore plus grand, et est le plus bel éloge de la poésie.

ACTE III, SCÈNE II.

Le grand art de la guerre attend quelquefois l'âge,
Le temps y fait beaucoup; et de mes actions
S'il vous a plu tirer quelques instructions,
Mes exemples un jour ayant fait place aux vôtres,
Ce que je vous apprends, vous l'apprendrez à d'autres;
Et ceux qu'aura ma mort saisis de mon emploi
S'instruiront contre vous, comme vous contre moi.
   Quant à l'heureux Sylla, je n'ai rien à vous dire.
Je vous ai montré l'art d'affoiblir son empire;
Et, si je puis jamais y joindre des leçons
Dignes de vous apprendre à repasser les monts,
Je suivrai d'assez près votre illustre retraite
Pour traiter avec lui sans besoin d'interprète,
Et sur les bords du Tibre, une pique à la main [1],
Lui demander raison pour le peuple romain.

POMPÉE.

De si hautes leçons, seigneur, sont difficiles,
Et pourroient vous donner quelques soins inutiles,
Si vous faisiez dessein de me les expliquer
Jusqu'à m'avoir appris à les bien pratiquer [2].

SERTORIUS.

Aussi me pourriez-vous épargner quelque peine,
Si vous vouliez avoir l'ame toute romaine;

---

[1] On se servait encore de piques en France lorsqu'on représenta *Sertorius*, et cette expression était plus noble qu'aujourd'hui.

[2] Ce vers n'a pas un sens net. On ne sait si l'intention de l'auteur est, si vous voulez m'expliquer mes leçons jusqu'à ce que vous m'apprissiez à les mettre en pratique; mais *faire dessein de les expliquer jusqu'à m'avoir appris* est un contre-sens en toute langue. *Faire dessein* est un barbarisme.

Je vous l'ai déja dit.

POMPÉE.
Ce discours rebattu
Lasseroit une austère et farouche vertu.
Pour moi, qui vous honore assez pour me contraindre
A fuir obstinément tout sujet de m'en plaindre,
Je ne veux rien comprendre en ces obscurités.

SERTORIUS.
Je sais qu'on n'aime point de telles vérités :
Mais, seigneur, étant seuls, je parle avec franchise;
Bannissant les témoins, vous me l'avez permise;
Et je garde avec vous la même liberté
Que si votre Sylla n'avoit jamais été.

Est-ce être tout Romain, qu'être chef d'une guerre [1]
Qui veut tenir aux fers les maîtres de la terre?
Ce nom, sans vous et lui, nous seroit encor dû;
C'est par lui, c'est par vous, que nous l'avons perdu.
C'est vous qui sous le joug traînez des cœurs si braves [2];
Ils étoient plus que rois, ils sont moindres qu'esclaves;
Et la gloire qui suit vos plus nobles travaux
Ne fait qu'approfondir l'abyme de leurs maux :
Leur misère est le fruit de votre illustre peine :
Et vous pensez avoir l'ame toute romaine !

---

[1] On est chef de parti, on n'est pas chef d'une guerre. Le mot est trop impropre.

[2] *Traîner des cœurs* peut se dire. Racine a dit:

Charmant, jeune, traînant tous les cœurs après soi.

Mais cet *après soi* ou *après lui* est absolument nécessaire.

Entraînant après lui tous les cœurs des soldats.

ACTE III, SCÈNE II.

Vous avez hérité ce nom de vos aïeux ;
Mais, s'il vous étoit cher, vous le rempliriez mieux.

POMPÉE.

Je crois le bien remplir quand tout mon cœur s'applique
Aux soins de rétablir un jour la république :
Mais vous jugez, seigneur, de l'ame par le bras ;
Et souvent l'un paroît ce que l'autre n'est pas [1].

Lorsque deux factions divisent un empire,
Chacun suit au hasard la meilleure ou la pire,
Suivant l'occasion ou la nécessité
Qui l'emporte vers l'un ou vers l'autre côté.
Le plus juste parti, difficile à connoître,
Nous laisse en liberté de nous choisir un maître ;
Mais quand ce choix est fait on ne s'en dédit plus.
J'ai servi sous Sylla du temps de Marius,
Et servirai sous lui tant qu'un destin funeste
De nos divisions soutiendra quelque reste [2].
Comme je ne vois pas dans le fond de son cœur,

---

[1] Ces expressions sont trop négligées : et comment un bras peut-il paraitre différent d'une ame ? La plupart des fautes de langage sont au fond des défauts de justesse.

[2] *Soutiendra* n'est pas le mot propre ; on entretient un reste de divisions, on les fomente, etc. ; on soutient un parti, une cause, une prétention : mais c'est un très léger défaut dans un aussi beau discours que celui de Pompée.

> Lorsque deux factions divisent un empire,
> Chacun suit au hasard la meilleure ou la pire....
> Mais quand ce choix est fait, on ne s'en dédit plus, etc.

Quelle vérité dans ces vers ! et quelle force dans leur simplicité ! point d'épithète, rien de superflu ; c'est la raison en vers.

84 SERTORIUS.

J'ignore quels projets peut former son bonheur [1] :
S'il les pousse trop loin, moi-même je l'en blâme;
Je lui prête mon bras sans engager mon ame;
Je m'abandonne au cours de sa félicité,
Tandis que tous mes vœux sont pour la liberté;
Et c'est ce qui me force à garder une place
Qu'usurperoient sans moi l'injustice et l'audace,
Afin que, Sylla mort, ce dangereux pouvoir
Ne tombe qu'en des mains qui sachent leur devoir [2].
Enfin je sais mon but et vous savez le vôtre.

SERTORIUS.

Mais cependant, seigneur, vous servez comme un autre;
Et nous, qui jugeons tout sur la foi de nos yeux,
Et laissons le dedans à pénétrer aux dieux,
Nous craignons votre exemple, et doutons si dans Rome
Il n'instruit point le peuple à prendre loi d'un homme;
Et si votre valeur, sous le pouvoir d'autrui,
Ne sème point pour vous lorsqu'elle agit pour lui.

Comme je vous estime, il m'est aisé de croire
Que de la liberté vous feriez votre gloire,
Que votre ame en secret lui donne tous ses vœux;
Mais, si je m'en rapporte aux esprits soupçonneux,
Vous aidez aux Romains à faire essai d'un maître,
Sous ce flatteur espoir qu'un jour vous pourrez l'être.
La main qui les opprime, et que vous soutenez,

---

[1] *Un bonheur qui forme des projets* est trop impropre.

[2] On peut animer tout dans la poésie; mais, dans une conférence sans passion, les métaphores outrées ne peuvent avoir lieu: peut-être cette expression porte encore plus l'empreinte d'une négligence qui échappe que d'une figure qu'on recherche.

Les accoutume au joug que vous leur destinez;
Et, doutant s'ils voudront se faire à l'esclavage,
Aux périls de Sylla vous tâtez leur courage [1].

POMPÉE.

Le temps détrompera ceux qui parlent ainsi;
Mais justifiera-t-il ce que l'on voit ici?
Permettez qu'à mon tour je parle avec franchise;
Votre exemple à-la-fois m'instruit et m'autorise :
Je juge, comme vous, sur la foi de mes yeux,
Et laisse le dedans à pénétrer aux dieux.

Ne vit-on pas ici sous les ordres d'un homme?
N'y commandez-vous pas comme Sylla dans Rome?
Du nom de dictateur, du nom de général,
Qu'importe, si des deux le pouvoir est égal?
Les titres différents ne font rien à la chose;

---

[1] Ce mot *tâter*, qui par lui-même est familier, et même ignoble, fait ici un très bel effet [*]; car, comme on l'a déja remarqué, il n'y a guère de mot qui, étant heureusement placé, ne puisse contribuer au sublime. Ce discours de Sertorius est un des plus beaux morceaux de Corneille; et le reste de la scène en est digne, à quelques négligences près.

Ces vers :

> Et votre empire en est d'autant plus dangereux, etc.
> Rome n'est plus dans Rome, elle est toute où je suis, etc.

sont égaux aux plus beaux vers de *Cinna* et des *Horaces*.

[*] Racine a fait du mot *chatouiller* un emploi non moins heureux, en faisant dire à Agamemnon, dans *Iphigénie* :

> Ce nom de roi des rois, et de chef de la Grèce,
> Chatouilloit de mon cœur l'orgueilleuse foiblesse.

Et remarquez que cette métaphore hardie ne trouverait pas de peintre qui pût en faire un tableau. P.

Vous imposez des lois ainsi qu'il en impose;
Et, s'il est périlleux de s'en faire haïr,
Il ne seroit pas sûr de vous désobéir.

Pour moi, si quelque jour je suis ce que vous êtes,
J'en userai peut-être alors comme vous faites :
Jusque-là....

SERTORIUS.

Vous pourriez en douter jusque-là,
Et me faire un peu moins ressembler à Sylla.
Si je commande ici, le sénat me l'ordonne.
Mes ordres n'ont encore assassiné personne.
Je n'ai pour ennemis que ceux du bien commun;
Je leur fais bonne guerre, et n'en proscris pas un.
C'est un asile ouvert que mon pouvoir suprême;
Et, si l'on m'obéit, ce n'est qu'autant qu'on m'aime.

POMPÉE.

Et votre empire en est d'autant plus dangereux,
Qu'il rend de vos vertus les peuples amoureux,
Qu'en assujettissant vous avez l'art de plaire,
Qu'on croit n'être en vos fers qu'esclave volontaire,
Et que la liberté trouvera peu de jour
A détruire un pouvoir que fait régner l'amour.

Ainsi parlent, seigneur, les ames soupçonneuses.
Mais n'examinons point ces questions fâcheuses,
Ni si c'est un sénat qu'un amas de bannis
Que cet asile ouvert sous vous a réunis.
Une seconde fois, n'est-il aucune voie
Par où je puisse à Rome emporter quelque joie?
Elle seroit extrême à trouver les moyens
De rendre un si grand homme à ses concitoyens.

ACTE III, SCÈNE II.

Il est doux de revoir les murs de la patrie :
C'est elle par ma voix, seigneur, qui vous en prie ;
C'est Rome....

SERTORIUS.
Le séjour de votre potentat,
Qui n'a que ses fureurs pour maximes d'état[1] ?
Je n'appelle plus Rome un enclos de murailles
Que ses proscriptions comblent de funérailles ;
Ces murs, dont le destin fut autrefois si beau,
N'en sont que la prison, ou plutôt le tombeau :
Mais, pour revivre ailleurs dans sa première force,
Avec les faux Romains elle a fait plein divorce ;
Et, comme autour de moi j'ai tous ses vrais appuis,
Rome n'est plus dans Rome, elle est toute où je suis.

Parlons pourtant d'accord. Je ne sais qu'une voie
Qui puisse avec honneur nous donner cette joie.
Unissons-nous ensemble, et le tyran est bas :
Rome à ce grand dessein ouvrira tous ses bras.
Ainsi nous ferons voir l'amour de la patrie,
Pour qui vont les grands cœurs jusqu'à l'idolâtrie ;

---

[1] Voilà encore un des plus beaux endroits de Corneille : il y a de la force, de la grandeur, de la vérité ; et même il est supérieurement écrit, à quelques négligences, à quelques familiarités près ; comme *le tyran est bas, donner cette joie, ouvrir tous ses bras*. Mais quand une expression familière et commune est bien placée et fait un contraste, alors elle tient presque du sublime : tel est ce vers :

Je n'appelle plus Rome un enclos de murailles.

Ce mot *enclos*, qui ailleurs est si commun et même bas, s'ennoblit ici, et fait un très beau contraste avec ce vers admirable :

Rome n'est plus dans Rome, elle est toute où je suis.

Et nous épargnerons ces flots de sang romain
Que versent tous les ans votre bras et ma main.
POMPÉE.
Ce projet, qui pour vous est tout brillant de gloire,
N'auroit-il rien pour moi d'une action trop noire?
Moi qui commande ailleurs, puis-je servir sous vous?
SERTORIUS.
Du droit de commander je ne suis point jaloux;
Je ne l'ai qu'en dépôt: et je vous l'abandonne,
Non jusqu'à vous servir de ma seule personne;
Je prétends un peu plus: mais dans cette union
De votre lieutenant m'envieriez-vous le nom?
POMPÉE.
De pareils lieutenants n'ont des chefs qu'en idée;
Leur nom retient pour eux l'autorité cédée;
Ils n'en quittent que l'ombre; et l'on ne sait que c'est[1]
De suivre ou d'obéir que suivant qu'il leur plaît.
Je sais une autre voie, et plus noble, et plus sûre.
Sylla, si vous voulez, quitte sa dictature;
Et déja de lui-même il s'en seroit démis,
S'il voyoit qu'en ces lieux il n'eût plus d'ennemis.
Mettez les armes bas, je réponds de l'issue,
J'en donne ma parole après l'avoir reçue.
Si vous êtes Romain, prenez l'occasion.
SERTORIUS.
Je ne m'éblouis point de cette illusion.

---

[1] Il faut éviter ces expressions triviales *que c'est*, qui n'est pas français, et *ce que c'est*, qui, étant plus régulier, est dur à l'oreille et du style de conversation.

ACTE III, SCÈNE II.

Je connois le tyran, j'en vois le stratagème;
Quoi qu'il semble promettre, il est toujours lui-même.
Vous qu'à sa défiance il a sacrifié
Jusques à vous forcer d'être son allié [1]....

POMPÉE.

Hélas! ce mot me tue, et, je le dis sans feinte,
C'est l'unique sujet qu'il m'a donné de plainte.
J'aimois mon Aristie, il m'en vient d'arracher [2];
Mon cœur frémit encore à me le reprocher :
Vers tant de biens perdus sans cesse il me rappelle;
Et je vous rends, seigneur, mille graces pour elle,
A vous, à ce grand cœur dont la compassion
Daigne ici l'honorer de sa protection.

SERTORIUS.

Protéger hautement les vertus malheureuses,
C'est le moindre devoir des ames généreuses [3] :
Aussi fais-je encor plus, je lui donne un époux.

POMPÉE.

Un époux! dieux! qu'entends-je! Et qui, seigneur?

---

[1] Cette transition ne me paraît pas assez ménagée. Je crois que Sertorius devait, dans l'énumération des cruautés de Sylla, compter celle d'avoir forcé Pompée à répudier sa femme.

[2] *J'aimais mon Aristie* est faible, trivial et comique *.

[3] Sertorius ne doit point dire *qu'il est une ame généreuse;* il doit le laisser entendre : c'est le défaut de tous les héros de Corneille de se vanter toujours.

* *J'aimais mon Aristie* ne nous paraît ni trivial, ni comique sur-tout; nous n'y voyons qu'une expression simple ou naïve, qui, employée à propos, ne serait pas déplacée dans le sujet le plus noble. Il y a loin du naïf, du familier même, au trivial; et ce qui n'est que simple n'est pas toujours comique. P.

SERTORIUS.

Moi.

POMPÉE.

Vous?

Seigneur, toute son ame est à moi dès l'enfance :
N'imitez point Sylla par cette violence;
Mes maux sont assez grands, sans y joindre celui
De voir tout ce que j'aime entre les bras d'autrui.

SERTORIUS.

Tout est encore à vous.

SCÈNE III.

ARISTIE, SERTORIUS, POMPÉE.

SERTORIUS.

Venez, venez, madame,
Faire voir quel pouvoir j'usurpe sur votre ame,
Et montrer, s'il se peut, à tout le genre humain
La force qu'on vous fait pour me donner la main [1].

---

[1] *La force qu'on vous fait* est un barbarisme : on dit *prendre à force, faire force de rames, de voiles, céder à la force, employer la force;* mais non *faire force à quelqu'un.* Le terme propre est *faire violence* ou *forcer.*

Remarquons ici que le grand Pompée est présenté sous un aspect bien défavorable; c'est l'aventure la plus honteuse de sa vie : il a répudié Antistia, qu'il aimait, et a épousé Æmilia, la petite-fille de Sylla, pour faire sa cour à ce tyran : cette bassesse était d'autant plus honteuse, qu'Émilie étoit grosse de son premier mari quand Pompée l'épousa par un double divorce. Pompée avoue ici sa honte à Sertorius et à sa première femme : il ne paraît que

ACTE III, SCÈNE III.

POMPÉE.

C'est elle-même, ô ciel!

SERTORIUS.

Je vous laisse avec elle,
Et sais que tout son cœur vous est encor fidèle.
Reprenez votre bien; ou ne vous plaignez plus,
Si j'ose m'enrichir, seigneur, de vos refus.

SCÈNE IV'.

POMPÉE, ARISTIE.

POMPÉE.

Me dit-on vrai, madame, et seroit-il possible....

comme un esclave de Sylla, qui craint de déplaire à son maitre; dans cette position, quelque chose qu'il dise ou qu'il fasse, il est impossible de s'intéresser à lui. On prend un intérêt médiocre à Sertorius amoureux. Viriate est peut-être le premier personnage de la pièce: mais quiconque n'étalera que de la politique n'excitera jamais les grands mouvements, qui sont l'ame de la tragédie. Il est dit, dans le *Boléana**, que Boileau n'aimait pas cette fameuse conférence de Sertorius et de Pompée. On prétend que Boileau disait que cette scène n'était ni dans la raison, ni dans la nature, et qu'il était ridicule que Pompée vînt redemander sa femme à Sertorius, tandis qu'il en avait une autre de la main de Sylla. J'avoue que l'objet de cette conférence peut être critiqué; mais j'ai bien de la peine à croire que Boileau ne fût pas content des morceaux adroits et sublimes de cette scène; il savait trop bien que le goût consiste à savoir admirer les beautés au milieu des défauts.

' Après une scène de politique, il n'est guère possible que jamais une scène de tendresse puisse réussir. Le cœur veut être mené

* *Le Boléana* est un livre assez méprisé, qui n'a jamais eu d'autorité chez les littérateurs instruits. P.

ARISTIE.

Oui, seigneur, il est vrai que j'ai le cœur sensible;
Suivant qu'on m'aime ou hait, j'aime ou hais à mon tour[1],
Et ma gloire soutient ma haine et mon amour.
Mais, si de mon amour elle est la souveraine,
Elle n'est pas toujours maîtresse de ma haine;
Je ne la suis pas même; et je hais quelquefois
Et moins que je ne veux, et moins que je ne dois.

POMPÉE.

Cette haine a pour moi toute son étendue,
Madame, et la pitié ne l'a point suspendue;
La générosité n'a pu la modérer.

ARISTIE.

Vous ne voyez donc pas qu'elle a peine à durer.
Mon feu, qui n'est éteint que parcequ'il doit l'être,
Cherche en dépit de moi le vôtre pour renaître[2];
Et je sens qu'à vos yeux mon courroux chancelant
Trébuche, perd sa force, et meurt en vous parlant.
M'aimeriez-vous encor, seigneur?

---

par degrés; il ne peut passer rapidement d'un sujet à un autre: et toutes les fois qu'on promène ainsi le spectateur d'objets en objets, tout intérêt cesse. C'est une des raisons qui empêchent presque toutes les tragédies de Corneille d'être touchantes. Il paraît qu'il a senti ce défaut, puisque Sertorius et Pompée ont parlé d'Aristie à la fin de la scène précédente, mais ils n'en ont parlé que par occasion.

[1] Ce vers et les suivants sont un peu du haut comique, et ôtent à la femme de Pompée toute sa dignité.

[2] Ce *feu* qui cherche *le feu* de Pompée, ce courroux qui *trébuche;* en un mot, cette scène entre un mari et une femme ne passerait pas aujourd'hui.

ACTE III, SCÈNE IV.

POMPÉE.

Si je vous aime [1] ?
Demandez si je vis, ou si je suis moi-même.
Votre amour est ma vie, et ma vie est à vous.

ARISTIE.

Sortez de mon esprit, ressentiments jaloux :
Noirs enfants du dépit, ennemis de ma gloire,
Tristes ressentiments, je ne veux plus vous croire.
Quoi qu'on m'ait fait d'outrage, il ne m'en souvient plus.
Plus de nouvel hymen, plus de Sertorius [2];
Je suis au grand Pompée; et puisqu'il m'aime encore,
Puisqu'il me rend son cœur, de nouveau je l'adore.
Plus de Sertorius. Mais, seigneur, répondez;
Faites parler ce cœur qu'enfin vous me rendez.
Plus de Sertorius. Hélas! quoi que je die,

---

[1] Ce qui fait en partie que cette scène est froide, c'est précisément cette chaleur que Pompée essaie de mettre dans sa réponse à sa femme. S'il est vrai qu'il l'aime si tendrement, il joue le rôle d'un lâche de l'avoir répudiée par crainte de Sylla; et Pompée ainsi avili ne peut plus intéresser les spectateurs, comme on vient de le faire voir. Aristie plaît encore moins, en ne paraissant que pour dire à Pompée qu'elle prendra un autre mari, s'il ne veut pas d'elle. Ce sont là des intérêts qui n'ont rien de grand ni d'attendrissant.

[2] Il n'y a personne qui puisse souffrir cet apprêt, ces refrains, ces jeux d'esprit compassés. Cela ressemble un peu à ces anciennes pièces de poésie nommées chants royaux, ballades, virelais; amusements que jamais ni les Grecs ni les Romains ne connurent, excepté dans les vers phaleuques, qui étaient une espèce de poésie molle et efféminée, où les refrains étaient admis; et quelquefois aussi dans l'églogue:

Ducite ab urbe domum, mea carmina, ducite Daphnim.

SERTORIUS.

Vous ne me dites point, seigneur, Plus d'Émilie [1].
 Rentrez dans mon esprit, jaloux ressentiments,
Fiers enfants de l'honneur, nobles emportements;
C'est vous que je veux croire; et Pompée infidèle
Ne sauroit plus souffrir que ma haine chancelle;
Il l'affermit pour moi. Venez, Sertorius,
Il me rend toute à vous par ce muet refus.
Donnons ce grand témoin à ce grand hyménée;
Son ame toute ailleurs n'en sera point gênée :
Il le verra sans peine, et cette dureté
Passera chez Sylla pour magnanimité.

POMPÉE.
Ce qu'il vous fait d'injure également m'outrage;
Mais enfin je vous aime, et ne puis davantage [2].
Vous, si jamais ma flamme eut pour vous quelque appas,
Plaignez-vous, haïssez, mais ne vous donnez pas;
Demeurez en état d'être toujours ma femme,
Gardez jusqu'au tombeau l'empire de mon ame.
Sylla n'a que son temps, il est vieil et cassé;
Son règne passera, s'il n'est déja passé;
Ce grand pouvoir lui pèse, il s'apprête à le rendre;
Comme à Sertorius, je veux bien vous l'apprendre.
Ne vous jetez donc point, madame, en d'autres bras;
Plaignez-vous, haïssez, mais ne vous donnez pas :
Si vous voulez ma main, n'engagez point la vôtre.

---

[1] Cela serait à sa place dans une pastorale; mais dans une tragédie!....

[2] *Ce qu'il fait d'injure* est un barbarisme; mais *je vous aime, et ne puis davantage* déshonore entièrement Pompée. Le vainqueur de Mithridate ne devait pas s'avilir jusque-là.

ACTE III, SCÈNE IV.

ARISTIE.

Mais quoi! n'êtes-vous pas entre les bras d'une autre?

POMPÉE.

Non, puisqu'il vous en faut confier le secret.
Émilie à Sylla n'obéit qu'à regret.
Des bras d'un autre époux ce tyran qui l'arrache
Ne rompt point dans son cœur le saint nœud qui l'attache;
Elle porte en ses flancs un fruit de cet amour [1],
Que bientôt chez moi-même elle va mettre au jour;
Et, dans ce triste état, sa main qu'il m'a donnée
N'a fait que l'éblouir par un feint hyménée,
Tandis que, tout entière à son cher Glabrion,
Elle paroît ma femme, et n'en a que le nom.

ARISTIE.

Et ce nom seul est tout pour celles de ma sorte.
Rendez-le-moi, seigneur, ce grand nom qu'elle porte [2].
J'aimai votre tendresse et vos empressements :
Mais je suis au-dessus de ces attachements ;
Et tout me sera doux, si ma trame coupée
Me rend à mes aïeux en femme de Pompée,
Et que sur mon tombeau ce grand titre gravé

---

[1] Ce détail domestique, cette confidence de Pompée, qu'il ne couche point avec sa nouvelle femme, et qu'elle est grosse d'un autre, sont au-dessous de la comédie. De telles naïvetés qui succèdent à la belle scène de l'entrevue de Pompée et de Sertorius justifient ce que Molière disait de Corneille, qu'il y avait un lutin qui tantôt lui faisait ses vers admirables, et tantôt le laissait travailler lui-même.

[2] C'est le lutin qui fit ce vers-là; mais ce n'est pas lui qui fit *pour celles de ma sorte* :

Et ce nom seul est tout pour celles de ma sorte.

Montre à tout l'avenir que je l'ai conservé.
J'en fais toute ma gloire et toutes mes délices ;
Un moment de sa perte a pour moi des supplices.
Vengez-moi de Sylla qui me l'ôte aujourd'hui,
Ou souffrez qu'on me venge et de vous et de lui ;
Qu'un autre hymen me rende un titre qui l'égale ;
Qu'il me relève autant que Sylla me ravale :
Non que je puisse aimer aucun autre que vous ;
Mais pour venger ma gloire il me faut un époux [1],
Il m'en faut un illustre, et dont la renommée....

POMPÉE.

Ah! ne vous lassez point d'aimer et d'être aimée [2].
Peut-être touchons-nous au moment desiré
Qui saura réunir ce qu'on a séparé.
Ayez plus de courage et moins d'impatience [3] ;
Souffrez que Sylla meure, ou quitte sa puissance....

ARISTIE.

J'attendrai de sa mort ou de son repentir
Qu'à me rendre l'honneur vous daigniez consentir ?
Et je verrai toujours votre cœur plein de glace,
Mon tyran impuni, ma rivale en ma place,

---

[1] Une femme qui dit que, pour la venger, il lui faut un mari, dit une étrange chose. Corneille l'a bien senti en relevant cet aveu par ces mots, *il m'en faut un illustre ;* et ce n'est peut-être pas encore assez.

[2] Ah! ne vous lassez point d'aimer et d'être aimée,

est un vers d'églogue ; et entre un mari et une femme, il est au-dessous de l'églogue.

[3] C'est, au contraire, c'est Aristie qui doit dire à Pompée, *ayez plus de courage :* c'est lui seul qui en manque ici.

ACTE III, SCÈNE IV.

Jusqu'à ce qu'il renonce au pouvoir absolu,
Après l'avoir gardé tant qu'il l'aura voulu?

POMPÉE.

Mais tant qu'il pourra tout, que pourrai-je, madame[1]?

ARISTIE.

Suivre en tous lieux, seigneur, l'exil de votre femme[2],
La ramener chez vous avec vos légions,
Et rendre un heureux calme à nos divisions[3].
Que ne pourrez-vous point en tête d'une armée,
Par-tout, hors de l'Espagne, à vaincre accoutumée!
Et quand Sertorius sera joint avec nous,
Que pourra le tyran? qu'osera son courroux?

POMPÉE.

Ce n'est pas s'affranchir qu'un moment le paroître[4],
Et secouer le joug que de changer de maître.
Sertorius pour vous est un illustre appui;

---

[1] Ce vers humilie trop Pompée. Il y a des hommes qu'il ne faut jamais faire voir petits.

[2] On ne suit point un exil, on suit une exilée.

[3] On rend le calme à un peuple agité et divisé, on ne rend point le calme à une division; cela est impropre, et forme un contre-sens: on fait succéder le calme au trouble, à l'orage; l'union, la concorde, à la division. Corneille, dans ses vingt dernières pièces[*], ne se sert presque jamais du mot propre, ne parle presque jamais français, et sur-tout n'est jamais intéressant: et cela, tandis que la langue se perfectionnait sous la plume de tant de beaux génies du grand siècle; tandis que Racine parlait au cœur avec tant de chaleur, de noblesse, d'élégance, et dans un langage si pur.

[4] Pour que ce vers fût français, il faudrait *ce n'est pas être affranchi que le paraître*.

[*] Exagération impardonnable. Ce n'est point là juger Corneille, c'est le diffamer. P.

Mais en faire le mien, c'est me ranger sous lui;
Joindre nos étendards, c'est grossir son empire.
Perpenna qui l'a joint saura que vous en dire [1].
Je sers: mais jusqu'ici l'ordre vient de si loin,
Qu'avant qu'on le recoive il n'en est plus besoin;
Et ce peu que je rends de vaine déférence,
Jaloux du vrai pouvoir ne sert qu'en apparence [2].
Je crois n'avoir plus même à servir qu'un moment;
Et, quand Sylla prépare un si doux changement,
Pouvez-vous m'ordonner de me bannir de Rome,
Pour la remettre au joug sous les lois d'un autre homme;
Moi qui ne suis jaloux de mon autorité
Que pour lui rendre un jour toute sa liberté?
Non, non, si vous m'aimez comme j'aime à le croire,
Vous saurez accorder votre amour et ma gloire,
Céder avec prudence au temps prêt à changer,
Et ne me perdre pas au lieu de vous venger.

ARISTIE.

Si vous m'avez aimée, et qu'il vous en souvienne,
Vous mettrez votre gloire à me rendre la mienne.
Mais il est temps qu'un mot termine ces débats.
Me voulez-vous, seigneur? ne me voulez-vous pas [3]?
Parlez, que votre choix régle ma destinée.

---

[1] Ce vers familier, et la dissertation politique de Pompée avec sa femme, augmentent les défauts de cette scène. Le principal vice est dans le sujet; et je crois qu'il était impossible de mettre de la chaleur dans cette pièce.

[2] *Le peu de déférence qui est jaloux du pouvoir, et qui sert en apparence*, est un galimatias qui n'est pas français.

[3] C'est un vers de comédie qui avilit tout; et ce vers est le précis de toute la scène.

ACTE III, SCÈNE IV.

Suis-je encore à l'époux à qui l'on m'a donnée?
Suis-je à Sertorius? C'est assez consulté;
Rendez-moi mes liens, ou pleine liberté....

POMPÉE.

Je le vois bien, madame, il faut rompre la trève,
Pour briser en vainqueur cet hymen, s'il s'achève;
Et vous savez si peu l'art de vous secourir,
Que, pour vous en instruire, il faut vous conquérir.

ARISTIE.

Sertorius sait vaincre et garder ses conquêtes.

POMPÉE.

La vôtre à la garder coûtera bien des têtes [1];
Comme elle fermera la porte à tout accord,
Rien ne la peut jamais assurer que ma mort.
Oui, j'en jure les dieux; s'il faut qu'il vous obtienne,
Rien ne peut empêcher sa perte que la mienne;
Et peut-être tous deux, l'un par l'autre percés,
Nous vous ferons connoître à quoi vous nous forcez.

ARISTIE.

Je ne suis pas, seigneur, d'une telle importance.
D'autres soins éteindront cette ardeur de vengeance;
Ceux de vous agrandir vous porteront ailleurs,
Où vous pourrez trouver quelques destins meilleurs;
Ceux de servir Sylla, d'aimer son Émilie,
D'imprimer du respect à toute l'Italie,
De rendre à votre Rome un jour sa liberté,

---

[1] *La vôtre*, etc., est un vers de *Nicomède*, qui est bien plus à sa place dans *Nicomède* qu'ici, parcequ'il sied mieux à Nicomède de braver son frère, qu'à Pompée de braver sa femme.

Sauront tourner vos pas de quelque autre côté.
Sur-tout ce privilége acquis aux grandes ames,
De changer à leur gré de maris et de femmes,
Mérite qu'on l'étale aux bouts de l'univers,
Pour en donner l'exemple à cent climats divers.

POMPÉE.

Ah! c'en est trop, madame, et de nouveau je jure [1]....

ARISTIE.

Seigneur, les vérités font-elles quelque injure?

POMPÉE.

Vous oubliez trop tôt que je suis votre époux.

ARISTIE.

Ah! si ce nom vous plaît, je suis encore à vous.
Voilà ma main, seigneur.

POMPÉE.

    Gardez-la-moi, madame.

ARISTIE.

Tandis que vous avez à Rome une autre femme?
Que par un autre hymen vous me déshonorez?
Me punissent les dieux que vous avez jurés,
Si, passé ce moment, et hors de votre vue,
Je vous garde une foi que vous avez rompue [2]!

POMPÉE.

Qu'allez-vous faire? hélas!

---

[1] Ce vers fait bien connaître à quel point cette scène de politique amoureuse était difficile à faire. Quand on répète ce qu'on a déjà dit, c'est une preuve qu'on n'a rien à dire.

[2] Il faudrait au moins qu'elle fût sûre d'épouser Sertorius pour parler ainsi.

ACTE III, SCÈNE IV.

ARISTIE.
Ce que vous m'enseignez.
POMPÉE.
Éteindre un tel amour[1] !
ARISTIE.
Vous-même l'éteignez.
POMPÉE.
La victoire aura droit de le faire renaître.
ARISTIE.
Si ma haine est trop foible, elle la fera croître.
POMPÉE.
Pourrez-vous me haïr?
ARISTIE.
J'en fais tous mes souhaits.
POMPÉE.
Adieu donc pour deux jours.
ARISTIE.
Adieu pour tout jamais[2].

---

[1] Si Pompée est en effet si amoureux, il n'a pas dû se séparer d'Aristie; et s'il n'a pas une passion violente, tout ce qu'il dit de cet amour refroidit au lieu d'échauffer.

[2] *Pour jamais* est bien plus fort que *pour tout jamais*. Ce dialogue pressé, rapide, coupé, est souvent, dans Corneille, d'une grande beauté. Il ferait beaucoup d'effet entre deux amants; il n'en fait point entre un mari et une femme qui ne sont pas dans une situation assez douloureuse. Il était impossible de faire d'un tel sujet une véritable tragédie. Les demi-passions ne réussissent jamais à la longue; et les intérêts politiques peuvent tout au plus produire quelques beaux vers qu'on aime à citer. La seule scène de Sertorius et de Pompée suffisait alors à une nation qui sortait des

guerres civiles. On n'avait rien d'aucun auteur qu'on pût comparer à ce morceau sublime, et on pardonnait à tout le reste en faveur de ces beautés qui n'appartenaient, dans le monde entier, qu'à Corneille.

FIN DU TROISIÈME ACTE.

ACTE QUATRIÈME.

SCÈNE I[1].

SERTORIUS, THAMIRE.

SERTORIUS.
Pourrai-je voir la reine?
THAMIRE.
        Attendant qu'elle vienne,
Elle m'a commandé que je vous entretienne,
Et veut demeurer seule encor quelques moments.
SERTORIUS.
Ne m'apprendrez-vous point où vont ses sentiments,
Ce que doit Perpenna concevoir d'espérance?
THAMIRE.
Elle ne m'en fait pas beaucoup de confidence;

---

[1] Cette scène de Sertorius avec une confidente a quelque chose de comique. Les scènes avec les subalternes sont d'ordinaire très-froides dans la tragédie, à moins que ces personnages secondaires n'apportent des nouvelles intéressantes, ou qu'ils ne donnent lieu à des explications plus intéressantes encore. Mais ici Sertorius demande simplement des nouvelles; il veut savoir *où vont* les sentiments de Viriate, quoique des sentiments n'aillent point. Thamire semble un peu le railler, en lui disant que Perpenna, offert par lui, *fléchira* le dédain de la reine; et Sertorius répond qu'il a pour elle un *violent* respect. Cela n'est pas fort tragique.

Mais j'ose présumer qu'offert de votre main
Il aura peu de peine à fléchir son dédain.
Vous pouvez tout sur elle.

SERTORIUS.

Ah! j'y puis peu de chose,
Si jusqu'à l'accepter mon malheur la dispose;
Ou, pour en parler mieux, j'y puis trop, et trop peu.

THAMIRE.

Elle croit fort vous plaire en secondant son feu.

SERTORIUS.

Me plaire?

THAMIRE.

Oui: mais, seigneur, d'où vient cette surprise?
Et de quoi s'inquiète un cœur qui la méprise?

SERTORIUS.

N'appelez point mépris un violent respect
Que sur mes plus doux vœux fait régner son aspect.

THAMIRE.

Il est peu de respects qui ressemblent au vôtre,
S'il ne sait que trouver des raisons pour un autre;
Et je préférerois un peu d'emportement
Aux plus humbles devoirs d'un tel accablement[1].

---

[1] Avouons que Sertorius et cette suivante débitent un étrange galimatias de comédie. Ce violent *respect* que l'aspect de Viriate fait régner sur les plus doux vœux de Sertorius, ce peu de *respects* qui ressemblent aux *respects* de Sertorius, ce *respect* qui ne sait que trouver des raisons pour un autre, et cette suivante qui préférerait *un peu d'emportement aux plus humbles devoirs d'un accablement!* enfin l'autre qui lui réplique qu'*il n'en est rien parti capable de lui nuire, et qu'un soupir échappé ne pût détruire!* Ce n'est pas le lutin qui a fait de tels vers.

ACTE IV, SCÈNE I.

SERTORIUS.

Il n'en est rien parti capable de me nuire,
Qu'un soupir échappé ne dût soudain détruire :
Mais la reine, sensible à de nouveaux desirs,
Entendoit mes raisons, et non pas mes soupirs.

THAMIRE.

Seigneur, quand un Romain, quand un héros soupire,
Nous n'entendons pas bien ce qu'un soupir veut dire;
Et je vous servirois de meilleur truchement,
Si vous vous expliquiez un peu plus clairement.
Je sais qu'en ce climat, que vous nommez barbare,
L'amour par un soupir quelquefois se déclare :
Mais la gloire, qui fait toutes vos passions,
Vous met trop au-dessus de ces impressions;
De tels desirs, trop bas pour les grands cœurs de Rome....

SERTORIUS.

Ah! pour être Romain, je n'en suis pas moins homme[1] :
J'aime, et peut être plus qu'on n'a jamais aimé[2];

[1] Ce vers a quelque chose de comique; aussi est-il excellent dans la bouche du Tartufe, qui dit :

Ah! pour être dévot, je n'en suis pas moins homme.

Mais il n'est pas permis à Sertorius de parler comme le Tartufe.

[2] Ce vers prouve encore que ceux qui ont dit que Corneille dédaignait de faire parler d'amour ses héros, se sont bien trompés. Ce vers est d'autant plus déplacé dans la bouche de Sertorius, qu'il n'a rien dit jusqu'ici qui puisse faire croire qu'il ait une grande passion. Rien ne déplaît plus au théâtre que les expressions fortes d'un sentiment faible; plus on cherche alors à attacher, et moins on attache.

Et qu'est-ce qu'une reine qui est sensible à de nouveaux desirs, et qui entend des raisons et non pas des soupirs? Et cette suivante

Malgré mon âge et moi, mon cœur s'est enflammé.
J'ai cru pouvoir me vaincre, et toute mon adresse
Dans mes plus grands efforts m'a fait voir ma foiblesse;
Ceux de la politique, et ceux de l'amitié,
M'ont mis en un état à me faire pitié.
Le souvenir m'en tue, et ma vie incertaine
Dépend d'un peu d'espoir que j'attends de la reine.
Si toutefois....

THAMIRE.
Seigneur, elle a de la bonté;
Mais je vois son esprit fortement irrité;
Et, si vous m'ordonnez de vous parler sans feindre,
Vous pouvez espérer, mais vous avez à craindre.
N'y perdez point de temps, et ne négligez rien;
C'est peut-être un dessein mal ferme que le sien.
La voici. Profitez des avis qu'on vous donne,
Et gardez bien sur-tout qu'elle ne m'en soupçonne [1].

qui n'entend pas bien ce qu'un soupir veut dire, et qui serait un meilleur truchement? Non, jamais on n'a rien mis de plus mauvais sur la scène tragique. On dira tant qu'on voudra que cette critique est dure; je dois et je veux la publier, parceque je déteste le mauvais autant que j'idolâtre le bon.

[1] *Profitez de mes avis, mais ne me nommez pas;* discours de soubrette ridicule. A quoi sert cette froide scène de comédie? Mais il faut remplir son acte, mais il faut donner à un parterre, souvent ignorant, grossier et tumultueux, trois cents vers pour les cinq sous qu'on payait alors. Non, il faut bien plutôt ne donner que deux cents beaux vers par acte, que trois cents mauvais. Il ne faut point prostituer ainsi l'art de la poésie. Il est honteux qu'il y ait en France un parterre où les spectateurs sont debout, pressés, gênés, nécessairement tumultueux; peut-être c'est encore un mal

SCÈNE II[1].

VIRIATE, SERTORIUS, THAMIRE.

VIRIATE.

On m'a dit qu'Aristie a manqué son projet,
Et que Pompée échappe à cet illustre objet.
Seroit-il vrai, seigneur?

qu'on donne des spectacles tous les jours; s'ils étaient plus rares, ils pourraient devenir meilleurs:

Voluptates commendat rarior usus.

[1] Cette scène remplie d'ironie et de coquetterie semble bien peu convenable à Sertorius et à Viriate. Les vers en paraissent aussi contraints que les sentiments. Mais quand on voit ensuite Sertorius qui dit qu'il aime *malgré ses cheveux gris,* et qu'il a cru qu'il ne lui en coûterait *que deux ou trois soupirs,* Sertorius paraît trop petit. Viriate d'ailleurs lui dit à peu près les mêmes choses qu'Aristie a dites à Pompée. L'une dit: *Me voulez-vous? ne me voulez-vous pas?* l'autre dit: *M'aimez-vous?* L'une veut que Pompée lui rende sa main; l'autre, que Sertorius lui donne sa main. Pompée a parlé politique à sa femme; Sertorius parle politique à sa maîtresse. Viriate lui dit: *Vous savez que l'amour n'est pas ce qui me presse.* L'un et l'autre s'épuisent en raisonnements. Enfin Viriate finit cette scène en disant:

Je suis reine; et qui sait porter une couronne,
Quand il a prononcé, n'aime point qu'on raisonne.

C'est parler à Sertorius, dont elle dépend, comme si elle parlait à son domestique; et ce *n'aime point qu'on raisonne* est d'un comique qui n'est pas supportable. La fierté est ridicule, quand elle n'est pas à sa place.

SERTORIUS.

Il est trop vrai, madame;
Mais, bien qu'il l'abandonne, il l'adore dans l'ame,
Et rompra, m'a-t-il dit, la tréve dès demain,
S'il voit qu'elle s'apprête à me donner la main.

VIRIATE.

Vous vous alarmez peu d'une telle menace?

SERTORIUS.

Ce n'est pas en effet ce qui plus m'embarrasse.
Mais vous, pour Perpenna qu'avez-vous résolu?

VIRIATE.

D'obéir sans remise au pouvoir absolu[1];
Et si d'une offre en l'air votre ame encor frappée
Veut bien s'embarrasser du rebut de Pompée,
Il ne tiendra qu'à vous que dès demain tous deux

---

[1] *Obéir sans remise, une offre en l'air, assurer des nœuds, une frénésie poussée au dernier éclat.*

Quels vers! quelles expressions! Et de petits écoliers oseront me reprocher d'être trop sévère*!

* Ces écoliers dont Voltaire parle avec indignation, et qu'il eût affligés davantage en n'en parlant pas, étaient les écrivains à la semaine, qui, lorsque cet ouvrage parut, s'érigèrent tous en vengeurs de Corneille, moins par zéle pour sa mémoire, que pour outrager Voltaire. Aucun d'eux n'eût été capable de faire une seule des excellentes remarques dispersées dans ce commentaire; mais ils relevèrent avec arrogance celles où Voltaire a pu se tromper, tandis qu'ils se récriaient d'admiration même sur les défauts les plus évidents de Corneille. Si l'on en croyait ces critiques, *Théodore*, *Pertharite*, *Attila* même, étaient des ouvrages où le génie de ce grand homme se montrait encore tout entier, et très supérieurs aux meilleures tragédies de Voltaire, qui ne les avait décriés que par jalousie. Tel était le zéle de ces messieurs pour la gloire d'un mort qu'ils auraient outragé pendant sa vie. Mais d'où venait leur emportement contre Voltaire? Du sentiment de leur médiocrité, qui les avertissait de son mépris. P.

ACTE IV, SCÈNE II.

De l'un et l'autre hymen nous n'assurions les nœuds ;
Dût se rompre la trêve, et dût la jalousie
Jusqu'au dernier éclat pousser sa frénésie.

SERTORIUS.

Vous pourrez dès demain....

VIRIATE.

Dès ce même moment.
Ce n'est pas obéir qu'obéir lentement ;
Et quand l'obéissance a de l'exactitude[1],
Elle voit que sa gloire est dans la promptitude.

SERTORIUS.

Mes prières pouvoient souffrir quelques refus.

VIRIATE.

Je les prendrai toujours pour ordres absolus.
Qui peut ce qui lui plaît commande alors qu'il prie.
D'ailleurs, Perpenna m'aime avec idolâtrie :
Tant d'amour, tant de rois d'où son sang est venu,
Le pouvoir souverain dont il est soutenu,
Valent bien tous ensemble un trône imaginaire
Qui ne peut subsister que par l'heur de vous plaire.

SERTORIUS.

Je n'ai donc qu'à mourir en faveur de ce choix[2] :
J'en ai reçu la loi de votre propre voix ;
C'est un ordre absolu qu'il est temps que j'entende.
Pour aimer un Romain, vous voulez qu'il commande :

---

[1] *Une obéissance qui a de l'exactitude!*

[2] Il n'y a guère dans toutes ces scènes d'expression qui soit juste ; mais le pis est que les sentiments sont encore moins naturels. Un vieux factieux tel que Sertorius doit-il dire à une femme qu'*il mourra en faveur du choix qu'elle fera d'un autre?*

Et comme Perpenna ne le peut sans ma mort,
Pour remplir votre trône il lui faut tout mon sort.
Lui donner votre main, c'est m'ordonner, madame,
De lui céder ma place au camp et dans votre ame.
Il est, il est trop juste, après un tel bonheur,
Qu'il l'ait dans notre armée, ainsi qu'en votre cœur.
J'obéis sans murmure, et veux bien que ma vie....
VIRIATE.
Avant que par cet ordre elle vous soit ravie,
Puis-je me plaindre à vous d'un retour inégal
Qui tient moins d'un ami qu'il ne fait d'un rival [1]?
Vous trouvez ma faveur et trop prompte et trop pleine!
L'hymen où je m'apprête est pour vous une gêne!
Vous m'en parlez enfin comme si vous m'aimiez [2]!
SERTORIUS.
Souffrez, après ce mot, que je meure à vos pieds [3].
J'y veux bien immoler tout mon bonheur au vôtre;
Mais je ne vous puis voir entre les bras d'un autre;
Et c'est assez vous dire à quelle extrémité

---

[1] Ce n'est pas parler français, c'est coudre ensemble, pour rimer, des paroles qui ne signifient rien; car que peut signifier *un retour inégal?* Que d'obscurités! que de barbarismes entassés! et quelle froideur!

[2] Il n'y a point de vers plus comique.

[3] Jamais le ridicule excessif des intrigues amoureuses de nos héros de théâtre n'a paru plus sensiblement que dans ce couplet où ce vieux militaire, ce vieux conjuré, veut mourir d'amour aux pieds de sa Viriate qu'il n'aime guère. Il s'en est défendu *à voir ses cheveux gris;* mais sa passion ne s'est pas *vue alentie,* quoiqu'il se fût figuré que de tels déplaisirs ne lui coûteraient que deux ou trois soupirs: il envisageait *l'estime de chef magnanime.*

ACTE IV, SCÈNE II.

Me réduit mon amour que j'ai mal écouté.
  Bien qu'un si digne objet le rendît excusable,
J'ai cru honteux d'aimer quand on n'est plus aimable;
J'ai voulu m'en défendre à voir mes cheveux gris,
Et me suis répondu long-temps de vos mépris.
Mais j'ai vu dans votre ame ensuite une autre idée,
Sur qui mon espérance aussitôt s'est fondée;
Et je me suis promis bien plus qu'à tous vos rois,
Quand j'ai vu que l'amour n'en feroit point le choix.
J'allois me déclarer sans l'offre d'Aristie :
Non que ma passion s'en soit vue alentie;
Mais je n'ai point douté qu'il ne fût d'un grand cœur
De tout sacrifier pour le commun bonheur.
L'amour de Perpenna s'est joint à ces pensées;
Vous avez vu le reste, et mes raisons forcées.
Je m'étois figuré que de tels déplaisirs
Pourroient ne me coûter que deux ou trois soupirs;
Et, pour m'en consoler, j'envisageois l'estime
Et d'ami généreux et de chef magnanime :
Mais, près d'un coup fatal, je sens par mes ennuis
Que je me promettois bien plus que je ne puis.
Je me rends donc, madame; ordonnez de ma vie:
Encor tout de nouveau je vous la sacrifie.
Aimez-vous Perpenna?

VIRIATE.

Je sais vous obéir,
Mais je ne sais que c'est d'aimer ni de haïr [1];

---

[1] Aristie a dit à Pompée: *Suivant qu'on m'aime ou hait, j'aime ou hais à mon tour*; et Viriate dit à Sertorius *qu'elle ne sait que c'est d'aimer ni de haïr*. Dès qu'elle ne sait que c'est ou ce que c'est,

Et la part que tantôt vous aviez dans mon ame
Fut un don de ma gloire, et non pas de ma flamme.
Je n'en ai point pour lui, je n'en eus point pour vous;
Je ne veux point d'amant, mais je veux un époux,
Mais je veux un héros, qui par son hyménée
Sache élever si haut le trône où je suis née,
Qu'il puisse de l'Espagne être l'heureux soutien,
Et laisser de vrais rois de mon sang et du sien.

Je le trouvois en vous, n'eût été la bassesse
Qui pour ce cher rival contre moi s'intéresse,
Et dont, quand je vous mets au-dessus de cent rois,
Une répudiée a mérité le choix.

Je l'oublierai pourtant, et veux vous faire grace.
M'aimez-vous?

SERTORIUS.
Oserois-je en prendre encor l'audace?

VIRIATE.
Prenez-la, j'y consens, seigneur; et dès demain,
Au lieu de Perpenna, donnez-moi votre main.

SERTORIUS.
Que se tiendroit heureux un amour moins sincère
Qui n'auroit d'autre but que de se satisfaire [1],
Et qui se rempliroit de sa félicité

---

elle n'a qu'un intérêt de politique, par conséquent elle est froide. Cependant elle dit, le moment d'après, *m'aimez-vous?* Ne devrait-elle pas lui dire: *L'amour n'est pas fait pour nous; l'intérêt de l'état, le vôtre, celui de ma grandeur, doivent présider à notre hyménée?*

[1] *Autre but que de se satisfaire* donne une idée qui est un peu comique, et qui assurément ne convient pas à la tragédie.

ACTE IV, SCÈNE II.

Sans prendre aucun souci de votre dignité!
Mais quand vous oubliez ce que j'ai pu vous dire,
Puis-je oublier les soins d'agrandir votre empire;
Que votre grand projet est celui de régner?

VIRIATE.

Seigneur, vous faire grace, est-ce m'en éloigner?

SERTORIUS.

Ah! madame, est-il temps que cette grace éclate?

VIRIATE.

C'est cet éclat, seigneur, que cherche Viriate.

SERTORIUS.

Nous perdons tout, madame, à le précipiter.
L'amour de Perpenna le fera révolter;
Souffrez qu'un peu de temps doucement le ménage,
Qu'auprès d'un autre objet un autre amour l'engage :
Des amis d'Aristie assurons le secours
A force de promettre, en différant toujours.
Détruire tout l'espoir qui les tient en haleine,
C'est les perdre, c'est mettre un jaloux hors de peine,
Dont l'esprit ébranlé ne se doit pas guérir
De cette impression qui peut nous l'acquérir.
Pourrions-nous venger Rome après de telles pertes?
Pourrions-nous l'affranchir des misères souffertes?
Et de ses intérêts un si haut abandon....

VIRIATE.

Et que m'importe à moi si Rome souffre ou non¹?
Quand j'aurai de ses maux réparé l'infamie,
J'en obtiendrai pour fruit le nom de son amie!

---

¹ Voilà enfin des sentiments dignes d'une reine et d'une ennemie

Je vous verrai consul m'en apporter les lois,
Et m'abaisser vous-même au rang des autres rois !
Si vous m'aimez, seigneur, nos mers et nos montagnes
Doivent borner vos vœux, ainsi que nos Espagnes :
Nous pouvons nous y faire un assez beau destin;
Sans chercher d'autre gloire au pied de l'Aventin.
Affranchissons le Tage, et laissons faire au Tibre.
La liberté n'est rien quand tout le monde est libre;
Mais il est beau de l'être, et voir tout l'univers
Soupirer sous le joug, et gémir dans les fers;
Il est beau d'étaler cette prérogative
Aux yeux du Rhône esclave et de Rome captive;
Et de voir envier aux peuples abattus
Ce respect que le sort garde pour les vertus.

Quant au grand Perpenna, s'il est si redoutable,
Remettez-moi le soin de le rendre traitable :
Je sais l'art d'empêcher les grands cœurs de faillir.

SERTORIUS.

Mais quel fruit pensez-vous en pouvoir recueillir ?
Je le sais comme vous, et vois quelles tempêtes
Cet ordre surprenant formera sur nos têtes [1].
Ne cherchons point, madame, à faire des mutins,
Et ne nous brouillons point avec nos bons destins.
Rome nous donnera sans eux assez de peine,
Avant que de souscrire à l'hymen d'une reine;

---

de Rome. Voilà des vers qui seraient dignes de l'entrevue de Pompée et de Sertorius, avec un peu de correction.

Si tout le rôle de Viriate était de cette force, la pièce serait au rang des chefs-d'œuvre.

[1] *Un ordre surprenant qui forme des tempêtes sur des têtes!*

ACTE IV, SCÈNE II.

Et nous n'en fléchirons jamais la dureté,
A moins qu'elle nous doive et gloire et liberté.

VIRIATE.

Je vous avouerai plus, seigneur : loin d'y souscrire,
Elle en prendra pour vous une haine où j'aspire[1],
Un courroux implacable, un orgueil endurci ;
Et c'est par où je veux vous arrêter ici.
Qu'ai-je à faire dans Rome? et pourquoi, je vous prie?...

SERTORIUS.

Mais nos Romains, madame, aiment tous leur patrie;
Et de tous leurs travaux l'unique et doux espoir,
C'est de vaincre bientôt assez pour la revoir[2].

VIRIATE.

Pour les enchaîner tous sur les rives du Tage,
Nous n'avons qu'à laisser Rome dans l'esclavage :
Ils aimeront à vivre et sous vous et sous moi,
Tant qu'ils n'auront qu'un choix d'un tyran ou d'un roi.

SERTORIUS.

Ils ont pour l'un et l'autre une pareille haine,
Et n'obéiront point au mari d'une reine.

VIRIATE.

Qu'ils aillent donc chercher des climats à leur choix,
Où le gouvernement n'ait ni tyrans ni rois.
Nos Espagnols, formés à votre art militaire,

---

[1] *Prendre une haine! aspirer à une haine! un orgueil endurci! et c'est par là qu'on veut l'arrêter ici!*

[2] *Vaincre assez pour revoir Rome*[*]!

[*] Ce n'était, en effet, que par des victoires réitérées que les compagnons de Sertorius pouvaient se flatter de revoir leur patrie ; et nous ne voyons pas ce que Voltaire peut reprocher à cette expression. P.

Achèveront sans eux ce qui nous reste à faire.

La perte de Sylla n'est pas ce que je veux ;
Rome attire encor moins la fierté de mes vœux [1] :
L'hymen où je prétends ne peut trouver d'amorces
Au milieu d'une ville où règnent les divorces ;
Et du haut de mon trône on ne voit point d'attraits
Où l'on n'est roi qu'un an, pour n'être rien après.
Enfin, pour achever, j'ai fait pour vous plus qu'elle :
Elle vous a banni, j'ai pris votre querelle ;
Je conserve des jours qu'elle veut vous ravir.
Prenez le diadème, et laissez-la servir.
Il est beau de tenter des choses inouïes,
Dût-on voir par l'effet ses volontés trahies.
Pour moi, d'un grand Romain je veux faire un grand roi ;
Vous, s'il faut y périr, périssez avec moi :
C'est gloire de se perdre en servant ce qu'on aime.

SERTORIUS.

Mais porter dès l'abord les choses à l'extrême,
Madame, et sans besoin faire des mécontents !
Soyons heureux plus tard pour l'être plus long-temps.
Une victoire ou deux jointes à quelque adresse....

VIRIATE.

Vous savez que l'amour n'est pas ce qui me presse [2],

---

[1] *Attirer la fierté des vœux* ; c'est encore une de ces expressions impropres et sans justesse. *Un hymen qui ne peut trouver d'amorces au milieu d'une ville ! des attraits où l'on n'est roi qu'un an !*

Quand on examine de près cette foule innombrable de fautes, on est effrayé.

[2] Nous avons déjà remarqué ce vers. (*Voyez le commencement de cette scène.*)

ACTE IV, SCÈNE II.

Seigneur. Mais, après tout, il faut le confesser,
Tant de précaution commence à me lasser.
Je suis reine; et qui sait porter une couronne,
Quand il a prononcé, n'aime point qu'on raisonne.
Je vais penser à moi, vous penserez à vous.

SERTORIUS.

Ah! si vous écoutez cet injuste courroux....

VIRIATE.

Je n'en ai point, seigneur; mais mon inquiétude
Ne veut plus dans mon sort aucune incertitude :
Vous me direz demain où je dois l'arrêter.
Cependant je vous laisse avec qui consulter.

SCÈNE III[1].

SERTORIUS, PERPENNA, AUFIDE.

PERPENNA, à *Aufide*.
Dieux! qui peut faire ainsi disparoître la reine?
AUFIDE, à *Perpenna*.
Lui-même a quelque chose en l'ame qui le gêne,
Seigneur; et notre abord le rend tout interdit.

---

[1] Cette scène paraît encore moins digne de la tragédie que les précédentes. Perpenna et Sertorius ne s'entendent point : l'un dit, *Je parlais de Sylla;* l'autre, *Je parlais de la reine*. Ces petites méprises ne sont permises que dans la comédie. Il est vrai que cette scène est toute comique: *Quelque chose qui le gêne. Savez-vous ce qu'on dit? L'avez-vous mis fort loin au-delà de la porte? Je me suis dispensé de le mener plus loin. Nous n'avons rien conclu, mais ce n'est pas ma faute. Si je m'en trouvais mal, vous ne seriez pas bien...* Tout le reste est écrit de ce style.

SERTORIUS.

De Pompée en ces lieux savez-vous ce qu'on dit?
L'avez-vous mis fort loin au-delà de la porte?

PERPENNA.

Comme assez près des murs il avoit son escorte,
Je me suis dispensé de le mettre plus loin.
Mais de votre secours, seigneur, j'ai grand besoin.
Tout son visage montre une fierté si haute....

SERTORIUS.

Nous n'avons rien conclu, mais ce n'est pas ma faute;
Et vous savez....

PERPENNA.

Je sais qu'en de pareils débats....

SERTORIUS.

Je n'ai point cru devoir mettre les armes bas;
Il n'est pas encor temps.

PERPENNA.

Continuez, de grace;
Il n'est pas encor temps que l'amitié se lasse.

SERTORIUS.

Votre intérêt m'arrête autant comme le mien :
Si je m'en trouvois mal, vous ne seriez pas bien.

PERPENNA.

De vrai, sans votre appui je serois fort à plaindre;
Mais je ne vois pour vous aucun sujet de craindre.

SERTORIUS.

Je serois le premier dont on seroit jaloux;
Mais ensuite le sort pourroit tomber sur vous.
Le tyran après moi vous craint plus qu'aucun autre,
Et ma tête abattue ébranleroit la vôtre.

ACTE IV, SCÈNE III.

Nous ferons bien tous deux d'attendre plus d'un an.
PERPENNA.
Que parlez-vous, seigneur, de tête et de tyran?
SERTORIUS.
Je parle de Sylla, vous le devez connoître.
PERPENNA.
Et je parlois des feux que la reine a fait naître.
SERTORIUS.
Nos esprits étoient donc également distraits;
Tout le mien s'attachoit aux périls de la paix;
Et je vous demandois quel bruit fait par la ville [1]
De Pompée et de moi l'entretien inutile.
Vous le saurez, Aufide?
AUFIDE.
A ne rien déguiser,
Seigneur, ceux de sa suite en ont su mal user [2];

---

[1] *Quel bruit fait par la ville* est du style de la comédie, comme on le sent assez. Mais ce que Sertorius fait trop sentir, c'est qu'en effet la conférence qu'il a eue avec Pompée n'a rien produit dans la pièce. Ce n'est, comme on l'a déjà dit, qu'une belle conversation dont il ne résulte rien, un beau dialogue de politique. Si cette entrevue avait fait naître la conspiration de Perpenna, ou quelque autre intrigue intéressante et terrible, elle eût été une beauté tragique, au lieu qu'elle n'est qu'une beauté de dialogue.

Remarquez que cette tragédie est un tissu de conversations souvent très embrouillées, jusqu'à ce que le héros de la pièce soit assassiné. De là naît la froideur qui produit l'ennui.

[2] *Les gens de la suite de Pompée qui en ont su mal user; le coup d'une erreur qu'on veut rompre avant qu'elle grossisse; une pourpre qui agit; l'erreur qui s'épand jusqu'en nos garnisons; des gens comme vous deux et moi: Sylla qui prend cette mesure de rendre l'impunité fort sûre; la reine qui est d'une humeur si fière. Ce sont là des ex-*

SERTORIUS.

J'en crains parmi le peuple un insolent murmure :
Ils ont dit que Sylla quitte sa dictature,
Que vous seul refusez les douceurs de la paix,
Et voulez une guerre à ne finir jamais.
Déja de nos soldats l'ame préoccupée
Montre un peu trop de joie à parler de Pompée,
Et si l'erreur s'épand jusqu'en nos garnisons,
Elle y pourra semer de dangereux poisons.

SERTORIUS.

Nous en romprons le coup avant qu'elle grossisse,
Et ferons par nos soins avorter l'artifice.
D'autres plus grands périls le ciel m'a garanti.

PERPENNA.

Ne ferions-nous pas mieux d'accepter le parti,
Seigneur? trouvez-vous l'offre ou honteuse ou mal sûre?

SERTORIUS.

Sylla peut en effet quitter sa dictature;
Mais il peut faire aussi des consuls à son choix,
De qui la pourpre esclave* agira sous ses lois;
Et, quand nous n'en craindrons aucuns ordres sinistres,

---

pressions peu convenables et bien vicieuses; mais le plus grand vice, encore une fois, c'est le manque d'intérêt; et ce manque d'intérêt vient principalement de ce qu'il n'y a dans la pièce que des demi-desseins, des demi-passions et des demi-volontés.

Sertorius conseille à Perpenna d'épouser la reine des Ilergètes, *qui rendra ses volontés bien plus tôt satisfaites;* après quoi il lui dit qu'il ira souper chez lui. Assurément il n'y a rien là de tragique.

* *La pourpre esclave* est une de ces expressions de génie dont on ne trouve d'exemples que chez les poëtes vraiment inspirés: elle eût mérité que Voltaire en fît la remarque. P.

ACTE IV, SCÈNE III.

Nous périrons par ceux de ses lâches ministres.
Croyez-moi, pour des gens comme vous deux et moi[1],
Rien n'est si dangereux que trop de bonne foi.
Sylla par politique a pris cette mesure[2]
De montrer aux soldats l'impunité fort sûre;
Mais pour Cinna, Carbon, le jeune Marius,
Il a voulu leur tête, et les a tous perdus.
Pour moi, que tout mon camp sur ce bruit m'abandonne,
Qu'il ne reste pour moi que ma seule personne,
Je me perdrai plutôt dans quelque affreux climat,
Qu'aller tant qu'il vivra briguer le consulat.
Vous....

PERPENNA.

Ce n'est pas, seigneur, ce qui me tient en peine.
Exclus du consulat par l'hymen d'une reine,
Du moins si vos bontés m'obtiennent ce bonheur,
Je n'attends plus de Rome aucun degré d'honneur;
Et, banni pour jamais dans la Lusitanie,
J'y crois en sûreté les restes de ma vie.

SERTORIUS.

Oui; mais je ne vois pas encor de sûreté

---

[1] *Des gens comme vous deux!*

[2] Un homme d'état prend des mesures; un ouvrier, un maçon un tailleur, un cordonnier, prennent une mesure*.

* Parmi les mesures que prend un homme d'état pour arriver à son but, ne peut-il pas en être une sur laquelle il compte beaucoup plus que sur les autres? alors ne dirait-il pas très bien, *au singulier*, j'ai pris cette mesure, parcequ'elle m'a paru devoir me conduire infailliblement au succès? On dit, il est vrai, d'un tailleur et d'un cordonnier, qu'*ils prennent mesure*, mais non qu'*ils prennent une mesure*. La différence paraît très petite, mais n'en est pas moins réelle. P.

A ce que vous et moi nous avions concerté.
Vous savez que la reine est d'une humeur si fière....
Mais peut-être le temps la rendra moins altière.
Adieu : dispensez-moi de parler là-dessus.

PERPENNA.

Parlez, seigneur : mes vœux sont-ils si mal reçus ?
Est-ce en vain que je l'aime, en vain que je soupire ?

SERTORIUS.

Sa retraite a plus dit que je ne puis vous dire.

PERPENNA.

Elle m'a dit beaucoup : mais, seigneur, achevez,
Et ne me cachez point ce que vous en savez.
Ne m'auriez-vous rempli que d'un espoir frivole ?

SERTORIUS.

Non, je vous l'ai cédée, et vous tiendrai parole.
Je l'aime, et vous la donne encor malgré mon feu ;
Mais je crains que ce don n'ait jamais son aveu,
Qu'il n'attire sur nous d'impitoyables haines.
Que vous dirai-je enfin ? L'Espagne a d'autres reines ;
Et vous pourriez vous faire un destin bien plus doux,
Si vous faisiez pour moi ce que je fais pour vous.
Celle des Vacéens, celle des Ilergètes [1],
Rendroient vos volontés bien plus tôt satisfaites ;
La reine avec chaleur sauroit vous y servir.

PERPENNA.

Vous me l'avez promise, et me l'allez ravir !

---

[1] On ne s'attendait ni à la reine des Vacéens, ni à celle des Ilergètes. Rien n'est plus froid que de pareilles propositions ; et, dans une tragédie, le froid est encore plus insupportable que le comique déplacé, et que les fautes de langage.

ACTE IV, SCÈNE III.

SERTORIUS.

Que sert que je promette et que je vous la donne,
Quand son ambition l'attache à ma personne?
Vous savez les raisons de cet attachement,
Je vous en ai tantôt parlé confidemment;
Je vous en fais encor la même confidence.
Faites à votre amour un peu de violence;
J'ai triomphé du mien; j'y suis encor tout prêt:
Mais, s'il faut du parti ménager l'intérêt,
Faut-il pousser à bout une reine obstinée,
Qui veut faire à son choix toute sa destinée,
Et de qui le secours, depuis plus de dix ans,
Nous a mieux soutenus que tous nos partisans?

PERPENNA.

La trouvez-vous, seigneur, en état de vous nuire?

SERTORIUS.

Non, elle ne peut pas tout-à-fait nous détruire;
Mais, si vous m'enchaînez à ce que j'ai promis,
Dès demain elle traite avec nos ennemis.
Leur camp n'est que trop proche; ici chacun murmure;
Jugez ce qu'il faut craindre en cette conjoncture.
Voyez quel prompt remède on y peut apporter,
Et quel fruit nous aurons de la violenter[1].

PERPENNA.

C'est à moi de me vaincre, et la raison l'ordonne:
Mais d'un si grand dessein tout mon cœur qui frissonne...

SERTORIUS.

Ne vous contraignez point; dût m'en coûter le jour,

---

[1] *Un fruit de violenter* est un barbarisme et un solécisme.

SERTORIUS.

…drai ma promesse en dépit de l'amour.

PERPENNA.

…romesses n'ont l'aveu de Viriate….

SERTORIUS.

…uis de sa part rien dire qui vous flatte.

PERPENNA.

…donc me contraindre, et j'y suis résolu.
…r tous mes desirs je me rends absolu;
…ux, à votre exemple, être aujourd'hui le maître;
…lgré cet amour que j'ai laissé trop croître,
…irez à la reine….

SERTORIUS.

Eh bien! je lui dirai?

PERPENNA.

…igneur, rien encor; demain j'y penserai.
…is la colère où s'emporte son ame
…t dès cette nuit commencer quelque trame.
…i direz, seigneur, tout ce que vous voudrez;
…ivrai l'avis que pour moi vous prendrez.

SERTORIUS.

…admire et plains.

PERPENNA.

Que j'ai l'ame accablée!

SERTORIUS.

…ge les maux dont je la vois comblée.
…entre un moment pour calmer son chagrin,
…endrai chez vous à l'heure du festin [1].

…ène commence par un général de l'armée romaine, qui
reconduit le grand Pompée jusqu'à la porte, et finit par
…énéral qui dit: *Allons souper.*

SCÈNE IV.

PERPENNA, AUFIDE.

AUFIDE.

Ce maître si chéri fait pour vous des merveilles [1];
Votre flamme en reçoit des faveurs sans pareilles !
Son nom seul, malgré lui, vous avoit tout volé,
Et la reine se rend sitôt qu'il a parlé.
Quels services faut-il que votre espoir hasarde,
Afin de mériter l'amour qu'elle vous garde [2]?
Et dans quel temps, seigneur, purgerez-vous ces lieux
De cet illustre objet qui lui blesse les yeux?
Elle n'est point ingrate; et les lois qu'elle impose,
Pour se faire obéir, promettent peu de chose;
Mais on n'a qu'à laisser le salaire à son choix,
Et courir sans scrupule exécuter ses lois.
Vous ne me dites rien? Apprenez-moi, de grace,
Comment vous résolvez que le festin se passe?
Dissimulerez-vous ce manquement de foi?
Et voulez-vous....

PERPENNA.

Allons en résoudre chez moi [3].

---

[1] Du comique encore, et de l'ironie, et dans un subalterne!
[2] *Des services qu'un espoir hasarde, et un amour qu'on garde!*
[3] Il peut aussi bien se résoudre dans l'endroit où il parle.

FIN DU QUATRIÈME ACTE.

ACTE CINQUIÈME.

SCÈNE I[1].

ARISTIE, VIRIATE.

ARISTIE.

Oui, madame, j'en suis comme vous ennemie.
Vous aimez les grandeurs, et je hais l'infamie.
Je cherche à me venger, vous, à vous établir;
Mais vous pourrez me perdre, et moi vous affoiblir,
Si le cœur mieux ouvert ne met d'intelligence

---

[1] Que veulent Aristie et Viriate? qu'ont-elles à se dire? Elles se parlent pour se parler : c'est une dame qui rend visite à une autre, elles font la conversation; et cela est si vrai, que Viriate répète à la femme de Pompée tout ce qu'elle a déja dit de Sertorius.

La règle est qu'aucun personnage ne doit paraître sur la scène sans nécessité : ce n'est pas encore assez, il faut que cette nécessité soit intéressante. Ces dialogues inutiles sont ce qu'on appelle du remplissage. Il est presque impossible de faire une tragédie exempte de ce défaut. L'usage a voulu que les actes eussent une longueur à-peu-près égale. Le public, encore grossier, se croyait trompé s'il n'avait pas deux heures de spectacle pour son argent. Les chœurs des anciens étaient absolument ignorés, et, dans ces malheureux jeux de paume, où de mauvais farceurs étaient accoutumés à déclamer les farces de Hardi et de Garnier, le bourgeois de Paris exigeait pour ses cinq sous qu'on déclamât pendant deux heures. Cette loi a prévalu depuis que nous sommes sortis de la

Votre établissement avecque ma vengeance.

 On m'a volé Pompée; et moi pour le braver,
Cet ingrat que sa foi n'ose me conserver,
Je cherche un autre époux qui le passe, ou l'égale :
Mais je n'ai pas dessein d'être votre rivale,
Et n'ai point dû prévoir, ni que vers un Romain
Une reine jamais daignât pencher sa main,
Ni qu'un héros, dont l'ame a paru si romaine,
Démentît ce grand nom par l'hymen d'une reine.
J'ai cru dans sa naissance et votre dignité
Pareille aversion et contraire fierté.
Cependant on me dit qu'il consent l'hyménée,
Et qu'en vain il s'oppose au choix de la journée,
Puisque, si dès demain il n'a tout son éclat,
Vous allez du parti séparer votre état.

 Comme je n'ai pour but que d'en grossir les forces,
J'aurois grand déplaisir d'y causer des divorces,
Et de servir Sylla mieux que tous ses amis,
Quand je lui veux par-tout faire des ennemis.
Parlez donc : quelque espoir que vous m'ayez vu prendre,
Si vous y prétendez, je cesse d'y prétendre.
Un reste d'autre espoir, et plus juste, et plus doux,
Saura voir sans chagrin Sertorius à vous.
Mon cœur veut à toute heure immoler à Pompée
Tous les ressentiments de ma place usurpée;
Et, comme son amour eut peine à me trahir,
J'ai voulu me venger, et n'ai pu le haïr.

barbarie où nous étions plongés On ne peut trop s'élever contre
ce ridicule usage.

Ne me déguisez rien, non plus que je déguise.
VIRIATE.
Viriate à son tour vous doit même franchise,
Madame; et d'ailleurs même on vous en a trop dit,
Pour vous dissimuler ce que j'ai dans l'esprit.
  J'ai fait venir exprès Sertorius d'Afrique
Pour sauver mes états d'un pouvoir tyrannique;
Et mes voisins domptés m'apprenoient que sans lui
Nos rois contre Sylla n'étoient qu'un vain appui.
Avec un seul vaisseau ce grand héros prit terre [1];
Avec mes sujets seuls il commença la guerre :
Je mis entre ses mains mes places et mes ports,
Et je lui confiai mon sceptre et mes trésors.
Dès l'abord il sut vaincre, et j'ai vu la victoire
Enfler de jour en jour sa puissance et sa gloire.
Nos rois lassés du joug, et vos persécutés,
Avec tant de chaleur l'ont joint de tous côtés,
Qu'enfin il a poussé nos armes fortunées
Jusques à vous réduire au pied des Pyrénées.
Mais, après l'avoir mis au point où je le voi,
Je ne puis voir que lui qui soit digne de moi;
Et, regardant sa gloire ainsi que mon ouvrage,
Je périrai plutôt qu'une autre la partage.
Mes sujets valent bien que j'aime à leur donner
Des monarques d'un sang qui sache gouverner,
Qui sache faire tête à vos tyrans du monde,

---

[1] Ces particularités ont déjà été annoncées dès le premier acte. Viriate fait, au cinquième, une nouvelle exposition. Rien ne fait mieux voir qu'elle n'a rien à dire; point de passion, point d'intrigue dans Viriate, nul changement d'état.

ACTE V, SCÈNE I.

Et rendre notre Espagne en lauriers si féconde,
Qu'on voie un jour le Pô redouter ses efforts,
Et le Tibre lui-même en trembler pour ses bords.

ARISTIE.

Votre dessein est grand; mais à quoi qu'il aspire....

VIRIATE.

Il m'a dit les raisons que vous me voulez dire.
Je sais qu'il seroit bon de taire et différer
Ce glorieux hymen qu'il me fait espérer :
Mais la paix qu'aujourd'hui l'on offre à ce grand homme
Ouvre trop les chemins et les portes de Rome.
Je vois que, s'il y rentre, il est perdu pour moi,
Et je l'en veux bannir par le don de ma foi.
Si je hasarde trop de m'être déclarée,
J'aime mieux ce péril que ma perte assurée ;
Et, si tous vos proscrits osent s'en désunir,
Nos bons destins sans eux pourront nous soutenir.
Mes peuples aguerris sous votre discipline
N'auront jamais au cœur de Rome qui domine ;
Et ce sont des Romains dont l'unique souci
Est de combattre, vaincre, et triompher ici.
Tant qu'ils verront marcher ce héros à leur tête,
Ils iront sans frayeur de conquête en conquête.
Un exemple si grand dignement soutenu
Saura.... Mais que nous veut ce Romain inconnu[1] ?

---

[1] Comme Pompée et Sertorius ont eu un entretien qui n'a rien produit, Aristie et Viriate ont ici un entretien non moins inutile ; mais plus froid. Viriate conte à Aristie l'histoire de Sertorius, qu'elle a déja contée à d'autres dans les actes précédents.

Les fautes principales de langage sont, *daigner pencher sa main,*

8.

SCÈNE II.

ARISTIE, VIRIATE, ARCAS.

ARISTIE.

Madame, c'est Arcas, l'affranchi de mon frère ;
Sa venue en ces lieux cache quelque mystère.
Parle, Arcas, et dis-nous....

ARCAS.

Ces lettres mieux que moi
Vous diront un succès qu'à peine encor je croi [1].

pour dire *abaisser sa main ; consent l'hyménée*, au lieu de *consent à l'hyménée ; s'il n'a tout son éclat*, pour *s'il ne s'effectue pas : un reste d'autre espoir ; la paix qui ouvre trop les portes de Rome ; Rome qui domine au cœur ; l'ordre qu'un grand effet demande, et qui arrête Pompée à le donner.*

Si le terme est impropre et le tour vicieux,
En vain vous m'étalez une scène savante.

Mais ici la scène n'est point savante, et les termes sont très impropres, les tours sont très vicieux.

[1] La nouvelle arrivée de Rome, que Sylla quitte la dictature, qu'Émilie est morte en accouchant, et que Pompée peut reprendre sa femme, n'a rien qui soit digne de la tragédie[*] ; elle avilit le grand Pompée, qui n'ose se marier et se remarier qu'avec la permission de Sylla : de plus, cette nouvelle n'est qu'un événement qui ne naît point de l'intrigue et du fond du sujet. Ce n'est pas comme dans *Bajazet* :

Viens, j'ai reçu cet ordre, il faut l'intimider.

[*] La nouvelle de l'abdication de Sylla n'est rien moins qu'indifférente dans la pièce, telle que l'auteur l'a conçue. Cette nouvelle pouvait changer les destinées du monde. P.

ACTE V, SCÈNE II.

ARISTIE *lit.*

« Chère sœur, pour ta joie il est temps que tu saches
« Que nos maux et les tiens vont finir en effet.
« Sylla marche en public sans faisceaux et sans haches,
« Prêt à rendre raison de tout ce qu'il a fait.
« Il s'est en plein sénat démis de sa puissance;
« Et si vers toi Pompée a le moindre penchant,
« Le ciel vient de briser sa nouvelle alliance,
« Et la triste Émilie est morte en accouchant.
« Sylla même consent, pour calmer tant de haines,
« Qu'un feu qui fut si beau rentre en sa dignité,
« Et que l'hymen te rende à tes premières chaînes,
« En même temps qu'à Rome il rend sa liberté.
« QUINTUS ARISTIUS. »

Le ciel s'est donc lassé de m'être impitoyable!
Ce bonheur, comme à toi, me paroît incroyable.
Cours au camp de Pompée, et dis-lui, cher Arcas....

ARCAS.

Il a cette nouvelle, et revient sur ses pas.
De la part de Sylla chargé de lui remettre
Sur ce grand changement une pareille lettre,
A deux milles d'ici j'ai su le rencontrer[1].

ARISTIE.

Quel amour, quelle joie a-t-il daigné montrer?
Que dit-il? que fait-il?

---

[1] Ce *j'ai su* fait entendre qu'il y avait beaucoup de peine, beaucoup d'art et de savoir-faire à rencontrer Pompée : *j'ai su vaincre et régner*, parceque ce sont deux choses très difficiles.

> J'ai su, par une longue et pénible industrie,
> Des plus mortels venins prévenir la furie....

9.

ARCAS.
Par votre expérience
Vous pouvez bien juger de son impatience;
Mais, rappelé vers vous par un transport d'amour
Qui ne lui permet pas d'achever son retour,
L'ordre que pour son camp ce grand effet demande
L'arrête à le donner, attendant qu'il s'y rende [1].
Il me suivra de près, et m'a fait avancer
Pour vous dire un miracle où vous n'osiez penser.
ARISTIE.
Vous avez lieu d'en prendre une alégresse égale,
Madame; vous voilà sans crainte et sans rivale.

> J'ai su lui préparer des craintes et des veilles....
> J'ai prévu ses complots, je sais les prévenir.

Le mot *savoir* est bien placé dans tous ces exemples: il indique la peine qu'on a prise.

Mais *j'ai su rencontrer un homme en chemin* est ridicule. Tous les mauvais poëtes ont imité cette faute.

[1] Tout ce couplet est confus, obscur, inintelligible; tournez-le en prose: *Son transport d'amour qui le rappelle ne lui permet pas d'achever son retour, et l'ordre que ce grand effet demande pour son camp l'arrête à le donner, attendant qu'il se rende à ce camp.* Un pareil langage est-il supportable? Il est triste d'être forcé de relever des fautes si considérables et si fréquentes.

(*Fin de la scène.*) Un domestique qui apporte une lettre et des nouvelles qui n'ont rien de surprenant, rien de tragique, est absolument une chose indigne du théâtre. Aristie, qui n'a produit dans la pièce aucun évènement, apprend par un exprès que la seconde femme de Pompée est *morte en couche.*

Arcas dit qu'il a rendu une pareille lettre à Pompée, qu'il a rencontré à deux milles de la ville. Ce ne sont pas là certainement les péripéties, les catastrophes que demande Aristote; c'est un fait historique altéré mis en dialogues.

VIRIATE.

Je n'en ai plus en vous, et je n'en puis douter;
Mais il m'en reste une autre, et plus à redouter,
Rome, que ce héros aime plus que lui-même,
Et qu'il préféreroit sans doute au diadème,
Si contre cet amour....

SCÈNE III[1].

VIRIATE, ARISTIE, THAMIRE, ARCAS.

THAMIRE.
Ah, madame!
VIRIATE.
Qu'as-tu,
Thamire? et d'où te vient ce visage abattu[2]?
Que nous disent tes pleurs?
THAMIRE.
Que vous êtes perdue,
Que cet illustre bras qui vous a défendue....
VIRIATE.
Sertorius?
THAMIRE.
Hélas! ce grand Sertorius....

---

[1] L'assassinat de Sertorius qui devait faire un grand effet n'en fait aucun; la raison en est que ce qui n'est point préparé avec terreur n'en peut point causer: le spectateur y prend d'autant moins d'intérêt que Viriate elle-même ne s'en occupe presque pas; elle ne songe qu'à elle; elle dit qu'*on veut disposer d'elle et de son trône.*

[2] *Qu'as-tu? d'où te vient ce visage? cet illustre bras!*

VIRIATE.

N'achèveras-tu point?

THAMIRE.

Madame, il ne vit plus.

VIRIATE.

Il ne vit plus, ô ciel! Qui te l'a dit, Thamire?

THAMIRE.

Ses assassins font gloire eux-mêmes de le dire;
Ces tigres, dont la rage, au milieu du festin,
Par l'ordre d'un perfide a tranché son destin,
Tout couverts de son sang, courent parmi la ville
Émouvoir les soldats et le peuple imbécille;
Et Perpenna par eux proclamé général
Ne vous fait que trop voir d'où part ce coup fatal.

VIRIATE.

Il m'en fait voir ensemble et l'auteur et la cause.
Par cet assassinat c'est de moi qu'on dispose;
C'est mon trône, c'est moi qu'on prétend conquérir;
Et c'est mon juste choix qui seul l'a fait périr.
Madame, après sa perte, et parmi ces alarmes,
N'attendez point de moi de soupirs ni de larmes [1],
Ce sont amusements que dédaigne aisément
Le prompt et noble orgueil d'un vif ressentiment [2]:
Qui pleure l'affoiblit; qui soupire l'exhale.

---

[1] Il semble que l'auteur, refroidi lui-même dans cette scène, fait répéter à Viriate les mêmes vers et les mêmes choses que dit Cornélie en tenant l'urne de Pompée, à cela près que les vers de Cornélie sont très touchants, et que ceux de Viriate languissent.

[2] *Ce sont amusements* est comique; et *le prompt et noble orgueil* n'a point de sens. On n'a jamais dit, *un prompt orgueil*, et assuré-

ACTE V, SCÈNE III.

Il faut plus de fierté dans une ame royale;
Et ma douleur, soumise aux soins de le venger....

ARISTIE.

Mais vous vous aveuglez au milieu du danger :
Songez à fuir, madame.

THAMIRÉ.

Il n'est plus temps; Aufide,
Des portes du palais saisi pour ce perfide,
En fait votre prison, et lui répond de vous.
Il vient, dissimulez un si juste courroux;
Et, jusqu'à ce qu'un temps plus favorable arrive,
Daignez vous souvenir que vous êtes captive [1].

VIRIATE.

Je sais ce que je suis, et le serai toujours,
N'eussé-je que le ciel et moi pour mon secours.

---

ment ce n'est pas un sentiment d'orgueil qu'on doit éprouver quand on apprend l'assassinat de son amant.

[1] J'ai dit souvent qu'on doit soigneusement éviter ce concours de syllabes qui offensent l'oreille, *jusqu'à ce que*. Cela paraît une minutie; ce n'en est point une: ce défaut répété forme un style trop barbare. J'ai lu dans une tragédie :

> Nous l'attendrons tous trois jusqu'à ce qu'il se montre,
> Parceque les proscrits s'en vont à sa rencontre.

SCÈNE IV.

PERPENNA, ARISTIE, VIRIATE, THAMIRE, ARCAS.

PERPENNA, à *Viriate*.

Sertorius est mort; cessez d'être jalouse,
Madame, du haut rang qu'auroit pris son épouse,
Et n'appréhendez plus, comme de son vivant,
Qu'en vos propres états elle ait le pas devant[1].

---

[1] C'est une chose également révoltante et froide que l'ironie avec laquelle cet assassin vient répéter à Viriate ce qu'elle lui avait dit au second acte, qu'elle craignait qu'Aristie ne prît *le pas devant*.

Il vient se proposer avec des *qualités* où Viriate trouvera *de quoi mériter une reine*. Son bras l'a dégagée *d'un choix abject*. Enfin il fait entendre à la reine qu'il est plus jeune que Sertorius.

Il n'y a point de connaisseur qui ne se rebute à cette lecture; le seul fruit qu'on en puisse retirer, c'est que jamais on ne doit mettre un grand crime sur la scène, qu'on ne fasse frémir le spectateur, que c'est là où il faut porter le trouble et l'effroi dans l'ame, et que tout ce qui n'émeut point est indigne de la scène tragique.

C'est une règle puisée dans la nature, qu'il ne faut point parler d'amour quand on vient de commettre un crime horrible, moins par amour que par ambition. Comment ce froid amour d'un scélérat pourrait-il produire quelque intérêt? Que le forcené Ladislas, emporté par sa passion, teint du sang de son rival, se jette aux pieds de sa maîtresse, on est ému d'horreur et de pitié. Oreste fait un effet admirable dans *Andromaque*, quand il paraît devant Hermione qui l'a forcé d'assassiner Pyrrhus. Point de grands crimes sans de grandes passions qui fassent pleurer pour le criminel même. C'est là la vraie tragédie.

Si l'espoir d'Aristie a fait ombrage au vôtre,
Je puis vous assurer et d'elle et de toute autre,
Et que ce coup heureux saura vous maintenir [1]
Et contre le présent et contre l'avenir.
C'étoit un grand guerrier, mais dont le sang ni l'âge
Ne pouvoient avec vous faire un digne assemblage;
Et malgré ces défauts, ce qui vous en plaisoit,
C'étoit sa dignité qui vous tyrannisoit.
Le nom de général vous le rendoit aimable;
A vos rois, à moi-même il étoit préférable;
Vous vous éblouissiez du titre et de l'emploi:
Et je viens vous offrir et l'un et l'autre en moi,
Avec des qualités où votre ame hautaine
Trouvera mieux de quoi mériter une reine.
Un Romain qui commande et sort du sang des rois
(Je laisse l'âge à part) peut espérer son choix,
Sur-tout quand d'un affront son amour l'a vengée,
Et que d'un choix abject son bras l'a dégagée.

ARISTIE.

Après t'être immolé chez toi ton général,
Toi, que faisoit trembler l'ombre d'un tel rival,
Lâche, tu viens ici braver encor des femmes [2],
Vanter insolemment tes détestables flammes,
T'emparer d'une reine en son propre palais,
Et demander sa main pour prix de tes forfaits!
Crains les dieux, scélérat; crains les dieux, ou Pompée;

---

[1] *Un coup qui saura la maintenir!* Voilà encore ce mot de *savoir* aussi mal placé que dans les scènes précédentes.

[2] Pourquoi Aristie ne fait-elle aucun effet? c'est qu'elle est de trop dans cette scène.

Crains leur haine, ou son bras, leur foudre, ou son épée,
Et, quelque noir orgueil qui te puisse aveugler,
Apprends qu'il m'aime encore, et commence à trembler.
Tu le verras, méchant, plus tôt que tu ne penses;
Attends, attends de lui tes dignes récompenses.

PERPENNA.

S'il en croit votre ardeur, je suis sûr du trépas;
Mais peut-être, madame, il ne l'en croira pas;
Et quand il me verra commander une armée
Contre lui tant de fois à vaincre accoutumée,
Il se rendra facile à conclure une paix
Qui faisoit dès tantôt ses plus ardents souhaits.
J'ai même entre mes mains un assez bon otage,
Pour faire mes traités avec quelque avantage.
Cependant vous pourriez, pour votre heur et le mien,
Ne parler pas si haut à qui ne vous dit rien [1].
Ces menaces en l'air vous donnent trop de peine.
Après ce que j'ai fait, laissez faire la reine;
Et, sans blâmer des vœux qui ne vont point à vous,
Songez à regagner le cœur de votre époux.

VIRIATE.

Oui, madame, en effet c'est à moi de répondre,
Et mon silence ingrat a droit de me confondre [2].
Ce généreux exploit, ces nobles sentiments,
Méritent de ma part de hauts remerciements :
Les différer encor, c'est lui faire injustice.

---

[1] Ce sont des vers de Jodelet; et *je ne vous dis rien*, après lui avoir parlé assez long-temps, est encore plus comique.

[2] Le *silence ingrat* de Viriate! *cette ingrate de fièvre!* joignez à cela de *hauts remerciements*.

ACTE V, SCÈNE IV.

Il m'a rendu sans doute un signalé service;
Mais il n'en sait encor la grandeur qu'à demi.
Le grand Sertorius fut son parfait ami.
Apprenez-le, seigneur (car je me persuade
Que nous devons ce titre à votre nouveau grade;
Et pour le peu de temps qu'il pourra vous durer,
Il me coûtera peu de vous le déférer):
Sachez donc que pour vous il osa me déplaire,
Ce héros; qu'il osa mériter ma colère;
Que malgré son amour, que malgré son courroux,
Il a fait ses efforts pour me donner à vous;
Et qu'à moins qu'il vous plût lui rendre sa parole,
Tout mon dessein n'étoit qu'une attente frivole [1];
Qu'il s'obstinoit pour vous au refus de ma main.

ARISTIE.

Et tu peux lui plonger un poignard dans le sein!
Et ton bras....

VIRIATE.

Permettez, madame, que j'estime
La grandeur de l'amour par la grandeur du crime.
Chez lui-même, à sa table, au milieu d'un festin,
D'un si parfait ami devenir l'assassin,
Et de son général se faire un sacrifice,
Lorsque son amitié lui rend un tel service;
Renoncer à la gloire, accepter pour jamais
L'infamie, et l'horreur qui suit les grands forfaits;
Jusqu'en mon cabinet porter sa violence,
Pour obtenir ma main m'y tenir sans défense;

[1] *Que veut dire, tout son dessein qui n'étoit qu'une attente frivole?*

140 SERTORIUS.

Tout cela d'autant plus fait voir ce que je doi
A cet excès d'amour qu'il daigne avoir pour moi;
Tout cela montre une ame au dernier point charmée :
Il seroit moins coupable à m'avoir moins aimée ;
Et comme je n'ai point les sentiments ingrats,
Je lui veux conseiller de ne m'épouser pas.
Ce seroit en son lit mettre son ennemie,
Pour être à tous moments maîtresse de sa vie;
Et je me résoudrois à cet excès d'honneur,
Pour mieux choisir la place à lui percer le cœur [1].
Seigneur, voilà l'effet de ma reconnoissance.
Du reste, ma personne est en votre puissance :
Vous êtes maître ici; commandez, disposez,
Et recevez enfin ma main si vous l'osez.

PERPENNA.

Moi! si-je l'oserai? Vos conseils magnanimes
Pouvoient perdre moins d'art à m'étaler mes crimes [2] :

---

[1] Rodelinde dit dans *Pertharite :*

Pour mieux choisir la place à te percer le cœur.
. . . .
A ces conditions, prends ma main si tu l'oses.

Mais ces vers ne font aucune impression ni dans *Pertharite*, ni dans *Sertorius*, parceque les personnages qui les prononcent n'ont pas d'assez fortes passions. On est quelquefois étonné que le même vers, le même hémistiche, fasse un très grand effet dans un endroit, et soit à peine remarqué dans un autre. La situation en est cause : aussi on appelle vers de *situation*, ceux qui par eux-mêmes n'ayant rien de sublime le deviennent par les circonstances où ils sont placés.

[2] Dès qu'on fait sentir qu'il y a de l'art dans une scène, cette scène ne peut plus toucher le cœur.

J'en connois mieux que vous toute l'énormité,
Et pour la bien connoître ils m'ont assez coûté.
On ne s'attache point, sans un remords bien rude,
A tant de perfidie et tant d'ingratitude :
Pour vous je l'ai dompté, pour vous je l'ai détruit;
J'en ai l'ignominie, et j'en aurai le fruit.
Menacez mes forfaits et proscrivez ma tête,
De ces mêmes forfaits vous serez la conquête;
Et n'eût tout mon bonheur que deux jours à durer,
Vous n'avez dès demain qu'à vous y préparer.
J'accepte votre haine, et l'ai bien méritée,
J'en ai prévu la suite, et j'en sais la portée.
Mon triomphe....

SCÈNE V.

PERPENNA, ARISTIE, VIRIATE, AUFIDE, ARCAS, THAMIRE.

AUFIDE.

Seigneur, Pompée est arrivé,
Nos soldats mutinés, le peuple soulevé[1].
La porte s'est ouverte à son nom, à son ombre.
Nous n'avons point d'amis qui ne cèdent au nombre :
Antoine et Manlius déchirés par morceaux,

---

[1] Ceci est une aventure nouvelle qui n'est pas assez préparée. Pompée pouvait venir ou ne venir pas le même jour; les soldats pouvaient ne se pas mutiner : ces accidents ne tiennent point au nœud de la pièce. Toute catastrophe qui n'est pas tirée de l'intrigue est un défaut de l'art, et ne peut émouvoir le spectateur.

Tout morts et tout sanglants, ont encor des bourreaux.
On cherche avec chaleur le reste des complices,
Que lui-même il destine à de pareils supplices.
Je défendois mon poste, il l'a soudain forcé,
Et de sa propre main vous me voyez percé ;
Maître absolu de tout, il change ici la garde.
Pensez à vous, je meurs ; la suite vous regarde.

ARISTIE.

Pour quelle heure, seigneur, faut-il se préparer[1]
A ce rare bonheur qu'il vient vous assurer ?
Avez-vous en vos mains un assez bon otage,
Pour faire vos traités avec grand avantage ?

PERPENNA.

C'est prendre en ma faveur un peu trop de souci,
Madame ; et j'ai de quoi le satisfaire ici.

---

[1] Aristie répète ici les mêmes choses que lui a dites Perpenna dans la scène précédente. On a déjà observé que l'ironie doit rarement être employée dans le tragique ; mais dans un moment qui doit inspirer le trouble et la terreur, elle est un défaut capital.

Aristie ne fait ici qu'un rôle inutile et peu digne de la femme de Pompée. On a tué Sertorius qu'elle n'aimait point ; elle se trouve dans les mains de Perpenna ; elle ne sert qu'à faire remarquer combien elle a fait un voyage inutile en Espagne.

SCÈNE VI.

POMPÉE, PERPENNA, VIRIATE, ARISTIE,
CELSUS, ARCAS, THAMIRE.

PERPENNA.

Seigneur, vous aurez su ce que je viens de faire.
Je vous ai de la paix immolé l'adversaire,
L'amant de votre femme, et ce rival fameux
Qui s'opposoit par-tout au succès de vos vœux.
Je vous rends Aristie, et finis cette crainte [1]
Dont votre ame tantôt se montroit trop atteinte;
Et je vous affranchis de ce jaloux ennui
Qui ne pouvoit la voir entre les bras d'autrui.
Je fais plus; je vous livre une fière ennemie,
Avec tout son orgueil et sa Lusitanie [2];
Je vous en ai fait maître, et de tous ces Romains
Que déja leur bonheur a remis en vos mains.
Comme en un grand dessein, et qui veut promptitude,
On ne s'explique pas avec la multitude,
Je n'ai point cru, seigneur, devoir apprendre à tous
Celui d'aller demain me rendre auprès de vous;
Mais j'en porte sur moi d'assurés témoignages.
Ces lettres de ma foi vous seront de bons gages;
Et vous reconnoîtrez, par leurs perfides traits,

[1] *Finir une crainte!*
[2] Comme si cet orgueil était un effet appartenant à Viriate [*].

[*] Voilà une remarque bien peu digne de Voltaire. P.

Combien Rome pour vous a d'ennemis secrets [1],
Qui tous, pour Aristie enflammés de vengeance [2],
Avec Sertorius étoient d'intelligence.
Lisez.
(*Il lui donne les lettres qu'Aristie avoit apportées de Rome à Sertorius.*)

ARISTIE.
Quoi, scélérat! quoi, lâche! oses-tu bien....

PERPENNA.
Madame, il est ici votre maitre et le mien [3];
Il faut en sa présence un peu de modestie,
Et si je vous oblige à quelque repartie,
La faire sans aigreur, sans outrages mêlés,
Et ne point oublier devant qui vous parlez.

Vous voyez là, seigneur, deux illustres rivales,
Que cette perte anime à des haines égales.
Jusques au dernier point elles m'ont outragé;
Mais, puisque je vous vois, je suis assez vengé.
Je vous regarde aussi comme un dieu tutélaire;
Et ne puis.... Mais, ô dieux! seigneur, qu'allez-vous faire?

POMPÉE, *après avoir brûlé les lettres sans les lire.*
Montrer d'un tel secret ce que je veux savoir [4].
Si vous m'aviez connu, vous l'auriez su prévoir.

---

[1] *Des ennemis pour quelqu'un*, c'est un solécisme et un barbarisme.

[2] *Enflammés de vengeance pour*, même faute.

[3] Quand même la situation serait intéressante, théâtrale et terrible, elle ne pourrait émouvoir, parceque Perpenna n'est là qu'un misérable, qu'un vil délateur, et qu'on ne peut jouer un rôle plus bas et plus lâche.

[4] Cette action de brûler des lettres est belle dans l'histoire, et

ACTE V, SCÈNE VI.

Rome en deux factions trop long-temps partagée
N'y sera point pour moi de nouveau replongée;
Et quand Sylla lui rend sa gloire et son bonheur,
Je n'y remettrai point le carnage et l'horreur[1].
Oyez, Celsus.

(Il lui parle bas.)

Sur-tout empêchez qu'il ne nomme
Aucun des ennemis qu'elle m'a faits à Rome.

(à Perpenna.)

Vous, suivez ce tribun; j'ai quelques intérêts
Qui demandent ici des entretiens secrets.

PERPENNA.

Seigneur, se pourroit-il qu'après un tel service....

POMPÉE.

J'en connois l'importance, et lui rendrai justice.
Allez.

PERPENNA.

Mais cependant leur haine....

---

fait un mauvais effet dans une tragédie. On apporte une bougie, autrefois on apportait une chandelle*.

[1] On ne remet point le carnage dans une ville, comme on y remet la paix. *Le carnage et l'horreur*, termes vagues et usés qu'il faut éviter. Aujourd'hui, tous nos mauvais versificateurs emploient le carnage et l'horreur à la fin d'un vers, comme les armes et les alarmes pour rimer.

* Qu'on apporte une bougie ou une chandelle pour brûler ces lettres, cela prouve seulement que le service du théâtre s'est fait long-temps avec une indécence révoltante; mais l'action de Pompée n'en est pas moins belle. Chénier, dans sa tragédie de *Philippe second*, a fait un emploi très heureux d'un moyen à-peu-près semblable. Don Carlos brûle des papiers qu'on veut lui arracher, et qui compromettraient des citoyens fidèles à qui l'on fait un crime de réclamer les droits de leur patrie. P.

POMPÉE.

C'est assez.
Je suis maître, je parle, allez, obéissez [1].

SCÈNE VII.

POMPÉE, VIRIATE, ARISTIE, THAMIRE, ARCAS.

POMPÉE.
Ne vous offensez pas d'ouïr parler en maître,
Grande reine; ce n'est que pour punir un traître.
Criminel envers vous d'avoir trop écouté
L'insolence où montoit sa noire lâcheté,
J'ai cru devoir sur lui prendre ce haut empire,

[1] Le froid qui règne dans ce dénouement vient principalement du rôle bas et méprisable que joue Perpenna. Il est assez lâche pour venir accuser la femme de Pompée d'avoir voulu faire des ennemis à son mari dans le temps de son divorce, et assez imbécile pour croire que Pompée lui en saura gré dans le temps qu'il reprend sa femme.

Un défaut non moins grand, c'est que cette accusation contre Aristie est un faible épisode auquel on ne s'attend point.

C'est une belle chose dans l'histoire, que Pompée brûle les lettres sans les lire; mais ce n'est point du tout une chose tragique : ce qui arrive dans un cinquième acte, sans avoir été préparé dans les premiers, ne fait jamais une impression violente.

Ces lettres sont une chose absolument étrangère à la pièce. Ajoutez à tous ces défauts contre l'art du théâtre, que le supplice d'un criminel, et sur-tout d'un criminel méprisable, ne produit jamais aucun mouvement dans l'ame; le spectateur ne craint ni n'espère. Il n'y a point d'exemple d'un dénouement pareil qui ait remué l'ame; et il n'y en aura point. Aristote avait bien raison, et

ACTE V, SCÈNE VII.

Pour me justifier avant que vous rien dire :
Mais je n'abuse point d'un si facile accès,
Et je n'ai jamais su dérober mes succès.

Quelque appui que son crime aujourd'hui vous enlève,
Je vous offre la paix, et ne romps point la tréve;
Et ceux de nos Romains qui sont auprès de vous
Peuvent y demeurer sans craindre mon courroux.

Si de quelque péril je vous ai garantie,
Je ne veux pour tout prix enlever qu'Aristie,

connaissait bien le cœur humain, quand il disait que le simple châtiment d'un coupable ne pouvait être un sujet propre au théâtre.

Encore une fois, le cœur veut être ému; et, quand on ne le trouble pas, on manque à la première loi de la tragédie.

Viriate parle noblement à Pompée; mais des compliments finissent toujours une tragédie froidement. Toutes ces vérités sont dures, je l'avoue; mais à qui dures? à un homme qui n'est plus? Quel bien lui ferai-je en le flattant? quel mal, en disant vrai? Ai-je entrepris un vain panégyrique ou un ouvrage utile? Ce n'est pas pour lui que je réfléchis, et que j'écris ce que m'ont appris cinquante ans d'expérience, c'est pour les auteurs et pour les lecteurs. Quiconque ne connaît pas les défauts, est incapable de connaître les beautés; et je répète ce que j'ai dit dans l'examen de presque toutes ces pièces, que la vérité est préférable à Corneille, et qu'il ne faut pas tromper les vivants par respect pour les morts. Je ne suis pas même retenu par la crainte de me voir soupçonné de sentir un plaisir secret à rabaisser un grand homme, dans la vaine idée de m'égaler à lui en l'avilissant : je me crois trop au-dessous de lui. Je dirai seulement ici que je parlerais avec plus de hardiesse et de force si je ne m'étais pas exercé quelquefois dans l'art de Corneille.

J'ai dit ma pensée avec l'honnête liberté dont j'ai fait profession toute ma vie; et je sens si vivement ce que le père du théâtre a de sublime, qu'il m'est permis plus qu'à personne de montrer en quoi il n'est pas imitable.

A qui devant vos yeux, enfin maître de moi,
Je rapporte avec joie et ma main et ma foi.
Je ne dis rien du cœur, il tint toujours pour elle.

ARISTIE.

Le mien savoit vous rendre une ardeur mutuelle;
Et, pour mieux recevoir ce don renouvelé,
Il oubliera, seigneur, qu'on me l'avoit volé.

VIRIATE.

Moi, j'accepte la paix que vous m'avez offerte;
C'est tout ce que je puis, seigneur, après ma perte;
Elle est irréparable : et comme je ne voi
Ni chefs dignes de vous, ni rois dignes de moi,
Je renonce à la guerre ainsi qu'à l'hyménée[1];
Mais j'aime encor l'honneur du trône où je suis née.
D'une juste amitié je sais garder les lois,
Et ne sais point régner comme règnent nos rois.
S'il faut que sous votre ordre ainsi qu'eux je domine,
Je m'ensevelirai sous ma propre ruine :
Mais, si je puis régner sans honte et sans époux,
Je ne veux d'héritiers que votre Rome, ou vous;
Vous choisirez, seigneur; ou, si votre alliance
Ne peut voir mes états sous ma seule puissance,
Vous n'avez qu'à garder cette place en vos mains,
Et je m'y tiens déja captive des Romains.

POMPÉE.

Madame, vous avez l'ame trop généreuse
Pour n'en pas obtenir une paix glorieuse;

---

[1] Cette tirade de Viriate est très à sa place, pleine de raison et de noblesse.

Et l'on verra chez eux mon pouvoir abattu,
Ou j'y ferai toujours honorer la vertu.

SCÈNE VIII.

POMPÉE, ARISTIE, VIRIATE, CELSUS, ARCAS, THAMIRE.

POMPÉE.

En est-ce fait, Celsus ?

CELSUS.

Oui, seigneur; le perfide
A vu plus de cent bras punir son parricide;
Et livré par votre ordre à ce peuple irrité,
Sans rien dire....

POMPÉE.

Il suffit, Rome est en sûreté;
Et ceux qu'à me haïr j'avois trop su contraindre,
N'y craignant rien de moi, n'y donnent rien à craindre.
(à *Viriate*.)
Vous, madame, agréez pour notre grand héros
Que ses mânes vengés goûtent un plein repos.
Allons donner notre ordre à des pompes funèbres [1]
A l'égal de son nom illustres et célèbres,
Et dresser un tombeau, témoin de son malheur,
Qui le soit de sa gloire et de notre douleur.

[1] *Donner un ordre à des pompes!* et, qui pis est, *notre ordre* *.

* Les éditions données par Corneille portent *votre ordre*. (*Les éditeurs.*)

FIN DE SERTORIUS.

SOPHONISBE,

TRAGÉDIE.

1663.

PRÉFACE DE VOLTAIRE.

Il y a des points d'histoire qui paraissent au premier coup d'œil de beaux sujets de tragédie, et qui au fond sont presque impraticables : telles sont, par exemple, les catastrophes de Sophonisbe et de Marc-Antoine. Une des raisons qui probablement excluront toujours ces sujets du théâtre, c'est qu'il est bien difficile que le héros n'y soit avili. Massinisse, obligé de voir sa femme menée en triomphe à Rome, ou de la faire périr pour la soustraire à cette infamie, ne peut guère jouer qu'un rôle désagréable. Un vieux triumvir tel qu'Antoine, qui se perd pour une femme telle que Cléopâtre, est encore moins intéressant, parcequ'il est plus méprisable.

La *Sophonisbe* de Mairet eut un grand succès : mais c'était dans un temps où non seulement le goût du public n'était point formé, mais où la

France n'avait encore aucune tragédie supportable.

Il en avait été de même de la *Sophonisbe* du Trissino; et celle de Corneille fut oubliée au bout de quelques années : elle essuya dans sa nouveauté beaucoup de critiques, et eut des défenseurs célèbres; mais il paraît qu'elle ne fut ni bien attaquée ni bien défendue.

Le point principal fut oublié dans toutes ces disputes. Il s'agissait de savoir si la pièce était intéressante : elle ne l'est pas, puisque, malgré le nom de son auteur, on ne l'a point rejouée depuis quatre-vingts ans. Si ce défaut d'intérêt, qui est le plus grand de tous, comme nous l'avons déja dit, était racheté par une scène semblable à celle de Sertorius et de Pompée, on pourrait la représenter encore quelquefois.

Il ne sera pas inutile de faire connaître ici le style de Mairet et de tous les auteurs qui donnèrent des tragédies avant *le Cid*.

Syphax, dès la première scène, reproche à Sophonisbe, sa femme, un amour *impudique* pour le roi Massinisse, son ennemi. *Je veux bien,* lui dit-il, *que tu me méprises, et que tu en aimes un autre; mais*

> Ne pouvois-tu trouver ou prendre tes plaisirs
> Qu'en cherchant l'amitié de ce prince numide?

Sophonisbe lui répond :

> J'ai voulu m'assurer de l'assistance d'un
> A qui le nom lybique avec nous fût commun.

Ce même Syphax se plaint à son confident Philon de l'infidélité de son épouse; et Philon, pour le consoler, lui représente

> .... Que c'est aux grandes ames
> A souffrir de grands maux, et que femmes sont femmes.

Ensuite, quand Syphax est vaincu, Phénice, confidente de Sophonisbe, lui conseille de chercher à plaire au vainqueur; elle lui dit :

> Au reste, la douleur ne vous a point éteint
> Ni la clarté des yeux, ni la beauté du teint :
> Vos pleurs vous ont lavée; et vous êtes de celles
> Qu'un air triste et dolent rend encore plus belles.
> Vos regards languissants font naître la pitié,
> Que l'amour suit parfois, et toujours l'amitié,
> N'étant rien de pareil aux effets admirables

Que font dans les grands cœurs des beautés misérables.
Croyez que Massinisse est un vivant rocher,
Si vos perfections ne le peuvent toucher.

Sophonisbe, qui n'avait pas besoin de ces conseils, emploie avec Massinisse le langage le plus séduisant, et lui parle même avec une dignité qui la rend encore plus touchante. Une de ses suivantes, remarquant l'effet que le discours de Sophonisbe a fait sur le prince, dit derrière elle à une autre suivante, *Ma compagne, il se prend;* et sa compagne lui répond, *La victoire est à nous, ou je n'y connais rien.*

Tel était le style des pièces les plus suivies; tel était ce mélange perpétuel de comique et de tragique qui avilissait le théâtre : l'amour n'était qu'une galanterie bourgeoise; le grand n'était que du boursoufflé; l'esprit consistait en jeux de mots et en pointes; tout était hors de la nature : presque personne n'avait encore ni pensé ni parlé comme il faut dans aucun discours public.

Il est vrai que la *Sophonisbe* de Mairet avait un mérite très nouveau en France, c'était d'être dans les règles du théâtre : les trois unités de lieu, de temps et d'action y sont parfaitement observées. On regarda son auteur comme le père de la scène française : mais qu'est-ce que la régularité sans force, sans éloquence, sans grace, sans décence ? Il y a des vers naturels dans la pièce, et on admirait ce naturel qui approche du bas, parcequ'on ne connaissait point encore celui qui touche au sublime.

En général, le style de Mairet est ou ampoulé ou bourgeois. Ici c'est un officier du roi Massinisse qui, en annonçant que Sophonisbe est morte empoisonnée, dit au roi :

> Si votre majesté desire qu'on lui montre
> Ce pitoyable objet, il est ici tout contre ;
> La porte de sa chambre est à deux pas d'ici,
> Et vous le pourrez voir de l'endroit que voici.

Là c'est Massinisse qui, en voyant Sophonisbe expirée, s'écrie, en s'adressant aux yeux de cette beauté :

> Vous avez donc perdu ces puissantes merveilles
> Qui déroboient les cœurs et charmoient les oreilles,
> Clair soleil, la terreur d'un injuste sénat,
> Et dont l'aigle romain n'a pu souffrir l'éclat !
> Doncques votre lumière a donné de l'ombrage, etc.

On ne faisait guère alors autrement des vers.

Dans ce chaos à peine débrouillé de la tragédie naissante, on voyait pourtant des lueurs de génie; mais sur-tout ce qui soutint si long-temps la pièce de Mairet, c'est qu'il y a de la vraie passion. Elle fut représentée sur la fin de 1634, trois ans avant *le Cid*, et enleva tous les suffrages. Les succès, en tout genre, dépendent de l'esprit du siècle : le médiocre est admiré dans un temps d'ignorance; le bon est tout au plus approuvé dans un temps éclairé.

On fera peu de remarques grammaticales sur la *Sophonisbe* de Corneille, et on tâchera de démêler les véritables causes qui excluent cette pièce du théâtre.

PRÉFACE DE CORNEILLE.

AU LECTEUR.

Cette pièce m'a fait connoître qu'il n'y a rien de si pénible que de mettre sur le théâtre un sujet qu'un autre y a déja fait réussir; mais aussi j'ose dire qu'il n'y a rien de si glorieux quand on s'en acquitte dignement. C'est un double travail d'avoir tout ensemble à éviter les ornements dont s'est saisi celui qui nous a prévenus, et à faire effort pour en trouver d'autres qui puissent tenir leur place. Depuis trente ans que M. Mairet a fait admirer sa *Sophonisbe* sur notre théâtre, elle y dure encore; et il ne faut point de marque plus convaincante de son mérite que cette durée, qu'on peut nommer une ébauche, ou plutôt des arrhes de l'immortalité qu'elle assure à son illustre auteur: et certainement il faut avouer qu'elle a des endroits inimitables, et qu'il seroit dangereux de retâter après lui. Le démêlé de Scipion avec[1] Massinisse, et le désespoir de ce prince, sont de ce nombre : il est impossible de penser rien de plus juste, et très difficile de l'exprimer plus heureusement. L'un et l'autre sont de son invention : je n'y pouvois toucher sans lui faire un larcin ; et si j'avois été d'humeur à me le permettre, le peu d'espérance de l'égaler me l'auroit défendu. J'ai cru plus à propos de respecter sa gloire, et de ménager la mienne, par une scrupuleuse exactitude à m'écarter de sa route, pour ne laisser aucun lieu de dire, ni que je sois demeuré au-dessous de lui, ni que j'aie prétendu m'élever au-dessus, puisqu'on ne peut faire aucune comparaison entre des choses où l'on ne voit aucune concurrence. Si j'ai conservé les cir-

[1] On voit que Corneille était alors raccommodé avec Mairet, ou qu'il craignait de choquer le public, qui aimait toujours l'ancienne *Sophonisbe*. C'est dans cette scène, où Scipion fait à Massinisse des reproches de sa faiblesse, qu'on trouve ce vers énergique :

Massinisse en un jour voit, aime, et se marie !

Ce vers est la critique de tant d'amours de théâtre, qui commencent au premier acte, et qui produisent un mariage au dernier.

constances qu'il a changées, et changé celles qu'il a conservées, c'a été par le seul dessein de faire autrement, sans ambition de faire mieux. C'est ainsi qu'en usoient nos anciens, qui traitoient d'ordinaire les mêmes sujets. La mort de Clytemnestre en peut servir d'exemple : nous la voyons encore chez Eschyle, chez Sophocle, et chez Euripide, tuée par son fils Oreste ; mais chacun d'eux a choisi diverses manières pour arriver à cet événement, qu'aucun des trois n'a voulu changer, quelque cruel et dénaturé qu'il fût ; et c'est sur quoi notre Aristote en a établi le précepte. Cette noble et laborieuse émulation a passé de leur siècle jusqu'au nôtre au travers de plus de deux mille ans qui les séparent. Feu M. Tristan a renouvelé *Marianne* et *Panthée* sur les pas du défunt sieur Hardi. Le grand éclat que M. de Scudéry a donné à sa *Didon* n'a point empêché que M. de Boisrobert n'en ait fait voir une autre trois ou quatre ans après, sur une disposition qui lui en avoit été donnée, à ce qu'il disoit, par M. l'abbé d'Aubignac. A peine la *Cléopâtre* de M. de Benserade a paru, qu'elle a été suivie du *Marc-Antoine* de M. Mairet, qui n'est que le même sujet sous un autre titre. Sa *Sophonisbe* même n'a pas été la première qui ait ennobli les théâtres des derniers temps : celle du Trissin l'avoit précédée en Italie, et celle du sieur de Mont-Chrétien en France; et je voudrois que quelqu'un se voulût divertir à retoucher *le Cid* ou *les Horaces* avec autant de retenue pour ma conduite et pour mes pensées que j'en ai eu pour celles de M. Mairet.

Vous trouverez en cette tragédie les caractères tels que chez Tite-Live; vous y verrez Sophonisbe avec le même attachement aux intérêts de son pays, et la même haine pour Rome qu'il lui attribue. Je lui prête un peu d'amour; mais elle règne sur lui, et ne daigne l'écouter qu'autant qu'il peut servir à ses passions dominantes, qui régnent sur elle, et à qui elle sacrifie toutes les tendresses de son cœur, Massinisse, Syphax, et sa propre vie. Elle en fait son unique bonheur, et en soutient la gloire avec une fierté si noble et si élevée, que Lælius est contraint d'avouer lui-même qu'elle méritoit d'être née Romaine.

Elle n'avoit point abandonné Syphax après deux défaites ; elle étoit prête à s'ensevelir avec lui sous les ruines de sa capitale, s'il y fût revenu s'enfermer avec elle après la perte d'une troisième bataille ! mais elle vouloit qu'il mourût plutôt que d'accepter l'ignominie des fers et du triomphe où le réservoient les Romains ; et elle avoit d'autant plus de droit d'attendre de lui cet effort de magnanimité, qu'elle s'étoit résolue à prendre ce parti pour elle, et qu'en Afrique c'étoit la coutume des rois de porter toujours sur eux du poison très violent, pour s'épargner la honte de tomber vivants entre les mains de leurs ennemis. Je ne sais si ceux qui l'ont blâmée de traiter avec trop de hauteur ce malheureux prince après sa disgrace, ont assez conçu la mortelle horreur qu'a dû exciter en cette grande ame la vue de ces fers qu'il lui apporte à partager ; mais du moins ceux qui ont eu peine à souffrir qu'elle eût deux maris vivants ne se sont pas souvenus que les lois de Rome vouloient que le mariage se rompît par la captivité. Celles de Carthage nous sont fort peu connues ; mais il y a lieu de présumer, par l'exemple même de Sophonisbe, qu'elles étoient encore plus faciles à ces ruptures. Asdrubal, son père, l'avoit mariée à Massinisse avant que d'emmener ce jeune prince en Espagne, où il commandoit les armées de cette république; et néanmoins, durant le séjour qu'ils y firent, les Carthaginois la marièrent de nouveau à Syphax, sans user d'aucune formalité ni envers ce premier mari, ni envers ce père, qui demeura extrêmement surpris et irrité de l'outrage qu'ils avoient fait à sa fille et à son gendre. C'est ainsi que mon auteur appelle Massinisse, et c'est là-dessus que je le fais se fonder ici pour se ressaisir de Sophonisbe sans l'autorité des Romains, comme d'une femme qui étoit déja à lui, et qu'il avoit épousée avant qu'elle fût à Syphax.

On s'est mutiné toutefois contre ces deux maris; et je m'en suis étonné d'autant plus que l'année dernière je ne m'aperçus point qu'on se scandalisât de voir, dans le *Sertorius*, Pompée mari de deux femmes vivantes, dont l'une venoit chercher un second mari aux yeux mêmes de ce premier[1]. Je ne vois aucune apparence d'imputer cette inégalité de sentiments à l'ignorance du siècle, qui ne peut avoir oublié en moins d'un an cette facilité que les anciens avoient donnée aux divorces, dont il étoit si bien instruit alors; mais il y auroit quelque lieu de s'en prendre à ceux qui, sachant mieux la *Sophonisbe* de M. Mairet que celle de Tite-Live, se sont hâtés de condamner en la mienne tout ce qui n'étoit pas de leur connoissance, et n'ont pu faire cette réflexion, que la mort de Syphax étoit une fiction de M. Mairet, dont je ne pouvois me servir sans faire un pillage sur lui, et comme un attentat sur sa gloire. Sa *Sophonisbe* est à lui ; c'est son bien qu'il ne faut pas lui envier : mais celle de Tite-Live est à tout le monde. Le Trissin et Mont-Chrétien, qui l'ont fait revivre avant nous, n'ont assassiné aucun des deux rois : j'ai cru qu'il m'étoit permis de n'être pas plus cruel, et de garder la même fidélité à une histoire assez connue parmi ceux qui ont quel-

[1] C'est qu'Aristie est répudiée, et on la plaint ; Sophonisbe ne l'est pas, et on la blâme.

que teinture des livres, pour nous convier à ne la démentir pas.

J'accorde qu'au lieu d'envoyer du poison à Sophonisbe, Massinisse devoit soulever les troupes qu'il commandoit dans l'armée, s'attaquer à la personne de Scipion, se faire blesser par ses gardes, et, tout percé de leurs coups, venir rendre les derniers soupirs aux pieds de cette princesse : c'eût été un amant parfait, mais ce n'eût pas été Massinisse. Que sait-on même si la prudence de Scipion n'avoit point donné de si bons ordres qu'aucun de ces emportements ne fût en son pouvoir? Je le marque assez pour en faire naître quelque pensée en l'esprit de l'auditeur judicieux et désintéressé, dont je laisse l'imagination libre sur cet article. S'il aime les héros fabuleux, il croira que Lælius et Éryxe, entrant dans le camp, y trouveront celui-ci mort de douleur, ou de sa main. Si les vérités lui plaisent davantage, il ne fera aucun doute qu'il ne s'y soit consolé aussi aisément que l'histoire nous en assure. Ce que je fais dire de son désespoir à Mézétulle s'accommode avec l'une et l'autre de ces idées ; et je n'ai peut-être encore fait rien de plus adroit pour le théâtre que de tirer le rideau sur des déplaisirs qui devoient être si grands, et eurent si peu de durée.

Quoi qu'il en soit, comme je ne sais que les règles d'Aristote et d'Horace, et ne les sais pas même trop bien, je ne hasarde pas volontiers en dépit d'elles ces agréments surnaturels et miraculeux, qui défigurent quelquefois nos personnages autant qu'ils les embellissent, et détruisent l'histoire au lieu de la corriger. Ces grands coups de maître passent ma portée ; je les laisse à ceux qui en savent plus que moi ; et j'aime mieux qu'on me reproche d'avoir fait mes femmes trop héroïnes, par une ignorante et basse affectation de les faire ressembler aux originaux qui en sont venus jusqu'à nous, que de m'entendre louer d'avoir efféminé mes héros par une docte et sublime complaisance au goût[1] de nos

[1] Ce n'est point Racine que Corneille désigne ici ; ce grand homme, qui n'a jamais efféminé ses héros, qui n'a traité l'amour que comme une passion dangereuse, et non comme une galanterie froide pour remplir un acte ou

délicats, qui veulent de l'amour par-tout, et ne permettent qu'à lui de faire auprès d'eux la bonne ou mauvaise fortune de nos ouvrages.

Éryxe n'a point ici l'avantage de cette ressemblance qui fait la principale perfection des por-

deux d'une intrigue languissante; Racine, dis-je, n'avait encore publié aucune pièce de théâtre : c'est de Quinault dont il est ici question. Le jeune Quinault venait de donner successivement *Stratonice*, *Amalasonte*, *le Faux Tibérinus*, *Astrate*. Cet *Astrate* sur-tout, joué dans le même temps que *Sophonisbe*, avait attiré tout Paris, tandis que *Sophonisbe* était négligée. Il y a de très belles scènes dans *Astrate*; il y règne sur-tout de l'intérêt : c'est ce qui fit son grand succès. Le public était las de pièces qui roulaient sur une politique froide, mêlée de raisonnements sur l'amour, et de compliments amoureux sans aucune passion véritable. On commençait aussi à s'apercevoir qu'il fallait un autre style que celui dont les dernières pièces de Corneille sont écrites : celui de Quinault était plus naturel et moins obscur. Enfin ses pièces eurent un prodigieux succès, jusqu'à ce que l'*Andromaque* de Racine les éclipsa toutes. Boileau commença à rendre l'*Astrate* ridicule, en se moquant de l'anneau royal, qui, en effet, est une invention puérile; mais il faut convenir qu'il y a de très belles scènes entre Sichée et Astrate [*].

[*] Voltaire le savait très bien, car il en a tiré parti dans *Sémiramis*, en les embellissant à la vérité beaucoup, comme il embellissait tout ce qu'il empruntait. P.

traits : c'est une reine de ma façon, de qui ce poëme reçoit un grand ornement, et qui pourroit toutefois y passer en quelque sorte pour inutile, n'étoit qu'elle ajoute des motifs vraisemblables aux historiques, et sert tout ensemble d'aiguillon à Sophonisbe pour précipiter son mariage, et de prétexte aux Romains pour n'y point consentir. Les protestations d'amour que semble lui faire Massinisse au commencement de leur premier entretien ne sont qu'une équivoque, dont le sens caché regarde cette autre reine. Ce qu'elle y répond fait voir qu'elle s'y méprend la première; et tant d'autres ont voulu s'y méprendre après elle, que je me suis cru obligé de vous en avertir.

Quand je ferai joindre cette tragédie à mes recueils, je pourrai l'examiner plus au long, comme j'ai fait les autres : cependant je vous demande pour sa lecture un peu de cette faveur qui doit toujours pencher du côté de ceux qui travaillent pour le public, avec une attention sincère qui vous empêche d'y voir ce qui n'y est pas, et vous y laisse voir tout ce que j'y fais dire.

PERSONNAGES.

SYPHAX, roi de Numidie.
MASSINISSE, autre roi de Numidie.
LÆLIUS, lieutenant de Scipion, consul de Rome.
LÉPIDE, tribun romain.
BOCCHAR, lieutenant de Syphax.
MÉZÉTULLE, lieutenant de Massinisse.
ALBIN, centenier romain.
SOPHONISBE, fille d'Asdrubal, général des Carthaginois, et reine de Numidie.
ÉRYXE, reine de Gétulie.
HERMINIE, dame d'honneur de Sophonisbe.
BARCÉE, dame d'honneur d'Éryxe.
PAGE de Sophonisbe.
GARDES.

La scène est à Cyrthe, capitale du royaume de Syphax, dans le palais du roi.

SOPHONISBE.

ACTE PREMIER.

SCÈNE I.

SOPHONISBE, BOCCHAR, HERMINIE.

BOCCHAR.

Madame, il étoit temps qu'il vous vînt du secours :
Le siége étoit formé, s'il eût tardé deux jours :
Les travaux commencés alloient à force ouverte
Tracer autour des murs l'ordre de votre perte ;
Et l'orgueil des Romains se promettoit l'éclat
D'asservir par leur prise et vous et tout l'état.
Syphax a dissipé, par sa seule présence,
De leur ambition la plus fière espérance.
Ses troupes, se montrant au lever du soleil,
Ont de votre ruine arrêté l'appareil.
A peine une heure ou deux elles ont pris haleine,
Qu'il les range en bataille au milieu de la plaine.
L'ennemi fait le même, et l'on voit des deux parts
Nos sillons hérissés de piques et de dards,
Et l'une et l'autre armée étaler même audace.

SOPHONISBE.

Égale ardeur de vaincre, et pareille menace.
L'avantage du nombre est dans notre parti ;
Ce grand feu des Romains en paroît ralenti ;
Du moins de Lælius la prudence inquiète
Sur le point du combat nous envoie un trompette :
On le mène à Syphax, à qui sans différer
De sa part il demande une heure à conférer.
Les otages reçus pour cette conférence,
Au milieu des deux camps l'un et l'autre s'avance ;
Et, si le ciel répond à nos communs souhaits,
Le champ de la bataille enfantera la paix.
Voilà ce que le roi m'a chargé de vous dire,
Et que de tout son cœur à la paix il aspire,
Pour ne plus perdre aucun de ces moments si doux
Que la guerre lui vole en l'éloignant de vous.

SOPHONISBE.

Le roi m'honore trop d'une amour si parfaite.
Dites-lui que j'aspire à la paix qu'il souhaite,
Mais que je le conjure, en cet illustre jour,
De penser à sa gloire encor plus qu'à l'amour[1].

---

[1] Vous voyez que l'exposition de la pièce est bien faite. On entre tout d'un coup en matière : on est occupé de grands objets ; les fautes de style, comme, *se promettre l'éclat d'asservir vous et l'état, étaler des menaces, envoyer un trompette, une heure à conférer*, sont des minuties, qu'il ne faut pas à la vérité négliger, mais qu'on ne doit pas reprendre sévèrement quand le beau est dominant.

SCÈNE II.

SOPHONISBE, HERMINIE.

HERMINIE.
Madame, ou j'entends mal une telle prière,
Ou vos vœux pour la paix n'ont pas votre ame entière;
Vous devez pourtant craindre un vainqueur irrité.
SOPHONISBE.
J'ai fait à Massinisse une infidélité.
Accepté par mon père, et nourri dans Carthage,
Tu vis en tous les deux l'amour croître avec l'âge.
Il porta dans l'Espagne et mon cœur et ma foi :
Mais durant cette absence on disposa de moi.
J'immolai ma tendresse au bien de ma patrie :
Pour lui gagner Syphax j'eusse immolé ma vie.
Il étoit aux Romains, et je l'en détachai ;
J'étois à Massinisse, et je m'en arrachai.
J'en eus de la douleur, j'en sentis de la gêne ;
Mais je servois Carthage, et m'en revoyois reine ;
Car, afin que le change eût pour moi quelque appas,
Syphax de Massinisse envahit les états,
Et mettoit à mes pieds l'une et l'autre couronne,
Quand l'autre étoit réduit à sa seule personne.
Ainsi contre Carthage et contre ma grandeur
Tu me vis n'écouter ni ma foi ni mon cœur.
HERMINIE.
Et vous ne craignez point qu'un amant ne se venge,
S'il faut qu'en son pouvoir sa victoire vous range ?

SOPHONISBE.

Nous vaincrons, Herminie; et nos destins jaloux [1]
Voudront faire à leur tour quelque chose pour nous :.
Mais si de ce héros je tombe en la puissance,
Peut-être aura-t-il peine à suivre sa vengeance,
Et que ce même amour qu'il m'a plu de trahir
Ne se trahira pas jusques à me haïr.
Jamais à ce qu'on aime on n'impute d'offense [2];
Quelque doux souvenir prend toujours sa défense.
L'amant excuse, oublie; et son ressentiment
A toujours malgré lui quelque chose d'amant.
Je sais qu'il peut s'aigrir, quand il voit qu'on le quitte
Par l'estime qu'on prend pour un autre mérite :
Mais lorsqu'on lui préfère un prince à cheveux gris,
Ce choix fait sans amour est pour lui sans mépris;
Et l'ordre ambitieux d'un hymen politique
N'a rien que ne pardonne un courage héroïque :

[1] Il y a des degrés dans le mauvais comme dans le bon. Cette tirade n'est pas de ce dernier degré qui étonne et qui révolte dans *Pertharite*, dans *Théodore*, dans *Attila*, dans *Agésilas;* mais si le plus plat des auteurs tragiques s'avisait de dire aujourd'hui, *nos destins jaloux voudront faire quelque chose pour nous à leur tour; un amour qu'il m'a plu de trahir ne se trahira pas jusqu'à me haïr*, etc., et, s'il étalait sans cesse tous ces misérables lieux communs de politique, y aurait-il assez de sifflets pour lui ?

[2] Le cœur est glacé dès cette scène. Ces dissertations sur l'amour, qui tiennent plus de la comédie que de la tragédie, ne conviennent ni à une femme qui aime véritablement, ni à une ambitieuse comme Sophonisbe; et Sophonisbe, qui, dans cette scène, trouve bon que Massinisse ne l'aime point, et qui ne veut pas qu'il en aime une autre, joue dès ce moment un personnage auquel on ne peut jamais s'intéresser.

ACTE I, SCÈNE II.

Lui-même il s'en console, et trompe sa douleur
A croire que la main n'a point donné le cœur.
　J'ai donc peu de sujet de craindre Massinisse;
J'en ai peu de vouloir que la guerre finisse;
J'espère en la victoire, ou du moins en l'appui
Que son reste d'amour me saura faire en lui :
Mais le reste du mien, plus fort qu'on ne présume,
Trouvera dans la paix une prompte amertume;
Et d'un chagrin secret la sombre et dure loi
M'y fait voir des malheurs qui ne sont que pour moi.

HERMINIE.

J'ai peine à concevoir que le ciel vous envoie
Des sujets de chagrin dans la commune joie,
Et par quel intérêt un tel reste d'amour
Vous fera des malheurs en ce bienheureux jour.

SOPHONISBE.

Ce reste ne va point à regretter sa perte,
Dont je prendrois encor l'occasion offerte;
Mais il est assez fort pour devenir jaloux
De celle dont la paix le doit faire l'époux.
Éryxe, ma captive, Érixe, cette reine
Qui des Gétuliens naquit la souveraine,
Eut aussi bien que moi des yeux pour ses vertus,
Et trouva de la gloire à choisir mon refus.
　Ce fut pour empêcher ce fâcheux hyménée
Que Syphax fit la guerre à cette infortunée,
La surprit dans sa ville, et fit en ma faveur
Ce qu'il n'entreprenoit que pour venger sa sœur;
Car tu sais qu'il l'offrit à ce généreux prince,
Et lui voulut pour dot remettre sa province.

SOPHONISBE.

HERMINIE.

Je comprends encor moins que vous peut importer
A laquelle des deux il daigne s'arrêter.
Ce fut, s'il m'en souvient, votre prière expresse
Qui lui fit par Syphax offrir cette princesse ;
Et je ne puis trouver matière à vos douleurs
Dans la perte d'un cœur que vous donniez ailleurs.

SOPHONISBE.

Je le donnois ce cœur où ma rivale aspire ;
Ce don, s'il l'eût souffert, eût marqué mon empire ;
Eût montré qu'un amant si maltraité par moi
Prenoit encor plaisir à recevoir ma loi.
Après m'avoir perdue, il auroit fait connoître
Qu'il vouloit m'être encor tout ce qu'il pouvoit m'être,
Se rattacher à moi par les liens du sang,
Et tenir de ma main la splendeur de son rang;
Mais s'il épouse Éryxe, il montre un cœur rebelle
Qui me néglige autant qu'il veut brûler pour elle,
Qui brise tous mes fers, et brave hautement
L'éclat de sa disgrace et de mon changement.

HERMINIE.

Certes, si je l'osois, je nommerois caprice
Ce trouble ingénieux à vous faire un supplice,
Et l'obstination des soucis superflus
Dont vous gêne ce cœur quand vous n'en voulez plus.

SOPHONISBE.

Ah ! que de notre orgueil tu sais mal la foiblesse,
Quand tu veux que son choix n'ait rien qui m'intéresse !
Des cœurs que la vertu renonce à posséder
La conquête toujours semble douce à garder;

Sa rigueur n'a jamais le dehors si sévère,
Que leur perte au-dedans ne lui devienne amère;
Et, de quelque façon qu'elle nous fasse agir,
Un esclave échappé nous fait toujours rougir [1].
Qui rejette un beau feu n'aime point qu'on l'éteigne :
On se plaît à régner sur ce que l'on dédaigne;
Et l'on ne s'applaudit d'un illustre refus
Qu'alors qu'on est aimée après qu'on n'aime plus.

Je veux donc, s'il se peut, que l'heureux Massinisse
Prenne tout autre hymen pour un affreux supplice;
Qu'il m'adore en secret; qu'aucune nouveauté
N'ose le consoler de ma déloyauté;
Ne pouvant être à moi, qu'il ne soit à personne,
Ou qu'il souffre du moins que mon seul choix le donne.
Je veux penser encor que j'en puis disposer,
Et c'est de quoi la paix me va désabuser.

---

[1] Cette petite coquetterie comique et cette nouvelle dissertation sur les femmes qui veulent toujours conserver leurs amants sont si déplacées, que la confidente a bien raison de lui dire respectueusement qu'elle est une capricieuse. Ce mot seul de *caprice* ôte au rôle de Sophonisbe toute la dignité qu'il devait avoir, détruit l'intérêt, et est un vice capital. Ajoutez à cette grande faute les défauts continuels de la diction, comme Éryxe qui avance la douleur de Sophonisbe par sa joie; une nouveauté qui n'ose consoler de la déloyauté; un illustre refus; une perte devenue amère au-dedans; Herminie qui ne comprend pas que peut importer à laquelle on veuille s'arrêter; un reste d'amour qui ne va point à regretter une perte dont on prendrait encore l'occasion offerte; et tout ce galimatias absurde qu'on ne remarqua pas assez dans un temps où le goût des Français n'était pas encore formé, et qu'on ne remarque guère aujourd'hui, parcequ'on ne lit pas avec attention, et surtout parceque personne ne lit les dernières pièces de Corneille.

Juge si j'aurai lieu d'en être satisfaite,
Et par ce que je crains vois ce que je souhaite.
    Mais Éryxe déja commence mon malheur,
Et me vient par sa joie avancer ma douleur.

SCÈNE III.

ÉRYXE, SOPHONISBE, HERMINIE, BARCÉE.

ÉRYXE.

Madame, une captive oseroit-elle prendre
Quelque part au bonheur que l'on nous vient d'apprendre?

SOPHONISBE.

Le bonheur n'est pas grand tant qu'il est incertain.

ÉRYXE.

On me dit que le roi tient la paix en sa main;
Et je n'ose douter qu'il ne l'ait résolue.

SOPHONISBE.

Pour être proposée elle n'est pas conclue;
Et les grands intérêts qu'il y faut ajuster
Demandent plus d'une heure à les bien concerter.

ÉRYXE.

Alors que des deux chefs la volonté conspire....

SOPHONISBE.

Que sert la volonté d'un chef qu'on peut dédire?
Il faut l'aveu de Rome, et que d'autre côté
Le sénat de Carthage accepte le traité.

ÉRYXE.

Lælius le propose; et l'on ne doit pas croire
Qu'au désaveu de Rome il hasarde sa gloire.

ACTE I, SCÈNE III.

Quant à votre sénat, le roi n'en dépend point.

SOPHONISBE.

Le roi n'a pas une ame infidèle à ce point;
Il sait à quoi l'honneur, à quoi sa foi l'engage;
Et je l'en dédirois, s'il traitoit sans Carthage.

ÉRYXE.

On ne m'avoit pas dit qu'il fallût votre aveu.

SOPHONISBE.

Qu'on vous l'ait dit ou non, il m'importe assez peu.

ÉRYXE.

Je le crois; mais enfin donnez votre suffrage,
Et je vous répondrai de celui de Carthage.

SOPHONISBE.

Avez-vous en ces lieux quelque commerce?

ÉRYXE.

Aucun.

SOPHONISBE.

D'où le savez-vous donc?

ÉRYXE.

D'un peu de sens commun.
On y doit être las de perdre des batailles,
Et d'avoir à trembler pour ses propres murailles.

SOPHONISBE.

Rome nous auroit donc appris l'art de trembler [1].
Annibal....

ÉRYXE.

Annibal a pensé l'accabler:
Mais ce temps-là n'est plus, et la valeur d'un homme....

---

[1] On n'avait pas mis encore la peur au rang des arts.

SOPHONISBE.
On ne voit point d'ici ce qui se passe à Rome [1].
En ce même moment peut-être qu'Annibal
Lui fait tout de nouveau craindre un assaut fatal,
Et que c'est pour sortir enfin de ces alarmes
Qu'elle nous fait parler de mettre bas les armes.

ÉRYXE.
Ce seroit pour Carthage un bonheur signalé.
Mais, madame, les dieux vous l'ont-ils révélé?
A moins que de leur voix, l'ame la plus crédule
D'un miracle pareil feroit quelque scrupule.

SOPHONISBE.
Des miracles pareils arrivent quelquefois.
J'ai vu Rome en état de tomber sous nos lois.
La guerre est journalière, et sa vicissitude
Laisse tout l'avenir dedans l'incertitude.

ÉRYXE.
Le passé le prépare, et le soldat vainqueur
Porte aux nouveaux combats plus de force et de cœur.

SOPHONISBE.
Et, si j'en étois crue, on auroit le courage
De ne rien écouter sur ce désavantage,
Et d'attendre un succès hautement emporté
Qui remît notre gloire en plus d'égalité.

[1] On sent bien que ce vers,

On ne voit point d'ici ce qui se passe à Rome,

est ridicule dans une tragédie. Si on voulait remarquer tous les mauvais vers, la peine serait trop grande, et serait perdue.

ÉRYXE.
On pourroit fort attendre.
SOPHONISBE.
Et durant cette attente
Vous pourriez n'avoir pas l'ame la plus contente.
ÉRYXE.
J'ai déja grand chagrin de voir que de vos mains
Mon sceptre a su passer en celles des Romains ;
Et qu'aujourd'hui, de l'air dont s'y prend Massinisse,
Le vôtre a grand besoin que la paix s'affermisse.
SOPHONISBE.
Quand de pareils chagrins voudront paroître au jour,
Si l'honneur vous est cher, cachez tout votre amour ;
Et voyez à quel point votre gloire est flétrie
D'aimer un ennemi de sa propre patrie,
Qui sert des étrangers dont par un juste accord
Il pouvoit nous aider à repousser l'effort.
ÉRYXE.
Dépouillé par votre ordre, ou par votre artifice,
Il sert vos ennemis pour s'en faire justice ;
Mais, si de les servir il doit être honteux,
Syphax sert, comme lui, des étrangers comme eux.
Si nous les voulions tous bannir de notre Afrique,
Il faudroit commencer par votre république,
Et renvoyer à Tyr, d'où vous êtes sortis,
Ceux par qui nos climats sont presque assujettis.
Nous avons lieu d'avoir pareille jalousie
Des peuples de l'Europe et de ceux de l'Asie ;
Ou, si le temps a pu vous naturaliser,

Le même cours du temps les peut favoriser.
J'ose vous dire plus. Si le destin s'obstine
A vouloir qu'en ces lieux leur victoire domine,
Comme vos Tyriens passent pour Africains,
Au milieu de l'Afrique il naîtra des Romains :
Et, si de ce qu'on voit nous croyons le présage,
Il en pourra bien naître au milieu de Carthage
Pour qui notre amitié n'aura rien de honteux,
Et qui sauront passer pour Africains comme eux.

SOPHONISBE.

Vous parlez un peu haut.

ÉRYXE.

Je suis amante et reine.

SOPHONISBE.

Et captive, de plus.

ÉRYXE.

On va briser ma chaîne,
Et la captivité ne peut abattre un cœur
Qui se voit assuré de celui du vainqueur.
Il est tel dans vos fers que sous mon diadème :
N'outragez plus ce prince, il a ma foi, je l'aime;
J'ai la sienne, et j'en sais soutenir l'intérêt.
Du reste, si la paix vous plaît, ou vous déplaît,
Ce n'est pas mon dessein d'en pénétrer la cause.
La bataille et la paix sont pour moi même chose.
L'une ou l'autre aujourd'hui finira mes ennuis;
Mais l'une vous peut mettre en l'état où je suis.

SOPHONISBE.

Je pardonne au chagrin d'un si long esclavage,
Qui peut avec raison vous aigrir le courage,

ACTE I, SCÈNE III.

Et voudrois vous servir malgré ce grand courroux.

ÉRYXE.

Craignez que je ne puisse en dire autant de vous.
Mais le roi vient, adieu; je n'ai pas l'imprudence
De m'offrir pour troisième à votre conférence;
Et d'ailleurs, s'il vous vient demander votre aveu,
Soit qu'il l'obtienne, ou non, il m'importe fort peu[1].

[1] Cette conversation politique entre deux femmes, leurs petites picoteries, n'élèvent l'ame du spectateur, ni ne la remuent; et le lecteur est rebuté de voir à tout moment de ces vers de comédie que Corneille s'est permis dans toutes ses pièces depuis *Cinna*, et que le succès constant de *Cinna* devait l'engager à proscrire de son style. On pourrait observer les solécismes, les barbarismes de ces deux femmes, et, ce qui est bien plus impardonnable, leur langage trivial et comique.

Il n'est pas permis de mettre dans une tragédie des vers tels que ceux-ci :

> Avez-vous en ces lieux quelque commerce? — Aucun. —
> D'où le savez-vous donc? — D'un peu de sens commun....
> On pourroit fort attendre. — Et durant cette attente,
> Vous pourriez n'avoir pas l'ame la plus contente....
> On ne voit point d'ici ce qui se passe à Rome. —
> Mais, madame, les dieux vous l'ont-ils révélé? —
> .... L'ame la plus crédule
> D'un miracle pareil feroit quelque scrupule. —
> .... Un succès hautement emporté,
> Qui mettroit notre gloire en plus d'égalité. —
> Du reste, si la paix vous plaît ou vous déplaît....
> La bataille et la paix sont pour moi même chose, etc., etc.

C'est là ce que Saint-Évremond appelle parler avec dignité, c'est la véritable tragédie : et l'*Andromaque* de Racine est à ses yeux une pièce dans laquelle il y a des choses qui approchent du bon! Tel est le préjugé; telle est l'envie secrète qu'on porte au mérite nouveau sans presque s'en apercevoir. Saint-Évremond était né après Corneille, et avait vu naître Racine. Osons dire qu'il n'était digne

SCÈNE IV.

SYPHAX, SOPHONISBE, HERMINIE, BOCCHAR.

SOPHONISBE.

Eh bien! seigneur, la paix, l'avez-vous résolue?

SYPHAX.

Vous en êtes encor la maîtresse absolue,
Madame; et je n'ai pris trêve pour un moment,
Qu'afin de tout remettre à votre sentiment.
On m'offre le plein calme, on m'offre de me rendre
Ce que dans mes états la guerre a fait surprendre,
L'amitié des Romains que pour vous j'ai trahis.

SOPHONISBE.

Et que vous offre-t-on, seigneur, pour mon pays?

SYPHAX.

Loin d'exiger de moi que j'y porte mes armes,
On me laisse aujourd'hui tout entier à vos charmes;
On demande que, neutre en ces dissentions,
Je laisse aller le sort de vos deux nations.

SOPHONISBE.

Et ne pourroit-on point vous en faire l'arbitre?

SYPHAX.

Le ciel sembloit m'offrir un si glorieux titre,
Alors qu'on vit dans Cyrthe entrer d'un pas égal,
D'un côté Scipion, et de l'autre Asdrubal.

de juger ni l'un ni l'autre. Il n'y a peut-être jamais eu de réputation plus usurpée que celle de Saint-Évremond.

Je vis ces deux héros, jaloux de mon suffrage,
Le briguer, l'un pour Rome, et l'autre pour Carthage :
Je les vis à ma table, et sur un même lit ;
Et comme ami commun j'aurois eu tout crédit.
Votre beauté, madame, emporta la balance.
De Carthage pour vous j'embrassai l'alliance ;
Et, comme on ne veut point d'arbitre intéressé,
C'est beaucoup aux vainqueurs d'oublier le passé.
En l'état où je suis, deux batailles perdues,
Mes villes la plupart surprises ou rendues,
Mon royaume d'argent et d'hommes affoibli,
C'est beaucoup de me voir tout d'un coup rétabli.
Je reçois sans combat le prix de la victoire ;
Je rentre sans péril en ma première gloire ;
Et, ce qui plus que tout a lieu de m'être doux,
Il m'est permis enfin de vivre auprès de vous.

SOPHONISBE.

Quoi que vous résolviez, c'est à moi d'y souscrire ;
J'oserai toutefois m'enhardir à vous dire
Qu'avec plus de plaisir je verrois ce traité,
Si j'y voyois pour vous, ou gloire, ou sûreté.
Mais, seigneur, m'aimez-vous encor ?

SYPHAX.

        Si je vous aime ?

SOPHONISBE.

Oui, m'aimez-vous encor, seigneur ?

SYPHAX.

        Plus que moi-même.

SOPHONISBE.

Si mon amour égal rend vos jours fortunés,

Vous souvient-il encor de qui vous le tenez?
SYPHAX.
De vos bontés, madame.
SOPHONISBE.
Ah! cessez, je vous prie,
De faire en ma faveur outrage à ma patrie.
Un autre avoit le choix de mon père et le mien,
Elle seule pour vous rompit ce doux lien.
Je brûlois d'un beau feu, je promis de l'éteindre;
J'ai tenu ma parole, et j'ai su m'y contraindre.
Mais vous ne tenez pas, seigneur, à vos amis
Ce qu'acceptant leur don vous leur avez promis;
Et, pour ne pas user vers vous d'un mot trop rude,
Vous montrez pour Carthage un peu d'ingratitude.

Quoi! vous, qui lui devez ce bonheur de vos jours,
Vous, que mon hyménée engage à son secours,
Vous, que votre serment attache à sa défense,
Vous manquez de parole et de reconnoissance!
Et, pour remerciement de me voir en vos mains,
Vous la livrez vous-même en celles des Romains!
Vous brisez le pouvoir dont vous m'avez reçue,
Et je serai le prix d'une amitié rompue,
Moi qui, pour en étreindre à jamais les grands nœuds,
Ai d'un amour si juste éteint les plus beaux feux!
Moi, que vous protestez d'aimer plus que vous-même!
Ah! seigneur, le dirai-je? est-ce ainsi que l'on m'aime?
SYPHAX.
Si vous m'aimiez, madame, il vous seroit bien doux
De voir comme je veux ne vous devoir qu'à vous;
Vous ne vous plairiez pas à montrer dans votre ame

Les restes odieux d'une première flamme,
D'un amour dont l'hymen qu'on a vu nous unir
Devroit avoir éteint jusques au souvenir.
Vantez-moi vos appas, montrez avec courage
Ce prix impérieux dont m'achéte Carthage;
Avec tant de hauteur prenez son intérêt,
Qu'il me faille en esclave agir comme il lui plaît;
Au moindre soin des miens traitez-moi d'infidèle,
Et ne me permettez de régner que sous elle :
Mais épargnez ce comble aux malheurs que je crains,
D'entendre aussi vanter ces beaux feux mal éteints,
Et de vous en voir l'ame encor tout obsédée
En ma présence même en caresser l'idée.

SOPHONISBE.

Je m'en souviens, seigneur, lorsque vous oubliez
Quels vœux mon changement vous a sacrifiés;
Et saurai l'oublier, quand vous ferez justice
A ceux qui vous ont fait un si grand sacrifice.
Au reste, pour ouvrir tout mon cœur avec vous,
Je n'aime point Carthage à l'égal d'un époux;
Mais, bien que moins soumise à son destin qu'au vôtre,
Je crains également et pour l'un et pour l'autre;
Et ce que je vous suis ne sauroit empêcher
Que le plus malheureux ne me soit le plus cher.
  Jouissez de la paix qui vous vient d'être offerte,
Tandis que j'irai plaindre et partager sa perte;
J'y mourrai sans regret, si mon dernier moment
Vous laisse en quelque état de régner sûrement.
Mais Carthage détruite, avec quelle apparence
Oserez-vous garder cette fausse espérance?

Rome, qui vous redoute et vous flatte aujourd'hui,
Vous craindra-t-elle encor, vous voyant sans appui,
Elle qui de la paix ne jette les amorces
Que par le seul besoin de séparer nos forces,
Et qui dans Massinisse, et voisin, et jaloux,
Aura toujours de quoi se brouiller avec vous?
Tous deux vous devront tout. Carthage abandonnée
Vaut pour l'un et pour l'autre une grande journée.
Mais un esprit aigri n'est jamais satisfait
Qu'il n'ait vengé l'injure en dépit du bienfait.
Pensez-y : votre armée est la plus forte en nombre ;
Les Romains ont tremblé dès qu'ils en ont vu l'ombre ;
Utique à l'assiéger retient leur Scipion :
Un temps bien pris peut tout, pressez l'occasion.
De ce chef éloigné la valeur peu commune
Peut-être à sa personne attache leur fortune ;
Il tient auprès de lui la fleur de leurs soldats.
En tout événement Cyrthe vous tend les bras ;
Vous tiendrez, et long-temps, dedans cette retraite.
Mon père cependant répare sa défaite ;
Hannon a de l'Espagne amené du secours ;
Annibal vient lui-même ici dans peu de jours.
Si tout cela vous semble un léger avantage,
Renvoyez-moi, seigneur, me perdre avec Carthage :
J'y périrai sans vous ; vous régnerez sans moi.
Vous préserve le ciel de ce que je prévoi !
Et daigne son courroux, me prenant seule en butte,
M'exempter par ma mort de pleurer votre chute !

SYPHAX.

A des charmes si forts joindre celui des pleurs !

ACTE I, SCÈNE IV.

Soulever contre moi ma gloire et vos douleurs !
C'est trop, c'est trop, madame ; il faut vous satisfaire.
Le plus grand des malheurs seroit de vous déplaire ;
Et tous mes sentiments veulent bien se trahir
A la douceur de vaincre ou de vous obéir.
La paix eût sur ma tête assuré ma couronne ;
Il faut la refuser, Sophonisbe l'ordonne ;
Il faut servir Carthage, et hasarder l'état.
Mais que deviendrez-vous, si je meurs au combat ?
Qui sera votre appui, si le sort des batailles
Vous rend un corps sans vie au pied de nos murailles ?

SOPHONISBE.

Je vous répondrois bien qu'après votre trépas
Ce que je deviendrai ne vous regarde pas :
Mais j'aime mieux, seigneur, pour vous tirer de peine,
Vous dire que je sais vivre et mourir en reine.

SYPHAX.

N'en parlons plus, madame. Adieu : pensez à moi,
Et je saurai pour vous vaincre, ou mourir en roi [1].

---

[1] Cette scène devrait être intéressante et sublime. Sophonisbe veut forcer son mari à prendre le parti de Carthage contre les Romains. C'est un grand objet, et digne de Corneille, si cet objet n'est pas rempli, c'est en partie la faute du style : c'est cette répétition, *M'aimez-vous, seigneur ?.... Oui, m'aimez-vous encore ?* c'est cette imitation du discours de Pauline à Polyeucte :

> Moi qui, pour en étreindre à jamais les grands nœuds,
> Ai d'un amour si juste éteint les plus beaux feux !

Imitation mauvaise : car le sacrifice que Pauline a fait de son amour pour Sévère est touchant ; et le sacrifice de Massinisse, que Sophonisbe a fait à l'ambition, est d'un genre tout différent. Enfin Syphax est faible; Sophonisbe veut gouverner son mari. La scène n'est pas assez fortement écrite, et tout est froid.

Je ne parle point de *Carthage abandonnée*, qui *vaut pour l'un et pour l'autre une grande journée;* je ne parle pas du style, qui devrait réparer les vices du fonds, et qui les augmente.

FIN DU PREMIER ACTE.

ACTE SECOND[1].

SCÈNE I.

ÉRYXE, BARCÉE.

ÉRYXE.

Quel désordre, Barcée, ou plutôt quel supplice,
M'apprêtoit la victoire à revoir Massinisse !
Et que de mon destin l'obscure trahison
Sur mes souhaits remplis a versé de poison !

---

[1] On retrouve dans ce second acte des étincelles du feu qui avait animé l'auteur de *Cinna* et de *Polyeucte*, etc. Cependant la pièce de Corneille n'eut qu'un médiocre succès, et la *Sophonisbe* de Mairet continua à être représentée. Je crois en trouver la raison jusque dans les beaux endroits même de la *Sophonisbe* de Corneille. Éryxe, cette ancienne maîtresse de Massinisse, démêle très bien l'amour de Massinisse pour sa rivale; tout ce qu'elle dit est vrai, mais ce vrai ne peut toucher. Elle annonce elle-même que Sophonisbe est aimée; dès-lors plus d'incertitude dans l'esprit du spectateur, plus de suspension, plus de crainte. Mairet avait eu l'art de tenir les esprits en suspens : on ne sait d'abord chez lui si Massinisse pardonnera ou non à sa captive. C'est beaucoup que, dans le temps grossier où Mairet écrivait, il devinât ce grand art d'intéresser. Sa pièce était, à la vérité, remplie de vers de comédie et de longues déclamations; mais ce goût subsista très long-temps, et il n'y avait qu'un petit nombre d'esprits éclairés qui s'aperçussent de ces dé-

Syphax est prisonnier; Cyrthe tout éperdue
A ce triste spectacle aussitôt s'est rendue.
Sophonisbe, en dépit de toute sa fierté,
Va gémir à son tour dans la captivité :
Le ciel finit la mienne, et je n'ai plus de chaînes
Que celles qu'avec gloire on voit porter aux reines;
Et, lorsqu'aux mêmes fers je crois voir mon vainqueur,
Je doute, en le voyant, si j'ai part en son cœur !

En vain l'impatience à le chercher m'emporte,
En vain de ce palais je cours jusqu'à la porte,
Et m'ose figurer, en cet heureux moment,
Sa flamme impatiente et forte également :
Je l'ai vu, mais surpris, mais troublé de ma vue;
Il n'étoit point lui-même alors qu'il m'a reçue;
Et ses yeux égarés marquoient un embarras
A faire assez juger qu'il ne me cherchoit pas.

---

fauts. On aimait encore, ainsi que nous l'avons remarqué souvent, ces longues tirades raisonnées qui, à l'aide de cinq ou six vers pompeux, et de la déclamation ampoulée d'un acteur, subjuguaient l'imagination d'un parterre, alors peu instruit, qui admirait ce qu'il entendait et ce qu'il n'entendait pas. Des vers durs, entortillés, obscurs, passaient à la faveur de quelques vers heureux. On ne connaissait pas la pureté et l'élégance continue du style.

La pièce de Mairet subsista donc, ainsi que plusieurs ouvrages de Desmarets, de Tristan, de Du Ryer, de Rotrou, jusqu'à ce que le goût du public fût formé.

La *Sophonisbe* de Corneille tomba ensuite comme les autres pièces de tous ces auteurs; elle est plus fortement écrite, mais non plus purement; et, avec l'incorrection et l'obscurité du style, elle a le grand défaut d'être absolument sans intérêt, comme le lecteur peut le sentir à chaque page.

ACTE II, SCÈNE I.

J'ai vanté sa victoire, et je me suis flattée
Jusqu'à m'imaginer que j'étois écoutée :
Mais, quand pour me répondre il s'est fait un effort,
Son compliment au mien n'a point eu de rapport;
Et j'ai trop vu par là qu'un si profond silence
Attachoit sa pensée ailleurs qu'à ma présence,
Et que l'emportement d'un entretien secret
Sous un front attentif cachoit l'esprit distrait.

BARCÉE.

Les soins d'un conquérant vous donnent trop d'alarmes.
C'est peu que devant lui Cyrthe ait mis bas les armes,
Qu'elle se soit rendue, et qu'un commun effroi
L'ait fait à tout son peuple accepter pour son roi :
Il lui faut s'assurer des places et des portes,
Pour en demeurer maître y poster ses cohortes;
Ce devoir se préfère aux soucis les plus doux;
Et, s'il en étoit quitte, il seroit tout à vous.

ÉRYXE.

Il me l'a dit lui-même alors qu'il m'a quittée;
Mais j'ai trop vu d'ailleurs son ame inquiétée;
Et, de quelque couleur que tu couvres ses soins,
Sa nouvelle conquête en occupe le moins.
Sophonisbe, en un mot, et captive et pleurante,
L'emporte sur Éryxe et reine et triomphante;
Et, si je m'en rapporte à l'accueil différent,
Sa disgrace peut plus qu'un sceptre qu'on me rend.

Tu l'as pu remarquer. Du moment qu'il l'a vue,
Ses troubles ont cessé, sa joie est revenue :
Ces charmes à Carthage autrefois adorés
Ont soudain réuni ses regards égarés.

SOPHONISBE.

Tu l'as vue étonnée, et tout ensemble altière,
Lui demander l'honneur d'être sa prisonnière,
Le prier fièrement qu'elle pût en ses mains
Éviter le triomphe et les fers des Romains.
Son orgueil, que ses pleurs sembloient vouloir dédire,
Trouvoit l'art en pleurant d'augmenter son empire;
Et sûre du succès, dont cet art répondoit,
Elle prioit bien moins qu'elle ne commandoit.
Aussi sans balancer il a donné parole
Qu'elle ne seroit point traînée au Capitole,
Qu'il en sauroit trouver un moyen assuré;
En lui tendant la main sur l'heure il l'a juré,
Et n'eût pas borné là son ardeur renaissante,
Mais il s'est souvenu qu'enfin j'étois présente;
Et les ordres qu'aux siens il avoit à donner
Ont servi de prétexte à nous abandonner.

Que dis-je? pour moi seule affectant cette fuite,
Jusqu'au fond du palais des yeux il l'a conduite;
Et, si tu t'en souviens, j'ai toujours soupçonné
Que cet amour jamais ne fut déraciné.
Chez moi, dans Hyarbée, où le mien trop facile
Prêtoit à sa déroute un favorable asile,
Détrôné, vagabond, et sans appui que moi,
Quand j'ai voulu parler contre ce cœur sans foi,
Et qu'à cette infidèle imputant sa misère,
J'ai cru surprendre un mot de haine ou de colère,
Jamais son feu secret n'a manqué de détours
Pour me forcer moi-même à changer de discours;
Ou, si je m'obstinois à le faire répondre,
J'en tirois pour tout fruit de quoi mieux me confondre.

ACTE II, SCÈNE I.

Et je n'en arrachois que de profonds hélas,
Et qu'enfin son amour ne la méritoit pas.
Juge, par ces soupirs que produisoit l'absence,
Ce qu'à leur entrevue a produit la présence.

BARCÉE.

Elle a produit sans doute un effet de pitié
Où se mêle peut-être une ombre d'amitié.
Vous savez qu'un cœur noble et vraiment magnanime,
Quand il bannit l'amour, aime à garder l'estime;
Et que, bien qu'offensé par le choix d'un mari,
Il n'insulte jamais à ce qu'il a chéri.
Mais, quand bien vous auriez tout lieu de vous en plaindre,
Sophonisbe, après tout, n'est point pour vous à craindre;
Eût-elle tout son cœur, elle l'auroit en vain,
Puisqu'elle est hors d'état de recevoir sa main.
Il vous la doit, madame.

ÉRYXE.

Il me la doit, Barcée :
Mais que sert une main par le devoir forcée?
Et qu'en auroit le don pour moi de précieux,
S'il faut que son esclave ait son cœur à mes yeux?
Je sais bien que des rois la fière destinée
Souffre peu que l'amour règle leur hyménée,
Et que leur union, souvent pour leur malheur,
N'est que du sceptre au sceptre, et non du cœur au cœur :
Mais je suis au-dessus de cette erreur commune;
J'aime en lui sa personne autant que sa fortune;
Et je n'en exigeai qu'il reprît ses états
Que de peur que mon peuple en fît trop peu de cas.
Des actions des rois ce téméraire arbitre

SOPHONISBE.

Dédaigne insolemment ceux qui n'ont que le titre.
Jamais d'un roi sans trône il n'eût souffert la loi,
Et ce mépris peut-être eût passé jusqu'à moi.
Il falloit qu'il lui vît sa couronne à la tête,
Et que ma main devînt sa dernière conquête,
Si nous voulions régner avec l'autorité
Que le juste respect doit à la dignité.
  J'aime donc Massinisse, et je prétends qu'il m'aime :
Je l'adore, et je veux qu'il m'adore de même;
Et pour moi son hymen seroit un long ennui,
S'il n'étoit tout à moi, comme moi toute à lui.
Ne t'étonne donc point de cette jalousie
Dont à ce froid abord mon ame s'est saisie;
Laisse-la-moi souffrir, sans me la reprocher;
Sers-la, si tu le peux, et m'aide à la cacher.
Pour juste aux yeux de tous qu'en puisse être la cause,
Une femme jalouse à cent mépris s'expose;
Plus elle fait de bruit, moins on en fait d'état,
Et jamais ses soupçons n'ont qu'un honteux éclat.
Je veux donner aux miens une route diverse,
A ces amants suspects laisser libre commerce,
D'un œil indifférent en regarder le cours,
Fuir toute occasion de troubler leurs discours,
Et d'un hymen douteux éviter le supplice,
Tant que je douterai du cœur de Massinisse.
Le voici : nous verrons, par son empressement,
Si je me suis trompée en ce pressentiment[1].

---

[1] On sent, dans cette scène, combien Éryxe est froide et rebutante :

    J'aime donc Massinisse, et je prétends qu'il m'aime,

SCÈNE II.

MASSINISSE, ÉRYXE, BARCÉE, MÉZÉTULLE.

MASSINISSE.

Enfin, maître absolu des murs et de la ville,
Je puis vous rapporter un esprit plus tranquille,
Madame, et voir céder en ce reste du jour
Les soins de la victoire aux douceurs de l'amour.
Je n'aurois plus sujet d'aucune inquiétude,
N'étoit que je ne puis sortir d'ingratitude,
Et que dans mon bonheur il n'est pas bien en moi
De m'acquitter jamais de ce que je vous doi.
Les forces qu'en mes mains vos bontés ont remises,
Vous ont laissée en proie à de lâches surprises,
Et me rendoient ailleurs ce qu'on m'avoit ôté,

>Je l'adore, et je veux qu'il m'adore de même....
>Pour juste aux yeux de tous qu'en puisse être la cause,
>Une femme jalouse à cent mépris s'expose.
>Plus elle fait de bruit, moins on en fait d'état.

Est-ce là une comédie de Montfleuri? est-ce une tragédie de Corneille?

' Cette scène est aussi froide et aussi comiquement écrite que la précédente. Massinisse est non seulement le maître de la ville, mais aussi des murs. *Il voit céder les soins de la victoire aux douceurs de l'amour en ce reste du jour. Il n'auroit plus sujet d'aucune inquiétude, n'étoit qu'il ne peut sortir d'ingratitude.* Quand on fait parler ainsi ses héros, il faut se taire. Éryxe dit autant de sottises que Massinisse : j'appelle hardiment les choses par leur nom ; et j'ai cette hardiesse parceque j'idolâtre les beaux morceaux du *Cid*, d'*Horace*, de *Cinna*, de *Polyeucte*, et de *Pompée*.

Tandis qu'on vous ôtoit et sceptre et liberté.
Ma première victoire a fait votre esclavage;
Celle-ci, qui le brise, est encor votre ouvrage;
Mes bons destins par vous ont eu tout leur effet,
Et je suis seulement ce que vous m'avez fait.
Que peut donc tout l'effort de ma reconnoissance,
Lorsque je tiens de vous ma gloire et ma puissance?
Et que vous puis-je offrir que votre propre bien,
Quand je vous offrirai votre sceptre et le mien?

ÉRYXE.

Quoi qu'on puisse devoir, aisément on s'acquitte,
Seigneur, quand on se donne avec tant de mérite :
C'est un rare présent qu'un véritable roi
Qu'a rendu sa victoire enfin digne de moi.
Si dans quelques malheurs pour vous je suis tombée,
Nous pourrons en parler un jour dans Hyarbée,
Lorsqu'on nous y verra dans un rang souverain,
La couronne à la tête, et le sceptre à la main.
Ici nous ne savons encor ce que nous sommes :
Je tiens tout fort douteux tant qu'il dépend des hommes,
Et n'ose m'assurer que nos amis jaloux
Consentent l'union de deux trônes en nous.
Ce qu'avec leurs héros vous avez de pratique
Vous a dû mieux qu'à moi montrer leur politique.
Je ne vous en dis rien : un souci plus pressant,
Et, si je l'ose dire, assez embarrassant,
Où même ainsi que vous la pitié m'intéresse,
Vous doit inquiéter touchant votre promesse.
Dérober Sophonisbe au pouvoir des Romains,
C'est un pénible ouvrage, et digne de vos mains;

Vous devez y penser.
MASSINISSE.
Un peu trop téméraire,
Peut-être ai-je promis plus que je ne puis faire.
Les pleurs de Sophonisbe ont surpris ma raison.
L'opprobre du triomphe est pour elle un poison ;
Et j'ai cru que le ciel l'avoit assez punie,
Sans la livrer moi-même à tant d'ignominie.
Madame, il est bien dur de voir déshonorer
L'autel où tant de fois on s'est plu d'adorer ;
Et l'ame ouverte au bien que le ciel lui renvoie
Ne peut rien refuser dans ce comble de joie.
Mais, quoi que ma promesse ait de difficultés,
L'effet en est aisé, si vous y consentez.
ÉRYXE.
Si j'y consens? bien plus, seigneur, je vous en prie.
Voyez s'il faut agir de force ou d'industrie ;
Et concertez ensemble en toute liberté
Ce que dans votre esprit vous avez projeté.
Elle vous cherche exprès.

SCÈNE III.

SOPHONISBE, ÉRYXE, MASSINISSE, BARCÉE, HERMINIE, MÉZÉTULLE.

ÉRYXE.
Tout a changé de face,
Madame, et les destins vous ont mise en ma place.
Vous me deviez servir malgré tout mon courroux,

Et je fais à présent même chose pour vous :
Je vous l'avois promis, et je vous tiens parole.
SOPHONISBE.
Je vous suis obligée ; et ce qui m'en console,
C'est que tout peut changer une seconde fois ;
Et je vous rendrai lors tout ce que je vous dois.
ÉRYXE.
Si le ciel jusque-là vous en laisse incapable,
Vous pourrez quelque temps être ma redevable,
Non tant d'avoir parlé, d'avoir prié pour vous,
Comme de vous céder un entretien si doux.
Voyez si c'est vous rendre un fort méchant office
Que vous abandonner le prince Massinisse.
SOPHONISBE.
Ce n'est pas mon dessein de vous le dérober.
ÉRYXE.
Peut-être en ce dessein pourriez-vous succomber.
Mais, seigneur, quel qu'il soit, je n'y mets point d'obstacles :
Un héros, comme un dieu, peut faire des miracles ;
Et, s'il faut mon aveu pour en venir à bout,
Soyez sûr de nouveau que je consens à tout.
Adieu[1].

[1] Ce qui fait que cette petite scène de bravades entre Éryxe et Sophonisbe est froide, c'est qu'elle ne change rien à la situation, c'est qu'elle est inutile, c'est que ces deux femmes ne se bravent que pour se braver.

SCÈNE IV.

MASSINISSE, SOPHONISBE, HERMINIE,
MÉZÉTULLE.

SOPHONISBE.

Pardonnez-vous à cette inquiétude
Que fait de mon destin la triste incertitude [1],
Seigneur? et cet espoir que vous m'avez donné
Vous fera-t-il aimer d'en être importuné?
Je suis Carthaginoise, et d'un sang que vous-même
N'avez que trop jugé digne du diadème :

---

[1] On a dit que ce qui déplut davantage dans la *Sophonisbe* de Corneille, c'est que cette reine épouse le vainqueur de son mari le même jour que ce mari est prisonnier. Il se peut qu'une telle indécence, un tel mépris de la pudeur et des lois ait révolté tous les esprits bien faits; mais les actions les plus condamnables, les plus révoltantes, sont très souvent admises dans la tragédie, quand elles sont amenées et traitées avec un grand art. Il n'y en a point du tout ici, et les discours que se tiennent ces deux amants n'étaient pas capables de faire excuser ce second mariage dans la maison même qu'habite encore le premier mari.

Pardonnez, monsieur, à l'inquiétude que l'incertitude de mon destin fait. Jugez l'excès de ma confusion. Si ce qu'on vit d'intelligence entre nous ne nous convaincra point d'une vengeance indigne. Mais plus l'injure est grande, d'autant mieux éclate la générosité de servir une ingrate, mise par votre bras lui-même hors d'état d'en reconnoître l'éclat.

Cet horrible galimatias, hérissé de solécismes, est-il bien propre à faire pardonner à Sophonisbe l'insolente indécence de sa conduite?

On ne peut excuser Corneille qu'en disant qu'il a fait *Cinna*.

Jugez par là l'excès de ma confusion
A me voir attachée au char de Scipion;
Et si ce qu'entre nous on vit d'intelligence
Ne vous convaincra point d'une indigne vengeance,
Si vous écoutez plus de vieux ressentiments
Que le sacré respect de vos derniers serments.
  Je fus ambitieuse, inconstante et parjure.
Plus votre amour fut grand, plus grande en est l'injure :
Mais plus il a paru, plus il vous fait de lois
Pour défendre l'honneur de votre premier choix;
Et plus l'injure est grande, et d'autant mieux éclate
La générosité de servir une ingrate
Que votre bras lui-même a mise hors d'état
D'en pouvoir dignement reconnoître l'éclat.

MASSINISSE.

Ah! si vous m'en devez quelque reconnoissance,
Cessez de vous en faire une fausse impuissance :
De quelque dur revers que vous sentiez les coups,
Vous pouvez plus pour moi que je ne puis pour vous.
Je dis plus : je ne puis pour vous aucune chose,
A moins qu'à m'y servir ce revers vous dispose.
J'ai promis; mais sans vous j'aurai promis en vain;
J'ai juré, mais l'effet dépend de votre main;
Autre qu'elle en ces lieux ne peut briser vos chaînes :
En un mot, le triomphe est un supplice aux reines;
La femme du vaincu ne le peut éviter,
Mais celle du vainqueur n'a rien à redouter.
De l'une il est aisé que vous deveniez l'autre;
Votre main par mon sort peut relever le vôtre :
Mais vous n'avez qu'une heure, ou plutôt qu'un moment,

Pour résoudre votre ame à ce grand changement.
Demain Lælius entre, et je ne suis plus maître;
Et, quelque amour en moi que vous voyiez renaître,
Quelques charmes en vous qui puissent me ravir,
Je ne puis que vous plaindre, et non pas vous servir.
C'est vous parler sans doute avec trop de franchise;
Mais le péril....

SOPHONISBE.

De grace, excusez ma surprise.
Syphax encor vivant, voulez-vous qu'aujourd'hui....

MASSINISSE.

Vous me fûtes promise auparavant qu'à lui;
Et cette foi donnée et reçue à Carthage,
Quand vous voudrez m'aimer, d'avec lui vous dégage.
Si de votre personne il s'est vu possesseur,
Il en fut moins l'époux que l'heureux ravisseur;
Et sa captivité, qui rompt cet hyménée,
Laisse votre main libre et la sienne enchaînée.
Rendez-vous à vous-même; et s'il vous peut venir
De notre amour passé quelque doux souvenir,
Si ce doux souvenir peut avoir quelque force....

SOPHONISBE.

Quoi! vous pourriez m'aimer après un tel divorce,
Seigneur, et recevoir de ma légèreté
Ce que vous déroba tant d'infidélité?

MASSINISSE.

N'attendez point, madame, ici que je vous die
Que je ne vous impute aucune perfidie;
Que mon peu de mérite et mon trop de malheur
Ont seuls forcé Carthage à forcer votre cœur;

Que votre changement n'éteignit point ma flamme,
Qu'il ne vous ôta point l'empire de mon ame;
Et que, si j'ai porté la guerre en vos états,
Vous étiez la conquête où prétendoit mon bras.
Quand le temps est trop cher pour le perdre en paroles,
Toutes ces vérités sont des discours frivoles :
Il faut ménager mieux ce moment de pouvoir.
Demain Lælius entre; il le peut dès ce soir :
Avant son arrivée assurez votre empire.
Je vous aime, madame, et c'est assez vous dire.

Je n'examine point quels sentiments pour moi
Me rendront les effets d'une première foi :
Que votre ambition, que votre amour choisisse;
L'opprobre est d'un côté, de l'autre Massinisse.
Il faut aller à Rome, ou me donner la main :
Ce grand choix ne se peut différer à demain;
Le péril presse autant que mon impatience;
Et, quoi que mes succès m'offrent de confiance,
Avec tout mon amour je ne puis rien pour vous,
Si demain Rome en moi ne trouve votre époux.

SOPHONISBE.

Il faut donc qu'à mon tour je parle avec franchise,
Puisqu'un péril si grand ne veut point de remise.

L'hymen que vous m'offrez peut rallumer mes feux,
Et pour briser mes fers rompre tous autres nœuds;
Mais, avant qu'il vous rende à votre prisonnière,
Je veux que vous voyiez son ame tout entière,
Et ne puissiez un jour vous plaindre avec sujet
De n'avoir pas bien vu ce que vous aurez fait.

Quand j'épousai Syphax, je n'y fus point forcée;

ACTE II, SCÈNE IV.

De quelques traits pour vous que l'amour m'eût blessée,
Je vous quittai sans peine, et tous mes vœux trahis
Cédèrent avec joie au bien de mon pays.
En un mot, j'ai reçu du ciel pour mon partage
L'aversion de Rome et l'amour de Carthage.
Vous aimez Lælius, vous aimez Scipion,
Vous avez lieu d'aimer toute leur nation;
Aimez-la, j'y consens, mais laissez-moi ma haine.
Tant que vous serez roi, souffrez que je sois reine,
Avec la liberté d'aimer et de haïr,
Et sans nécessité de craindre ou d'obéir.
  Voilà quelle je suis, et quelle je veux être.
J'accepte votre hymen, mais pour vivre sans maître;
Et ne quitterois point l'époux que j'avois pris,
Si Rome se pouvoit éviter qu'à ce prix.
A ces conditions me voulez-vous pour femme?

MASSINISSE.

A ces conditions prenez toute mon ame;
Et s'il vous faut encor quelques nouveaux serments....

SOPHONISBE.

Ne perdez point, seigneur, ces précieux moments;
Et, puisque sans contrainte il m'est permis de vivre,
Faites tout préparer; je m'apprête à vous suivre.

MASSINISSE.

J'y vais; mais de nouveau gardez que Lælius....

SOPHONISBE.

Cessez de vous gêner par des soins superflus;
J'en connois l'importance, et vous rejoins au temple[1].

---

[1] Scène froide encore, parceque le spectateur sait déja quel parti

SCÈNE V.

SOPHONISBE, HERMINIE.

SOPHONISBE.

Tu vois, mon bonheur passe et l'espoir et l'exemple;
Et c'est, pour peu qu'on aime, une extrême douceur
De pouvoir accorder sa gloire avec son cœur :
Mais c'en est une ici bien autre, et sans égale,
D'enlever, et si tôt, ce prince à ma rivale,
De lui faire tomber le triomphe des mains,
Et prendre sa conquête aux yeux de ses Romains.
Peut-être avec le temps j'en aurai l'avantage
De l'arracher à Rome, et le rendre à Carthage;
Je m'en réponds déjà sur le don de sa foi :
Il est à mon pays, puisqu'il est tout à moi.
A ce nouvel hymen c'est ce qui me convie,
Non l'amour, non la peur de me voir asservie.
L'esclavage aux grands cœurs n'est point à redouter;
Alors qu'on sait mourir, on sait tout éviter :
Mais, comme enfin la vie est bonne à quelque chose [1],
Ma patrie elle-même à ce trépas s'oppose,
Et m'en désavoueroit si j'osois me ravir
Les moyens que l'amour m'offre de la servir.
Le bonheur surprenant de cette préférence

---

a pris Massinisse, parcequ'elle est dénuée de grandes passions et de grands mouvements de l'ame.

[1] *La vie est bonne à quelque chose,* quels discours et quels raisonnements!

ACTE II, SCÈNE V.

M'en donne une assez juste et flatteuse espérance.
Que ne pourrai-je point, si, dès qu'il m'a pu voir,
Mes yeux d'une autre reine ont détruit le pouvoir !
Tu l'as vu comme moi, qu'aucun retour vers elle
N'a montré qu'avec peine il lui fût infidèle ;
Il ne l'a point nommée, et pas même un soupir
N'en a fait soupçonner le moindre souvenir.

HERMINIE.

Ce sont grandes douceurs que le ciel vous renvoie ;
Mais il manque le comble à cet excès de joie,
Dont vous vous sentiriez encor bien mieux saisir,
Si vous voyiez qu'Éryxe en eût du déplaisir.
Elle est indifférente, ou plutôt insensible :
A vous servir contre elle elle fait son possible :
Quand vous prenez plaisir à troubler son discours,
Elle en prend à laisser au vôtre un libre cours ;
Et ce héros enfin que votre soin obsède
Semble ne vous offrir que ce qu'elle vous cède.
Je voudrois qu'elle vît un peu plus son malheur,
Qu'elle en fît hautement éclater la douleur ;
Que l'espoir inquiet de se voir son épouse
Jetât un plein désordre en son ame jalouse ;
Que son amour pour lui fût sans bonté pour vous.

SOPHONISBE.

Que tu te connois mal en sentiments jaloux !
Alors qu'on l'est si peu qu'on ne pense pas l'être,
On n'y réfléchit point, on laisse tout paroître ;
Mais, quand on l'est assez pour s'en apercevoir,
On met tout son possible à n'en laisser rien voir.
   Éryxe qui connoît et qui hait sa foiblesse

La renferme au-dedans, et s'en rend la maîtresse;
Mais cette indifférence où tant d'orgueil se joint
Ne part que d'un dépit jaloux au dernier point;
Et sa fausse bonté se trahit elle-même
Par l'effort qu'elle fait à se montrer extrême :
Elle est étudiée, et ne l'est pas assez
Pour échapper entière aux yeux intéressés.
Allons sans perdre temps l'empêcher de nous nuire,
Et prévenir l'effet qu'elle pourroit produire [1].

[1] Scène plus froide encore, parceque Sophonisbe ne fait que raisonner avec sa confidente sur ce qui vient de se passer. Partout où il n'y a ni crainte, ni espérance, ni combats du cœur, ni infortunes attendrissantes, il n'y a point de tragédie[*]. Encore si la froideur était un peu ranimée par l'éloquence de la poésie! mais une prose incorrecte et rimée ne fait qu'augmenter les vices de la construction de la pièce.

[*] Voltaire nous paraît établir ici un principe beaucoup trop général. Les combats du cœur, les infortunes intéressantes, sont, il est vrai, ce qui émeut, ce qui attendrit le plus dans une tragédie, et sur-tout ce qui a le plus d'attrait pour les femmes, dont il est si important d'obtenir les suffrages : mais il est, j'ose le dire, des tragédies d'une difficulté peut-être supérieure, et dont les beautés ne feraient pas moins d'impression sur des hommes dignes de les juger. Il n'y a, par exemple, ni combats du cœur, ni infortunes intéressantes dans *Rome sauvée*, que nous n'en regardons pas moins comme une belle tragédie, et dans laquelle Voltaire a peut-être prouvé plus de génie que dans *Zaïre*. Ce qu'on admire le plus dans cette pièce, c'est la fidélité du pinceau de l'auteur, et l'exactitude avec laquelle il a représenté les caractères de ses personnages, tels que l'histoire nous les fait connaître. Sous ce rapport, sans nous dissimuler les fautes de *Sophonisbe*, et le faible intérêt qu'elle inspire, nous avouons que souvent nous croyons y retrouver tout Corneille : les caractères y sont parfaitement vrais, parfaitement soutenus, en un mot, ce qu'ils doivent être. Sophonisbe est vraiment la fille d'Asdrubal; elle est Carthaginoise, comme Émilie est Romaine : c'est ce qu'un commentateur de Corneille aurait dû faire observer, au lieu de s'appesantir sur des minuties de grammaire qui ne peuvent plus être aujourd'hui de la

moindre importance. Il y a de très beaux endroits, même dans le personnage d'Éryxe : sa réponse à Lælius, dans la septième scène du cinquième acte, est sublime, et prouve combien le génie de Corneille est digne d'être étudié jusque dans ses derniers ouvrages. P.

FIN DU SECOND ACTE.

ACTE TROISIÈME.

SCÈNE I.

MASSINISSE, MÉZÉTULLE.

MÉZÉTULLE.

Oui, seigneur, j'ai donné vos ordres à la porte [1]
Que jusques à demain aucun n'entre ni sorte,
A moins que Lælius vous dépêche quelqu'un.
Au reste, votre hymen fait le bonheur commun.
Cette illustre conquête est une autre victoire,
Que prennent les vainqueurs pour un surcroît de gloire,
Et qui fait aux vaincus bannir tout leur effroi,
Voyant régner leur reine avec leur nouveau roi.
Cette union à tous promet des biens solides,
Et réunit sous vous tous les cœurs des Numides.

MASSINISSE.

Mais Éryxe?

MÉZÉTULLE.

J'ai mis des gens à l'observer,
Et suis allé-moi-même après eux la trouver,
De peur qu'un contre-temps de jalouse colère

---

[1] Mêmes défauts par-tout. Quel fruit tirerait-on des remarques que nous pourrions faire? Il n'y a que le bon qui mérite d'être discuté.

Allât jusqu'aux autels en troubler le mystère.
D'abord qu'elle a tout su, son visage étonné
Aux troubles du dedans sans doute a trop donné;
Du moins à ce grand coup elle a paru surprise:
Mais un moment après, entièrement remise,
Elle a voulu sourire, et m'a dit froidement:
« Le roi n'use pas mal de mon consentement;
« Allez, et dites-lui que pour reconnoissance.... »
Mais, seigneur, devers vous elle-même s'avance,
Et vous expliquera mieux que je n'aurois fait
Ce qu'elle ne m'a pas expliqué tout-à-fait.

MASSINISSE.

Cependant cours au temple, et presse un peu la reine
D'y terminer des vœux dont la longueur me gêne;
Et dis-lui que c'est trop importuner les dieux,
En un temps où sa vue est si chère à mes yeux[1].

SCÈNE II.

ÉRYXE, MASSINISSE, BARCÉE.

ÉRYXE.

Comme avec vous, seigneur, je ne sus jamais feindre,
Souffrez pour un moment que j'ose ici me plaindre,
Non d'un amour éteint, ni d'un espoir déçu,

---

[1] Scène froide, parcequ'elle ne change rien à la situation de la scène précédente, parcequ'un subalterne rapporte en subalterne un discours inutile de l'inutile Éryxe, et qu'il est fort indifférent que cette Éryxe ait prononcé ou non ce vers comique:

Le roi n'use pas mal de mon consentement.

L'un fut mal allumé, l'autre fut mal conçu,
Mais d'avoir cru mon ame et si foible et si basse,
Qu'elle pût m'imputer votre hymen à disgrace,
Et d'avoir envié cette joie à mes yeux
D'en être les témoins aussi bien que les dieux.
Ce plein aveu promis avec tant de franchise
Me préparoit assez à voir tout sans surprise;
Et, sûr que vous étiez de mon consentement,
Vous me deviez ma part en cet heureux moment.
J'aurois un peu plus tôt été désabusée;
Et, près du précipice où j'étois exposée,
Il m'eût été, seigneur, et m'est encor bien doux
D'avoir pu vous connoître avant que d'être à vous.
Aussi n'attendez point de reproche ou d'injure.
Je ne vous nommerai ni lâche, ni parjure.
Quel outrage m'a fait votre manque de foi
De me voler un cœur qui n'étoit pas à moi?
J'en connois le haut prix, j'en vois tout le mérite,
Mais jamais un tel vol n'aura rien qui m'irrite;
Et vous vivrez sans trouble en vos contentements,
S'ils n'ont à redouter que mes ressentiments.

MASSINISSE.

J'avois assez prévu qu'il vous seroit facile
De garder dans ma perte un esprit si tranquille:
Le peu d'ardeur pour moi que vos desirs ont eu
Doit s'accorder sans peine avec cette vertu.
Vous avez feint d'aimer, et permis l'espérance;
Mais cet amour traînant n'avoit que l'apparence;
Et, quand par votre hymen vous pouviez m'acquérir,
Vous m'avez renvoyé pour vaincre, ou pour périr.

ACTE III, SCÈNE II.

J'ai vaincu par votre ordre, et vois avec surprise
Que je n'en ai pour fruit qu'une froide remise,
Et quelque espoir douteux d'obtenir votre choix
Quand nous serons chez vous l'un et l'autre en vrais rois.

    Dites-moi donc, madame, aimiez-vous ma personne,
Ou le pompeux éclat d'une double couronne?
Et, lorsque vous prêtiez des forces à mon bras,
Étoit-ce pour unir nos mains et nos états?
Je vous l'ai déja dit, que toute ma vaillance
Tient d'un si grand secours sa gloire et sa puissance.
Je saurai m'acquitter de ce qui vous est dû,
Et je vous rendrai plus que vous n'avez perdu :
Mais comme en mon malheur ce favorable office
En vouloit à mon sceptre, et non à Massinisse,
Vous pouvez sans chagrin, dans mes destins meilleurs,
Voir mon sceptre en vos mains, et Massinisse ailleurs.
Prenez ce sceptre aimé pour l'attacher au vôtre;
Ma main tant refusée est bonne pour une autre;
Et son ambition a de quoi s'arrêter
En celui de Syphax qu'elle vient d'emporter.

    Si vous m'aviez aimé, vous n'auriez pas eu honte
D'en montrer une estime et plus haute et plus prompte,
Ni craint de ravaler l'honneur de votre rang
Pour trop considérer le mérite et le sang.
La naissance suffit quand la personne est chère.
Un prince détrôné garde son caractère :
Mais, à vos yeux charmés par de plus forts appas,
Ce n'est point être roi que de ne régner pas.
Vous en vouliez en moi l'effet comme le titre;
Et, quand de votre amour la fortune est l'arbitre,

Le mien, au-dessus d'elle et de tous ses revers,
Reconnoît son objet dans les pleurs, dans les fers.
Après m'être fait roi pour plaire à votre envie,
Aux dépens de mon sang, au péril de ma vie,
Mon sceptre reconquis me met en liberté
De vous laisser un bien que j'ai trop acheté;
Et ce seroit trahir les droits du diadème,
Que sur le haut d'un trône être esclave moi-même.
Un roi doit pouvoir tout; et je ne suis pas roi,
S'il ne m'est pas permis de disposer de moi.

ÉRYXE.

Il est beau de trancher du roi comme vous faites;
Mais n'a-t-on aucun lieu de douter si vous l'êtes?
Et n'est-ce point, seigneur, vous y prendre un peu mal,
Que d'en faire l'épreuve au gendre d'Asdrubal?
Je sais que les Romains vous rendront la couronne,
Vous en avez parole, et leur parole est bonne;
Ils vous nommeront roi : mais vous devez savoir
Qu'ils sont plus libéraux du nom que du pouvoir;
Et que, sous leur appui, ce plein droit de tout faire
N'est que pour qui ne veut que ce qui doit leur plaire.
Vous verrez qu'ils auront pour vous trop d'amitié
Pour vous laisser méprendre au choix d'une moitié.
Ils ont pris trop de part en votre destinée
Pour ne pas l'affranchir d'un pareil hyménée;
Et ne se croiroient pas assez de vos amis,
S'ils n'en désavouoient les dieux qui l'ont permis.

MASSINISSE.

Je m'en dédis, madame; et s'il vous est facile
De garder dans ma perte un cœur vraiment tranquille,

ACTE III, SCÈNE II.

Du moins votre grande ame, avec tous ses efforts,
N'en conserve pas bien les fastueux dehors.
Lorsque vous étouffez l'injure et la menace,
Vos illustres froideurs laissent rompre leur glace ;
Et cette fermeté de sentiments contraints
S'échappe adroitement du côté des Romains.
Si tant de retenue a pour vous quelque gêne,
Allez jusqu'en leur camp solliciter leur haine ;
Traitez-y mon hymen de lâche et noir forfait ;
N'épargnez point les pleurs pour en rompre l'effet ;
Nommez-y-moi cent fois ingrat, parjure, traître :
J'ai mes raisons pour eux, et je les dois connoître.

ÉRYXE.

Je les connois, seigneur, sans doute moins que vous,
Et les connois assez pour craindre leur courroux.
 Ce grand titre de roi que seul je considère,
Étend sur moi l'affront qu'en vous ils vont lui faire ;
Et rien ici n'échappe à ma tranquillité
Que par les intérêts de notre dignité.
Dans votre peu de foi c'est tout ce qui me blesse.
Vous allez hautement montrer notre foiblesse,
Dévoiler notre honte, et faire voir à tous
Quels fantômes d'état on fait régner en nous.
Oui, vous allez forcer nos peuples de connoître
Qu'ils n'ont que le sénat pour véritable maître ;
Et que ceux qu'avec pompe ils ont vu couronner
En reçoivent les lois qu'ils semblent leur donner.
C'est là mon déplaisir. Si je n'étois pas reine,
Ce que je perds en vous me feroit peu de peine :
Mais je ne puis souffrir qu'un si dangereux choix

Détruise en un moment ce peu qui reste aux rois,
Et qu'en un si grand cœur l'impuissance de l'être
Ait ménagé si mal l'honneur de le paroître.

Mais voici cet objet si charmant à vos yeux,
Dont le cher entretien vous divertira mieux [1].

SCÈNE III.

SOPHONISBE, MASSINISSE, ÉRYXE, MÉZÉTULLE, HERMINIE, BARCÉE.

ÉRYXE.

Une seconde fois tout a changé de face,
Madame, et c'est à moi de vous quitter la place.
Vous n'aviez pas dessein de me le dérober?

SOPHONISBE.

L'occasion qui plaît souvent fait succomber.
Vous puis-je en cet état rendre quelque service?

ÉRYXE.

L'occasion qui plaît semble toujours propice;
Mais ce qui vous et moi nous doit mettre en souci,
C'est que ni vous ni moi ne commandons ici.

---

[1] Scène froide encore, par la même raison qu'elle n'apporte aucun changement, qu'elle ne forme aucun nœud, que les personnages répètent une partie de ce qu'ils ont déja dit, qu'on ne s'intéresse point à Éryxe, qu'elle ne fait rien du tout dans la pièce. Ce sont les Romains, et non pas Éryxe, que Massinisse doit craindre; qu'elle se plaigne ou qu'elle ne se plaigne pas, les Romains voudront toujours mener Sophonisbe en triomphe. Mais le pis de tout cela, c'est qu'on ne sauroit plus mal écrire. La première loi quand on fait des vers, c'est de les faire bons.

ACTE III, SCÈNE III.

SOPHONISBE.

Si vous y commandiez, je pourrois être à plaindre.

ÉRYXE.

Peut-être en auriez-vous quelque peu moins à craindre.
Ceux dont avant deux jours nous y prendrons des lois,
Regardent d'un autre œil la majesté des rois.
Étant ce que je suis, je redoute un exemple;
Et reine, c'est mon sort en vous que je contemple.

SOPHONISBE.

Vous avez du crédit, le roi n'en manque point;
Et si chez les Romains l'un à l'autre se joint....

ÉRYXE.

Votre félicité sera long-temps parfaite,
S'ils la laissent durer autant que je souhaite.
 Seigneur, en cet adieu recevez-en ma foi,
Ou me donnez quelqu'un qui réponde de moi.
La gloire de mon rang, qu'en vous deux je respecte,
Ne sauroit consentir que je vous sois suspecte.
Faites-moi donc justice, et ne m'imputez rien
Si le ciel à mes vœux ne s'accorde pas bien[1].

---

[1] Nouvelles bravades inutiles, qui rendent cette scène aussi froide que les autres.

SCÈNE IV.

MASSINISSE, SOPHONISBE, MÉZÉTULLE, HERMINIE.

MASSINISSE.
Comme elle voit ma perte aisément réparable,
Sa jalousie est foible, et son dépit traitable.
Aucun ressentiment n'éclate en ses discours.
SOPHONISBE.
Non ; mais le fond du cœur n'éclate pas toujours.
Qui n'est point irritée, ayant trop de quoi l'être,
L'est souvent d'autant plus qu'on le voit moins paroître,
Et, cachant son dessein pour le mieux assurer,
Cherche à prendre ce temps qu'on perd à murmurer.
Ce grand calme prépare un dangereux orage.
Prévenez les effets de sa secrète rage ;
Prévenez de Syphax l'emportement jaloux,
Avant qu'il ait aigri vos Romains contre vous ;
Et portez dans leur camp la première nouvelle
De ce que vient de faire un amour si fidèle.
Vous n'y hasardez rien, s'ils respectent en vous,
Comme nous l'espérons, le nom de mon époux ;
Mais je m'attirerois la dernière infamie,
S'ils brisoient malgré vous le saint nœud qui nous lie,
Et qu'ils pussent noircir de quelque indignité
Mon trop de confiance en votre autorité.
Si dès qu'ils paroîtront vous n'êtes plus le maître,
C'est d'eux qu'il faut savoir ce que je vous puis être ;

ACTE III, SCÈNE IV.

Et puisque Lælius doit entrer dès demain....

MASSINISSE.

Ah! je n'ai pas reçu le cœur avec la main,
Si votre amour....

SOPHONISBE.

Seigneur, je parle avec franchise.
Vous m'avez épousée, et je vous suis acquise :
Voyons si vous pourrez me garder plus d'un jour.
Je me rends au pouvoir, et non pas à l'amour ;
Et, de quelque façon qu'à présent je vous nomme,
Je ne suis point à vous, s'il faut aller à Rome.

MASSINISSE.

A qui donc ? à Syphax, madame ?

SOPHONISBE.

D'aujourd'hui,
Puisqu'il porte des fers, je ne suis plus à lui.
En dépit des Romains on voit que je vous aime ;
Mais jusqu'à leur aveu je suis toute à moi-même ;
Et, pour obtenir plus que mon cœur et ma foi,
Il faut m'obtenir d'eux aussi bien que de moi.
Le nom d'époux suffit pour me tenir parole,
Pour me faire éviter l'aspect du Capitole :
N'exigez rien de plus ; perdez quelques moments
Pour mettre en sûreté l'effet de vos serments :
Afin que vos lauriers me sauvent du tonnerre,
Allez aux dieux du ciel joindre ceux de la terre.
Mais que nous veut Syphax que ce Romain conduit[1] ?

---

[1] Scène encore froide. Sophonisbe semble y craindre en vain la vengeance d'Éryxe, qui n'est point en état de se venger, qui ne joue d'autre personnage que celui d'être délaissée, qui ne parle pas

SCÈNE V.

SYPHAX, MASSINISSE, SOPHONISBE, LÉPIDE, HERMINIE, MÉZÉTULLE; GARDES.

LÉPIDE.
Touché de cet excès du malheur qui le suit,
Madame, par pitié Lælius vous l'envoie,
Et donne à ses douleurs ce mélange de joie
Avant qu'on le conduise au camp de Scipion.

MASSINISSE.
J'aurai pour ses malheurs même compassion.
Adieu : cet entretien ne veut point ma présence ;
J'en attendrai l'issue avec impatience ;
Et j'ose en espérer quelques plus douces lois
Quand vous aurez mieux vu le destin des deux rois.

SOPHONISBE.
Je sais ce que je suis et ce que je dois faire,
Et prends pour seul objet ma gloire à satisfaire.

---

même aux Romains, qui, comme on l'a déjà remarqué, ne produit rien du tout dans la pièce.

SCÈNE VI.

SYPHAX, SOPHONISBE, LÉPIDE,
HERMINIE; GARDES.

SYPHAX.

Madame, à cet excès de générosité
Je n'ai presque plus d'yeux pour ma captivité;
Et, malgré de mon sort la disgrace éclatante,
Je suis encor heureux quand je vous vois constante.
 Un rival triomphant veut place en votre cœur,
Et vous osez pour moi dédaigner ce vainqueur!
Vous préférez mes fers à toute sa victoire,
Et savez hautement soutenir votre gloire!
Je ne vous dirai point aussi que vos conseils
M'ont fait choir de ce rang si cher à nos pareils,
Ni que pour les Romains votre haine implacable
A rendu ma déroute à jamais déplorable.
Puisqu'en vain Massinisse attaque votre foi,
Je règne dans votre ame, et c'est assez pour moi.

SOPHONISBE.

Qui vous dit qu'à ses yeux vous y régniez encore,
Que pour vous je dédaigne un vainqueur qui m'adore?
Et quelle indigne loi m'y pourroit obliger,
Lorsque vous m'apportez des fers à partager?

SYPHAX.

Ce soin de votre gloire, et de lui satisfaire....

SOPHONISBE.

Quand vous l'entendrez bien, vous direz le contraire.

Ma gloire est d'éviter les fers que vous portez,
D'éviter le triomphe où vous vous soumettez.
Ma naissance ne voit que cette honte à craindre.
Enfin détrompez-vous, il siéroit mal de feindre :
Je suis à Massinisse, et le peuple en ces lieux
Vient de voir notre hymen à la face des dieux ;
Nous sortons de leur temple.

SYPHAX.

Ah ! que m'osez-vous dire ?

SOPHONISBE.

Que Rome sur mes jours n'aura jamais d'empire.
J'ai su m'en affranchir par une autre union ;
Et vous suivrez sans moi le char de Scipion.

SYPHAX.

Le croirai-je, grands dieux ! et le voudra-t-on croire,
Alors que l'avenir en apprendra l'histoire ?
Sophonisbe servie avec tant de respect,
Elle que j'adorai dès le premier aspect,
Qui s'est vue à toute heure et par-tout obéie,
Insulte lâchement à ma gloire trahie,
Met le comble à mes maux par sa déloyauté,
Et d'un crime si noir fait encor vanité !

SOPHONISBE.

Le crime n'est pas grand d'avoir l'ame assez haute
Pour conserver un rang que le destin vous ôte :
Ce n'est point un honneur qui rebute en deux jours ;
Et qui régne un moment aime à régner toujours :
Mais si l'essai du trône en fait durer l'envie
Dans l'ame la plus haute à l'égal de la vie,

ACTE III, SCÈNE VI.

Un roi né pour la gloire, et digne de son sort,
A la honte des fers sait préférer la mort;
Et vous m'aviez promis en partant....

SYPHAX.

Ah! madame,
Qu'une telle promesse étoit douce à votre ame!
Ma mort faisoit dès-lors vos plus ardents souhaits.

SOPHONISBE.

Non; mais je vous tiens mieux ce que je vous promets;
Je vis encore en reine, et je mourrai de même.

SYPHAX.

Dites que votre foi tient toute au diadème,
Que les plus saintes lois ne peuvent rien sur vous.

SOPHONISBE.

Ne m'attachez point tant au destin d'un époux,
Seigneur; les lois de Rome et celles de Carthage
Vous diront que l'hymen se rompt par l'esclavage,
Que vos chaînes du nôtre ont brisé le lien,
Et qu'étant dans les fers vous ne m'êtes plus rien.
Ainsi par les lois même en mon pouvoir remise,
Je me donne au monarque à qui je fus promise,
Et m'acquitte envers lui d'une première foi
Qu'il reçut avant vous de mon père et de moi.
Ainsi mon changement n'a point de perfidie;
J'étois et suis encore au roi de Numidie,
Et laisse à votre sort son flux et son reflux,
Pour régner malgré lui quand vous ne régnez plus.

SYPHAX.

Ah! s'il est quelques lois qui souffrent qu'on étale

Cet illustre mépris de la foi conjugale,
Cette hauteur, madame, a d'étranges effets
Après m'avoir forcé de refuser la paix.
Me le promettiez-vous, alors qu'à ma défaite
Vous montriez dans Cyrthe une sûre retraite,
Et qu'outre le secours de votre général
Vous me vantiez celui d'Hannon et d'Annibal?
Pour vous avoir trop crue, hélas! et trop aimée,
Je me vois sans états, je me vois sans armée;
Et, par l'indignité d'un soudain changement,
La cause de ma chute en fait l'accablement.

SOPHONISBE.

Puisque je vous montrois dans Cyrthe une retraite,
Vous deviez vous y rendre après votre défaite :
S'il eût fallu périr sous un fameux débris,
Je l'eusse appris de vous, ou je vous l'eusse appris,
Moi qui, sans m'ébranler du sort de deux batailles,
Venois de m'enfermer exprès dans ces murailles,
Prête à souffrir un siége, et soutenir pour vous
Quoi que du ciel injuste eût osé le courroux.
 Pour mettre en sûreté quelques restes de vie,
Vous avez du triomphe accepté l'infamie;
Et ce peuple déçu qui vous tendoit les mains
N'a revu dans son roi qu'un captif des Romains.
Vos fers, en leur faveur plus forts que leurs cohortes,
Ont abattu les cœurs, ont fait ouvrir les portes,
Et réduit votre femme à la nécessité
De chercher tous moyens d'en fuir l'indignité,
Quand vos sujets ont cru que sans devenir traîtres
Ils pouvoient après vous se livrer à vos maîtres.

ACTE III, SCÈNE VI.

Votre exemple est ma loi, vous vivez et je vi[1];
Et si vous fussiez mort je vous aurois suivi :
Mais si je vis encor, ce n'est pas pour vous suivre ;
Je vis pour vous punir de trop aimer à vivre ;
Je vis peut-être encor pour quelque autre raison
Qui se justifiera dans une autre saison.
Un Romain nous écoute ; et, quoi qu'on veuille en croire,
Quand il en sera temps je mourrai pour ma gloire.

Cependant, bien qu'un autre ait le titre d'époux,
Sauvez-moi des Romains, je suis encore à vous ;
Et je croirai régner malgré votre esclavage,
Si vous pouvez m'ouvrir les chemins de Carthage.
Obtenez de vos dieux ce miracle pour moi,
Et je romps avec lui pour vous rendre ma foi.
Je l'aimai ; mais ce feu dont je fus la maitresse,
Ne met point dans mon cœur de honteuse tendresse ;
Toute ma passion est pour la liberté,
Et toute mon horreur pour la captivité.

Seigneur, après cela je n'ai rien à vous dire :
Par ce nouvel hymen vous voyez où j'aspire ;
Vous savez les moyens d'en rompre le lien :
Réglez-vous là-dessus sans vous plaindre de rien[2].

---

[1] Il est bon que, dans la poésie, on puisse supprimer ou ajouter des lettres selon le besoin, sans nuire à l'harmonie ; *Je fai, je vi, je croi, je doi,* pour *je fais, je vis, je crois, je dois,* etc.

[2] Cette scène n'est pas de la froideur des autres, par cette seule raison que la situation est embarrassante ; mais cette situation n'est ni noble, ni tragique ; elle est révoltante, elle tient du comique. Un vieux mari qui vient revoir sa femme, et qui la trouve mariée à un autre, ferait aujourd'hui un effet très ridicule. On n'aime de telles aventures que dans les contes de La Fontaine et dans des farces.

SCÈNE VII.

SYPHAX, LÉPIDE; GARDES.

SYPHAX.

A-t-on vu sous le ciel plus infame injustice?
Ma déroute la jette au lit de Massinisse;
Et, pour justifier ses lâches trahisons,
Les maux qu'elle a causés lui servent de raisons!

LÉPIDE.

Si c'est avec chagrin que vous souffrez sa perte,
Seigneur, quelque espérance encor vous est offerte.
Si je l'ai bien compris, cet hymen imparfait
N'est encor qu'en parole, et n'a point eu d'effet;
Et comme nos Romains le verront avec peine,
Ils pourront mal répondre aux souhaits de la reine.
Je vais m'assurer d'elle, et vous dirai de plus
Que j'en viens d'envoyer avis à Lælius;
J'en attends nouvel ordre, et dans peu je l'espère.

SYPHAX.

Quoi! prendre tant de soin d'adoucir ma misère!
Lépide, il n'appartient qu'à de vrais généreux

Les mots de *roi*, de *couronne*, de *diadème*, loin de mettre de la dignité dans une aventure si peu tragique, ne servent qu'à faire mieux sentir le contraste de la tragédie et de la comédie. Syphax est si prodigieusement avili, qu'il est impossible qu'on prenne à lui le moindre intérêt. Pour peu qu'on pèse toutes ces raisons, on verra qu'à la longue une nation éclairée est toujours juste, et que c'est en se formant le goût que le public a rejeté *Sophonisbe*.

ACTE III, SCÈNE VII.

D'avoir cette pitié des princes malheureux ;
Autres que les Romains n'en chercheroient la gloire.
LÉPIDE.
Lælius fera voir ce qu'il vous en faut croire.

Vous autres, attendant quel est son sentiment,
Allez garder le roi dans cet appartement.

FIN DU TROISIÈME ACTE.

ACTE QUATRIÈME.

SCÈNE I.

SYPHAX, LÉPIDE.

LÉPIDE.
Lælius est dans Cyrthe, et s'en est rendu maître :
Bientôt dans ce palais vous le verrez paroître ;
Et, si vous espérez que parmi vos malheurs
Sa présence ait de quoi soulager vos douleurs,
Vous n'avez avec moi qu'à l'attendre au passage.
SYPHAX.
Lépide, que dit-il touchant ce mariage ?
En rompra-t-il les nœuds ? en sera-t-il d'accord ?
Fera-t-il mon rival arbitre de mon sort ?
LÉPIDE.
Je ne vous réponds point que sur cette matière
Il veuille vous ouvrir son ame tout entière ;
Mais vous pouvez juger que, puisqu'il vient ici,
Cet hymen comme à vous lui donne du souci.
Sachez-le de lui-même ; il entre, et vous regarde.

SCÈNE II.

LÆLIUS, SYPHAX, LÉPIDE.

LÆLIUS.

Détachez-lui ses fers, il suffit qu'on le garde.
Prince, je vous ai vu tantôt comme ennemi,
Et vous vois maintenant comme un ancien ami.
Le fameux Scipion, de qui vous fûtes l'hôte,
Ne s'offensera point des fers que je vous ôte,
Et feroit encor plus, s'il nous étoit permis
De vous remettre au rang de nos plus chers amis.

SYPHAX.

Ah! ne rejetez point dans ma triste mémoire
Le cuisant souvenir de l'excès de ma gloire;
Et ne reprochez point à mon cœur désolé,
A force de bontés, ce qu'il a violé.
Je fus l'ami de Rome, et de ce grand courage
Qu'opposent nos destins aux destins de Carthage;
Toutes deux, et ce fut le plus beau de mes jours,
Par leurs plus grands héros briguèrent mon secours.
J'eus des yeux assez bons pour remplir votre attente;
Mais que sert un bon choix dans une ame inconstante?
Et que peuvent les droits de l'hospitalité
Sur un cœur si facile à l'infidélité?
J'en suis assez puni par un revers si rude,
Seigneur, sans m'accabler de mon ingratitude;
Il suffit des malheurs qu'on voit fondre sur moi,
Sans me convaincre encor d'avoir manqué de foi.

Et me faire avouer que le sort qui m'opprime,
Pour cruel qu'il me soit, rend justice à mon crime.

LÆLIUS.

Je ne vous parle aussi qu'avec cette pitié
Que nous laisse pour vous un reste d'amitié :
Elle n'est pas éteinte, et toutes vos défaites
Ont rempli nos succès d'amertumes secrétes.
Nous ne saurions voir même aujourd'hui qu'à regret
Ce gouffre de malheurs que vous vous êtes fait.
Le ciel m'en est témoin ; et vos propres murailles,
Qui nous voyoient enflés du gain de deux batailles,
Ont vu cette amitié porter tous nos souhaits
A regagner la vôtre, et vous rendre la paix.
Par quel motif de haine obstinée à vous nuire
Nous avez-vous forcés vous-même à vous détruire ?
Quel astre, de votre heur et du nôtre jaloux,
Vous a précipité jusqu'à rompre avec nous ?

SYPHAX.

Pourrez-vous pardonner, seigneur, à ma vieillesse,
Si je vous fais l'aveu de toute sa foiblesse ?

Lorsque je vous aimai, j'étois maître de moi ;
Et tant que je le fus je vous gardai ma foi :
Mais dès que Sophonisbe avec son hyménée
S'empara de mon ame et de ma destinée,
Je suivis de ses yeux le pouvoir absolu,
Et n'ai voulu depuis que ce qu'elle a voulu.

Que c'est un imbécile et sévère esclavage
Que celui d'un époux sur le penchant de l'âge,
Quand sous un front ridé qu'on a droit de haïr

ACTE IV, SCÈNE II.

Il croit se faire aimer à force d'obéir !
De ce mourant amour les ardeurs ramassées
Jettent un feu plus vif dans nos veines glacées,
Et pensent racheter l'horreur des cheveux gris
Par le présent d'un cœur au dernier point soumis.
Sophonisbe par là devint ma souveraine,
Régla mes amitiés, disposa de ma haine,
M'anima de sa rage, et versa dans mon sein
De toutes ses fureurs l'implacable dessein.
Sous ces dehors charmants qui paroient son visage,
C'étoit une Alecton que déchaînoit Carthage :
Elle avoit tout mon cœur, Carthage tout le sien ;
Hors de ses intérêts elle n'écoutoit rien ;
Et, malgré cette paix que vous m'avez offerte,
Elle a voulu pour eux me livrer à ma perte.
Vous voyez son ouvrage en ma captivité,
Voyez-en un plus rare en sa déloyauté.

Vous trouverez, seigneur, cette même furie,
Qui seule m'a perdu pour l'avoir trop chérie,
Vous la trouverez, dis-je, au lit d'un autre roi,
Qu'elle saura séduire et perdre comme moi.
Si vous ne le savez, c'est votre Massinisse,
Qui croit par cet hymen se bien faire justice,
Et que l'infame vol d'une telle moitié
Le venge pleinement de notre inimitié :
Mais, pour peu de pouvoir qu'elle ait sur son courage,
Ce vainqueur avec elle épousera Carthage ;
L'air qu'un si cher objet se plaît à respirer
A des charmes trop forts pour n'y pas attirer :

Dans ce dernier malheur, c'est ce qui me console.
Je lui cède avec joie un poison qu'il me vole*,
Et ne vois point de don si propre à m'acquitter
De tout ce que ma haine ose lui souhaiter.

LÆLIUS.

Je connois Massinisse, et ne vois rien à craindre
D'un amour que lui-même il prendra soin d'éteindre:
Il en sait l'importance; et, quoi qu'il ait osé,
Si l'hymen fut trop prompt, le divorce est aisé.
Sophonisbe envers vous l'ayant mis en usage
Le recevra de lui sans changer de visage,
Et ne se promet pas de ce nouvel époux
Plus d'amour ou de foi qu'elle n'en eut pour vous.
Vous, puisque cet hymen satisfait votre haine,
De ce qui le suivra ne soyez point en peine,
Et, sans en augurer pour nous ni bien ni mal,
Attendez sans souci la perte d'un rival;
Et laissez-nous celui de voir quel avantage
Pourroit avec le temps en recevoir Carthage.

SYPHAX.

Seigneur, s'il est permis de parler aux vaincus,
Souffrez encore un mot, et je ne parle plus.
Massinisse de soi pourroit fort peu de chose;
Il n'a qu'un camp volant dont le hasard dispose:
Mais joint à vos Romains, joint aux Carthaginois,

---

* Nous trouvons à-peu-près le même vers dans *Adélaïde du Guesclin*.

> Montrez-moi seulement ce rival qui se cache,
> Je lui cède avec joie un poison qu'il m'arrache.

Mais peut-on dire que l'on cède avec joie ce qui nous est arraché? P.

ACTE IV, SCÈNE II.

Il met dans la balance un redoutable poids;
Et par ma chute enfin sa fortune enhardie
Va traîner après lui toute la Numidie.
Je le hais fortement, mais non pas à l'égal
Des murs que ma perfide eut pour séjour natal.
Le déplaisir de voir que ma ruine en vienne
Craint qu'ils ne durent trop, s'il faut qu'il les soutienne.
Puisse-t-il, ce rival, périr dès aujourd'hui!
Mais puissé-je les voir trébucher avant lui!
 Prévenez donc, seigneur, l'appui qu'on leur prépare;
Vengez-moi de Carthage avant qu'il se déclare:
Pressez en ma faveur votre propre courroux,
Et gardez jusque-là Massinisse pour vous.
Je n'ai plus rien à dire, et vous en laisse faire.

LÆLIUS.

Nous saurons profiter d'un avis salutaire.
Allez m'attendre au camp; je vous suivrai de près.
Je dois ici l'oreille à d'autres intérêts;
Et ceux de Massinisse....

SYPHAX.
 Il osera vous dire....

LÆLIUS.

Ce que vous m'avez dit, seigneur, vous doit suffire.
Encore un coup, allez, sans vous inquiéter;
Ce n'est pas devant vous que je dois l'écouter[1].

---

[1] Si le vieux Syphax a été humilié avec sa femme, il l'est bien plus avec Lélius, en demandant pardon d'avoir combattu les Romains, et s'excusant sur son *imbécile et sévère esclavage*, sur ses *cheveux gris*, sur *les ardeurs ramassées dans ses veines glacées*.

On demande pourquoi il n'est pas permis d'introduire dans la

SCÈNE III.

MASSINISSE, LÆLIUS, MÉZÉTULLE.

MASSINISSE.

L'avez-vous commandé, seigneur, qu'en ma présence
Vos tribuns vers la reine usent de violence?

LÆLIUS.

Leur ordre est d'emmener au camp les prisonniers;
Et comme elle et Syphax s'en trouvent les premiers,
Ils ont suivi cet ordre en commençant par elle.
Mais par quel intérêt prenez-vous sa querelle?

MASSINISSE.

Syphax vous l'aura dit, puisqu'il sort d'avec vous.
  Seigneur, elle a reçu son véritable époux;
Et j'ai repris sa foi par force violée
Sur un usurpateur qui me l'avoit volée.
Son père et son amour m'en avoient fait le don.

LÆLIUS.

Ce don pour tout effet n'eut qu'un lâche abandon.

---

tragédie des personnages bas et méprisables. La tragédie, dit-on, doit peindre les mœurs des grands, et parmi les grands il se trouve beaucoup d'hommes méprisables et ridicules : cela est vrai; mais ce qu'on méprise ne peut jamais intéresser. Il faut qu'une tragédie intéresse*; et ce qui est fait pour le pinceau de Teniers ne l'est pas pour celui de Raphaël.

  * Il faut qu'une tragédie intéresse, sans doute ; mais il ne faut pas que tous les personnages en soient intéressants. L'horreur que nous fait éprouver Narcisse redouble l'intérêt que nous prenons à Burrhus. P.

ACTE IV, SCÈNE III.

Dès que Syphax parut, cet amour sans puissance....

MASSINISSE.

J'étois lors en Espagne, et durant mon absence
Carthage la força d'accepter ce parti :
Mais à présent Carthage en a le démenti.
En reprenant mon bien j'ai détruit son ouvrage,
Et vous fais dès ici triompher de Carthage.

LÆLIUS.

Commencer avant nous un triomphe si haut,
Seigneur, c'est la braver un peu plus qu'il ne faut,
Et mettre entre elle et Rome une étrange balance,
Que de confondre ainsi l'une et l'autre alliance,
Notre ami tout ensemble et gendre d'Asdrubal.
Croyez-moi, ces deux noms s'accordent assez mal ;
Et, quelque grand dessein que puisse être le vôtre,
Vous ne pourrez long-temps conserver l'un et l'autre.
Ne vous figurez point qu'une telle moitié
Soit jamais compatible avec notre amitié,
Ni que nous attendions que le même artifice
Qui nous ôta Syphax nous vole Massinisse.
Nous aimons nos amis, et même en dépit d'eux
Nous savons les tirer de ces pas dangereux.
Ne nous forcez à rien qui vous puisse déplaire.

MASSINISSE.

Ne m'ordonnez donc rien que je ne puisse faire ;
Et montrez cette ardeur de servir vos amis,
A tenir hautement ce qu'on leur a promis.
Du consul et de vous j'ai la parole expresse ;
Et ce grand jour a fait que tout obstacle cesse.

Tout ce qui m'appartient me doit être rendu.

LÆLIUS.

Et par où cet espoir vous est-il défendu?

MASSINISSE.

Quel ridicule espoir en garderoit mon ame,
Si votre dureté me refuse ma femme?
Est-il rien plus à moi, rien moins à balancer?
Et du reste par là que me faut-il penser?
Puis-je faire aucun fonds sur la foi qu'on me donne,
Et traité comme esclave attendre ma couronne?

LÆLIUS.

Nous en avons ici les ordres du sénat,
Et même de Syphax il y joint tout l'état :
Mais nous n'en avons point touchant cette captive;
Syphax est son époux, il faut qu'elle le suive.

MASSINISSE.

Syphax est son époux! et que suis-je, seigneur?

LÆLIUS.

Consultez la raison plutôt que votre cœur;
Et voyant mon devoir, souffrez que je le fasse.

MASSINISSE.

Chargez, chargez-moi donc de vos fers en sa place;
Au lieu d'un conquérant par vos mains couronné,
Traînez à votre Rome un vainqueur enchaîné.
Je suis à Sophonisbe, et mon amour fidèle
Dédaigne et diadème et liberté sans elle;
Je ne veux ni régner ni vivre qu'en ses bras :
Non, je ne veux....

LÆLIUS.

Seigneur, ne vous emportez pas.

ACTE IV, SCÈNE III.

MASSINISSE.

Résolus à ma perte, hélas! que vous importe
Si ma juste douleur se retient ou s'emporte?
Mes pleurs et mes soupirs vous fléchiront-ils mieux?
Et faut-il à genoux vous parler comme aux dieux?
Que j'ai mal employé mon sang et mes services,
Quand je les ai prêtés à vos astres propices,
Si j'ai pu tant de fois hâter votre destin,
Sans pouvoir mériter cette part au butin!

LÆLIUS.

Si vous avez, seigneur, hâté notre fortune,
Je veux bien que la proie entre nous soit commune;
Mais pour la partager, est-ce à vous de choisir?
Est-ce avant notre aveu qu'il vous en faut saisir?

MASSINISSE.

Ah! si vous aviez fait la moindre expérience
De ce qu'un digne amour donne d'impatience,
Vous sauriez.... Mais pourquoi n'en auriez-vous pas fait?
Pour aimer à notre âge en est-on moins parfait?
Les héros des Romains ne sont-ils jamais hommes?
Leur Mars a tant de fois été ce que nous sommes!
Et le maître des dieux, des rois, et des amants,
En ma place auroit eu mêmes empressements.
J'aimois, on l'agréoit, j'étois ici le maître;
Vous m'aimiez, ou du moins vous le faisiez paroître.
L'amour en cet état daigne-t-il hésiter
Faute d'un mot d'aveu dont il n'ose douter?
Voir son bien en sa main et ne le point reprendre,
Seigneur, c'est un respect bien difficile à rendre.
Un roi se souvient-il en des moments si doux

Qu'il a dans votre camp des maîtres parmi vous?
Je l'ai dû toutefois, et je m'en tiens coupable.
Ce crime est-il si grand qu'il soit irréparable?
Et sans considérer mes services passés,
Sans excuser l'amour par qui nos cœurs forcés....

LÆLIUS.

Vous parlez tant d'amour, qu'il faut que je confesse
Que j'ai honte pour vous de voir tant de foiblesse [1].
  N'alléguez point les dieux, si l'on voit quelquefois
Leur flamme s'emporter en faveur de leur choix :
Ce n'est qu'à leurs pareils à suivre leurs exemples ;
Et vous ferez comme eux quand vous aurez des temples :

---

[1] Il y a bien de la force et de la dignité dans les vers suivants : c'est ce morceau singulier, ce sont quelques autres tirades contre la passion de l'amour qui ont fait dire assez mal à propos que Corneille avait dédaigné de représenter ses héros amoureux. Le discours de Lælius est noble, et a quelque chose de sublime ; mais vous sentez que plus il est grand, plus il rend Massinisse petit. Massinisse est le premier personnage de la pièce, puisque c'est lui qui est passionné et infortuné : dès que ce premier personnage devient un subalterne traité avec mépris par son supérieur, il ne peut plus être souffert. Il est impossible, comme on l'a déjà dit, de s'intéresser à ce qu'on méprise. Quand le vieux don Diègue dit à Rodrigue, son fils,

L'amour n'est qu'un plaisir, l'honneur est un devoir,

il n'avilit point Rodrigue, il le rend même plus intéressant, en mettant aux prises sa passion avec l'amour filial ; mais si un envoyé de Pompée venait reprocher à Mithridate sa faiblesse pour Monime, s'il insultait avec une dérision amère au ridicule d'un vieillard amoureux, jaloux de ses deux enfants, Mithridate ne serait plus supportable.

  Il paraît que Lælius se moque continuellement de Massinisse, et

Comme ils sont dans le ciel au-dessus du danger,
Ils n'ont là rien à craindre et rien à ménager.

Du reste, je sais bien que souvent il arrive
Qu'un vainqueur s'adoucit auprès de sa captive.
Les droits de la victoire ont quelque liberté
Qui ne sauroit déplaire à notre âge indompté :
Mais quand à cette ardeur un monarque défère,
Il s'en fait un plaisir et non pas une affaire ;
Il repousse l'amour comme un lâche attentat,
Dès qu'il veut prévaloir sur la raison d'état ;
Et son cœur, au-dessus de ces basses amorces,
Laisse à cette raison toujours toutes ses forces.

que ce prince n'exprime ni assez ce qu'il doit dire, ni assez bien ce qu'il dit,

>   Quel ridicule espoir en garderoit mon ame,
>   Si votre dureté me refuse ma femme?
>   Est-il rien plus à moi, rien plus à balancer?

Lælius répond à ces vers comiques, que sa femme n'est point sa femme ; le Numide ne parle alors que de son amour fidèle, de ce qu'un digne amour donne d'impatience, des amours de Mars et de Jupiter ; il dit qu'il ne veut régner et vivre que dans les bras de Sophonisbe : il parle beaucoup plus tendrement de sa passion pour elle à Lælius qu'il n'en parle à elle-même ; et par là il redouble le mépris que Lælius lui témoigne. C'était là pourtant une belle occasion de répondre avec dignité à Lælius, de faire valoir les droits des rois et des nations, d'opposer la violence africaine à la grandeur romaine, de repousser l'outrage par l'outrage, au lieu de jouer le rôle d'un valet qui s'est marié sans la permission de son maitre. Il soutient ce malheureux personnage dans la scène suivante avec Sophonisbe ; il la prie de venir demander grace avec lui à Scipion ; et enfin la faiblesse de ses expressions ne répond que trop à celle de son ame.

Quand l'amour avec elle a de quoi s'accorder,
Tout est beau, tout succède, on n'a qu'à demander;
Mais, pour peu qu'elle en soit ou doive être alarmée,
Son feu qu'elle dédit doit tourner en fumée.
Je vous en parle en vain : cet amour décevant
Dans votre cœur surpris a passé trop avant;
Vos feux vous plaisent trop pour les vouloir éteindre :
Et tout ce que je puis, seigneur, c'est de vous plaindre

MASSINISSE.

Me plaindre tout ensemble et me tyranniser!

LÆLIUS.

Vous l'avouerez un jour, c'est vous favoriser.

MASSINISSE.

Quelle faveur, grands dieux! qui tient lieu de supplice!

LÆLIUS.

Quand vous serez à vous, vous lui ferez justice.

MASSINISSE.

Ah! que cette justice est dure à concevoir!

LÆLIUS.

Je la connois assez pour suivre mon devoir [1].

---

[1] Massinisse paraît dans un avilissement encore plus grand que Syphax; il vient se plaindre de ce qu'on lui prend sa femme : il fait l'apologie de l'amour devant le lieutenant de Scipion; et il fait cette apologie en vers comiques : *Pour aimer à notre âge, en est-on moins parfait?* etc.: et Lælius, qui ne paraît là que pour dire qu'il ne faut point aimer, joue un rôle aussi froid que celui de Massinisse est humiliant.

SCÈNE IV.

LÆLIUS, MASSINISSE, MÉZÉTULLE, ALBIN.

ALBIN.

Scipion vient, seigneur, d'arriver dans vos tentes,
Ravi du grand succès qui prévient ses attentes;
Et, ne vous croyant pas maître en si peu de jours,
Il vous venoit lui-même amener du secours,
Tandis que le blocus laissé devant Utique
Répond de cette place à notre république.
Il me donne ordre exprès de vous en avertir.

LÆLIUS, *à Massinisse.*

Allez à votre hymen le faire consentir:
Allez le voir sans moi; je l'en laisse seul juge.

MASSINISSE.

Oui, contre vos rigueurs il sera mon refuge,
Et j'en rapporterai d'autres ordres pour vous.

LÆLIUS.

Je les suivrai, seigneur, sans en être jaloux.

MASSINISSE.

Mais avant mon retour si l'on saisit la reine....

LÆLIUS.

J'en réponds jusque-là, n'en soyez point en peine.
Qu'on la fasse venir. Vous pouvez lui parler,
Pour prendre ses conseils, et pour la consoler.
Gardes, que sans témoins on le laisse avec elle.
Vous, pour dernier avis d'une amitié fidèle,

Perdez fort peu de temps en ce doux entretien,
Et jusques au retour ne vous vantez de rien.

SCÈNE V.

MASSINISSE, SOPHONISBE, MÉZÉTULLE, HERMINIE.

MASSINISSE, *à Lælius qui sort.*

Voyez-la donc, seigneur, voyez tout son mérite,
Voyez s'il est aisé qu'un héros.... Il me quitte,
Et d'un premier éclat le barbare alarmé
N'ose exposer son cœur aux yeux qui m'ont charmé.
Il veut être inflexible, et craint de ne plus l'être,
Pour peu qu'il se permît de voir et de connoître.

Allons, allons, madame, essayer aujourd'hui
Sur le grand Scipion ce qu'il a craint pour lui [1].
Il vient d'entrer au camp; venez-y par vos charmes
Appuyer mes soupirs, et secourir mes larmes;
Et que ces mêmes yeux qui m'ont fait tout oser,
Si j'en suis criminel, servent à m'excuser.
Puissent-ils, et sur l'heure, avoir là tant de force,
Que pour prendre ma place il m'ordonne un divorce,
Qu'il veuille conserver mon bien en me l'ôtant !
J'en mourrai de douleur, mais je mourrai content.

---

[1] Quoi ! Massinisse, apprenant que le jeune Scipion arrive, conseille à sa femme d'aller lui faire des coquetteries, et de tâcher d'avoir en un jour trois maris! Sophonisbe répond noblement; mais toute la grandeur de Corneille ne pourrait ennoblir cette scène qui commence par une proposition si lâche et si ridicule.

Mon amour, pour vous faire un destin si propice,
Se prépare avec joie à ce grand sacrifice.
Si c'est vous bien servir, l'honneur m'en suffira;
Et si c'est mal aimer, mon bras m'en punira.

SOPHONISBE.

Le trouble de vos sens dont vous n'êtes plus maître,
Vous a fait oublier, seigneur, à me connoître.
Quoi! j'irois mendier jusqu'au camp des Romains
La pitié de leur chef qui m'auroit en ses mains?
J'irois déshonorer, par un honteux hommage,
Le trône où j'ai pris place, et le sang de Carthage?
Et l'on verroit gémir la fille d'Asdrubal
Aux pieds de l'ennemi pour eux le plus fatal?
Je ne sais si mes yeux auroient là tant de force,
Qu'en sa faveur sur l'heure il pressât un divorce;
Mais je ne me vois pas en état d'obéir,
S'il osoit jusque-là cesser de me haïr.
La vieille antipathie entre Rome et Carthage
N'est pas prête à finir par un tel assemblage.
Ne vous préparez point à rien sacrifier
A l'honneur qu'il auroit de vous justifier.
Pour effet de vos feux et de votre parole,
Je ne veux qu'éviter l'aspect du Capitole;
Que ce soit par l'hymen ou par d'autres moyens,
Que je vive avec vous ou chez vos citoyens,
La chose m'est égale, et je vous tiendrai quitte,
Qu'on nous sépare ou non, pourvu que je l'évite.
Mon amour voudroit plus; mais je règne sur lui,
Et n'ai changé d'époux que pour prendre un appui.
Vous m'avez demandé la faveur de ce titre

Pour soustraire mon sort à son injuste arbitre;
Et, puisqu'à m'affranchir il faut que j'aide un roi,
C'est là tout le secours que vous aurez de moi.
Ajoutez-y des pleurs, mêlez-y des bassesses;
Mais laissez-moi, de grace, ignorer vos foiblesses;
Et, si vous souhaitez que l'effet m'en soit doux,
Ne me donnez point lieu d'en rougir après vous.
Je ne vous cèle point que je serois ravie
D'unir à vos destins les restes de ma vie;
Mais si Rome en vous-même ose braver les rois,
S'il faut d'autres secours, laissez-les à mon choix:
J'en trouverai, seigneur; et j'en sais qui peut-être
N'auront à redouter ni maîtresse ni maître:
Mais mon amour préfère à cette sûreté
Le bien de vous devoir toute ma liberté.

MASSINISSE.

Ah! si je vous pouvois offrir même assurance,
Que je serois heureux de cette préférence!

SOPHONISBE.

Syphax et Lælius pourront vous prévenir,
Si vous perdez ici le temps de l'obtenir.
Partez.

MASSINISSE.

M'enviez-vous le seul bien qu'à ma flamme
A souffert jusqu'ici la grandeur de votre ame?
Madame, je vous laisse aux mains de Lælius.
Vous avez pu vous-même entendre ses refus;
Et mon amour ne sait ce qu'il peut se promettre
De celles du consul, où je vais me remettre.
L'un et l'autre est Romain; et peut-être en ce lieu

ACTE IV, SCÈNE V.

Ce peu que je vous dis est le dernier adieu.
Je ne vois rien de sûr que cette triste joie;
Ne me l'enviez plus, souffrez que je vous voie;
Souffrez que je vous parle, et vous puisse exprimer
Quelque part des malheurs où l'on peut m'abymer,
Quelques informes traits de la secrète rage
Que déja dans mon cœur forme leur sombre image :
Non que je désespère : on m'aime; mais, hélas !
On m'estime, on m'honore, et l'on ne me craint pas.
M'éloigner de vos yeux en cette incertitude,
Pour un cœur tout à vous c'est un tourment bien rude;
Et, si j'en ose croire un noir pressentiment,
C'est vous perdre à jamais que vous perdre un moment.

Madame, au nom des dieux, rassurez mon courage;
Dites que vous m'aimez, j'en pourrai davantage;
J'en deviendrai plus fort auprès de Scipion :
Montrez pour mon bonheur un peu de passion,
Montrez que votre flamme au même bien aspire;
Ne régnez plus sur elle, et laissez-lui me dire....

SOPHONISBE.

Allez, seigneur, allez; je vous aime en époux,
Et serois à mon tour aussi foible que vous.

MASSINISSE.

Faites, faites-moi voir cette illustre foiblesse;
Que ses douceurs....

SOPHONISBE.

Ma gloire en est encor maîtresse.
Adieu. Ce qui m'échappe en faveur de vos feux
Est moins que je ne sens, et plus que je ne veux.

SCÈNE VI.

MASSINISSE, MÉZÉTULLE.

MÉZÉTULLE.

Douterez-vous encor, seigneur, qu'elle vous aime?

MASSINISSE.

Mézétulle, il est vrai, son amour est extrême[1];
Mais cet extrême amour, au lieu de me flatter,
Ne sauroit me servir qu'à mieux me tourmenter;
Ce qu'elle m'en fait voir redouble ma souffrance.
Reprenons toutefois un moment de constance;
En faveur de sa flamme espérons jusqu'au bout,
Et pour tout obtenir allons hasarder tout.

---

[1] Il serait à souhaiter qu'il le fût, il y aurait au moins quelque intérêt dans la pièce; mais Sophonisbe n'a point du tout cette *illustre faiblesse* dont Massinisse l'a priée de faire voir les douceurs. Elle ne lui a dit qu'un mot un peu tendre; elle a toujours grand soin de persuader qu'elle n'aime que sa grandeur.

FIN DU QUATRIÈME ACTE.

ACTE CINQUIÈME.

SCÈNE I.

SOPHONISBE, HERMINIE.

SOPHONISBE.

Cesse de me flatter d'une espérance vaine.
Auprès de Scipion ce prince perd sa peine.
S'il l'avoit pu toucher, il seroit revenu;
Et, puisqu'il tarde tant, il n'a rien obtenu.

HERMINIE.

Si tant d'amour pour vous s'impute à trop d'audace,
Il faut un peu de temps pour en obtenir grace :
Moins on la rend facile, et plus elle a de poids.
Scipion s'en fera prier plus d'une fois;
Et peut-être son ame encore irrésolue....

SOPHONISBE.

Sur moi, quoi qu'il en soit, je me rends absolue;
Contre sa dureté j'ai du secours tout prêt,
Et ferai malgré lui moi seule mon arrêt.

Cependant de mon feu l'importune tendresse
Aussi bien que ma gloire en mon sort s'intéresse,
Veut régner en mon cœur contre ma liberté,
Et n'ose l'avouer de toute sa fierté.

SOPHONISBE.

Quelle bassesse d'ame! ô ma gloire! ô Carthage!
Faut-il qu'avec vous deux un homme la partage?
Et l'amour de la vie en faveur d'un époux
Doit-il être en ce cœur aussi puissant que vous?
Ce héros a trop fait de m'avoir épousée;
De sa seule pitié s'il m'eût favorisée,
Cette pitié peut-être en ce triste et grand jour
Auroit plus fait pour moi que cet excès d'amour.
Il devoit voir que Rome en juste défiance....

HERMINIE.

Mais vous lui témoigniez pareille impatience;
Et vos feux rallumés montroient de leur côté
Pour ce nouvel hymen égale avidité.

SOPHONISBE.

Ce n'étoit point l'amour qui la rendoit égale;
C'étoit la folle ardeur de braver ma rivale;
J'en faisois mon suprême et mon unique bien:
Tous les cœurs ont leur foible, et c'étoit là le mien[1].
La présence d'Éryxe aujourd'hui m'a perdue;
Je me serois sans elle un peu mieux défendue;
J'aurois su mieux choisir et les temps et les lieux.
Mais ce vainqueur vers elle eût pu tourner les yeux:
Tout mon orgueil disoit à mon ame jalouse

---

[1] Toutes les scènes précédentes ayant été si froides, il est impossible que ce cinquième acte ne le soit pas. Sophonisbe elle-même avertit qu'elle n'avait point de passion, qu'elle n'avait que la folle ardeur de braver sa rivale, que c'était là son *suprême bien* et son *faible*. Un tel faible n'est nullement tragique.

Elle a donc un caractère aussi froid que ses deux maris, puisque, de son aveu, elle n'a qu'un *caprice* sans grandeur d'ame et sans amour.

Qu'une heure de remise en eût fait son épouse,
Et que, pour me braver à son tour hautement,
Son feu se fût saisi de ce retardement.
Cet orgueil dure encore, et c'est lui qui l'invite,
Par un message exprès à me rendre visite,
Pour reprendre à ses yeux un si cher conquérant,
Ou, s'il me faut mourir, la braver en mourant.

Mais je vois Mézétulle; en cette conjoncture,
Son retour sans ce prince est d'un mauvais augure.
Raffermis-toi, mon ame, et prends des sentiments
A te mettre au-dessus de tous évènements.

SCÈNE II,

SOPHONISBE, MÉZÉTULLE, HERMINIE.

SOPHONISBE.

Quand reviendra le roi?

MÉZÉTULLE.

Pourrai-je bien vous dire
A quelle extrémité le porte un dur empire?
Et si je vous le dis, pourrez-vous concevoir
Quel est son déplaisir, quel est son désespoir?
Scipion ne veut pas même qu'il vous revoie.

SOPHONISBE.

J'ai donc peu de raison d'attendre cette joie;
Quand son maître a parlé, c'est à lui d'obéir.
Il lui commandera bientôt de me haïr:
Et, dès qu'il recevra cette loi souveraine,
Je ne dois pas douter un moment de sa haine.

SOPHONISBE.

MÉZÉTULLE.

Si vous pouviez douter encor de son ardeur,
Si vous n'aviez pas vu jusqu'au fond de son cœur,
Je vous dirois....

SOPHONISBE.

Que Rome à présent l'intimide?

MÉZÉTULLE.

Madame, vous savez....

SOPHONISBE.

Je sais qu'il est Numide.
Toute sa nation est sujette à l'amour;
Mais cet amour s'allume et s'éteint en un jour :
J'aurois tort de vouloir qu'il en eût davantage.

MÉZÉTULLE.

Que peut en cet état le plus ferme courage,
Scipion ou l'obsède ou le fait observer ;
Dès demain vers Utique il le veut enlever....

SOPHONISBE.

N'avez-vous de sa part autre chose à me dire?

MÉZÉTULLE.

Par grace on a souffert qu'il ait pu vous écrire,
Qu'il l'ait fait sans témoins ; et par ce peu de mots,
Qu'ont arrosés ses pleurs, qu'ont suivis ses sanglots,
Il vous fera juger....

SOPHONISBE.

Donnez.

MÉZÉTULLE.

Avec sa lettre,
Voilà ce qu'en vos mains j'ai charge de remettre.

ACTE V, SCÈNE II.

SOPHONISBE *lit.*

« Il ne m'est pas permis de vivre votre époux ;
  « Mais enfin je vous tiens parole,
« Et vous éviterez l'aspect du Capitole,
   « Si vous êtes digne de vous.
   « Ce poison que je vous envoie
   « En est la seule et triste voie ;
« Et c'est tout ce que peut un déplorable roi
     « Pour dégager sa foi. »
Voilà de son amour une preuve assez ample.
Mais, s'il m'aimoit encore, il me devoit l'exemple :
Plus esclave en son camp que je ne suis ici,
Il devoit de son sort prendre même souci.
Quel présent nuptial d'un époux à sa femme !
Qu'au jour d'un hyménée il lui marque de flamme !
Reportez, Mézétulle, à votre illustre roi
Un secours dont lui-même a plus besoin que moi ;
Il ne manquera pas d'en faire un digne usage
Dès qu'il aura des yeux à voir son esclavage.
Si tous les rois d'Afrique en sont toujours pourvus
Pour dérober leur gloire aux malheurs imprévus,
Comme eux et comme lui j'en dois être munie ;
Et, quand il me plaira de sortir de la vie,
De montrer qu'une femme a plus de cœur que lui,
On ne me verra point emprunter rien d'autrui [1].

---

[1] Comment se peut-il faire qu'une scène où un mari envoie du poison à sa femme, soit froide et comique? C'est que cette femme lui renvoie son poison après que ce poison lui a été présenté comme un message tout ordinaire ; c'est qu'elle lui fait dire qu'il n'a qu'à

SCÈNE III.

SOPHONISBE, BARCÉE, HERMINIE,
MÉZÉTULLE; UN PAGE.

SOPHONISBE, *au page.*
Éryxe viendra-t-elle? As-tu vu cette reine?
LE PAGE.
Madame, elle est déjà dans la chambre prochaine,
Surprise d'avoir su que vous la vouliez voir.
Vous la voyez, elle entre.
SOPHONISBE.
Elle va plus savoir.

SCÈNE IV.

ÉRYXE, SOPHONISBE, BARCÉE,
HERMINIE, MÉZÉTULLE.

SOPHONISBE, à *Éryxe.*
Si vous avez connu le prince Massinisse....
ÉRYXE.
N'en parlons plus, madame; il vous a fait justice.

s'empoisonner lui-même. Après une si étrange scène, tout ce qui peut étonner, c'est qu'il se soit trouvé autrefois des défenseurs de cette tragédie; et ce qui serait plus étonnant, c'est qu'on la rejouât aujourd'hui.

ACTE V, SCÈNE IV.

SOPHONISBE.

Vous n'avez pas connu tout-à-fait son esprit;
Pour le connoitre mieux, lisez ce qu'il m'écrit.

ÉRYXE, *après avoir lu.*

Du côté des Romains je ne suis point surprise;
Mais ce qui me surprend, c'est qu'il les autorise,
Qu'il passe plus avant qu'ils ne voudroient aller.

SOPHONISBE.

Que voulez-vous, madame? il faut s'en consoler.

(*à Mézétulle.*)

Allez, et dites-lui que je m'apprête à vivre,
En faveur du triomphe, en dessein de le suivre;
Que, puisque son amour ne sait pas mieux agir,
Je m'y réserve exprès pour l'en faire rougir.
Je lui dois cette honte; et Rome son amie
En verra sur son front rejaillir l'infamie :
Elle y verra marcher, ce qu'on n'a jamais vu,
La femme du vainqueur à côté du vaincu,
Et mes pas chancelants sous ces pompes cruelles
Couvrir ses plus hauts faits de taches éternelles.
Portez-lui ma réponse; allez.

MÉZÉTULLE.

Dans ses ennuis....

SOPHONISBE.

C'est trop m'importuner en l'état où je suis.
Ne vous a-t-il chargé de rien dire à la reine?

MÉZÉTULLE.

Non, madame.

SOPHONISBE.

Allez donc; et, sans vous mettre en peine

De ce qu'il me plaira croire ou ne croire pas,
Laissez en mon pouvoir ma vie et mon trépas [1].

SCÈNE V.

SOPHONISBE, ÉRYXE, HERMINIE, BARCÉE.

SOPHONISBE.

Une troisième fois mon sort change de face,
Madame, et c'est mon tour de vous quitter la place.
Je ne m'en défends point, et, quel que soit le prix
De ce rare trésor que je vous avois pris,
Quelques marques d'amour que ce héros m'envoie,
Ce que j'en eus pour lui vous le rend avec joie.
Vous le conserverez plus dignement que moi.

ÉRYXE.

Madame, pour le moins j'ai su garder ma foi;

---

[1] Cette scène paraît au-dessous de toutes les précédentes, par la raison même qu'elle devait être touchante. Une femme à qui son mari envoie du poison, et qui en fait confidence à sa rivale, semble devoir produire quelques grands mouvements, quelque changement surprenant de fortune, quelque catastrophe; mais cette confidence, faite froidement, et reçue de même, ne produit qu'un vers de comédie :

Que voulez-vous, madame? il faut s'en consoler.

Les expressions les plus simples dans de grands malheurs sont souvent les plus nobles et les plus touchantes : mais nous avons déjà remarqué combien il faut craindre, en cherchant le simple, de tomber dans le comique et dans le bas.

ACTE V, SCÈNE V.

Et ce que mon espoir en a reçu d'outrage
N'a pu jusqu'à la plainte emporter mon courage.
Aucun de nos Romains sur mes ressentiments....

SOPHONISBE.

Je ne demande point ces éclaircissements,
Et m'en rapporte aux dieux qui savent toutes choses.
Quand l'effet est certain, il n'importe des causes.
Que ce soit mon malheur, que ce soient nos tyrans,
Que ce soit vous, ou lui, je l'ai pris, je le rends.

Il est vrai que l'état où j'ai su vous le prendre
N'est pas du tout le même où je vais vous le rendre :
Je vous l'ai pris vaillant, généreux, plein d'honneur
Et je vous le rends lâche, ingrat, empoisonneur;
Je l'ai pris magnanime, et vous le rends perfide;
Je vous le rends sans cœur, et l'ai pris intrépide;
Je l'ai pris le plus grand des princes africains,
Et le rends, pour tout dire, esclave des Romains.

ÉRYXE.

Qui me le rend ainsi n'a pas beaucoup d'envie
Que j'attache à l'aimer le bonheur de ma vie.

SOPHONISBE.

Ce n'est pas là, madame, où je prends intérêt.
Acceptez, refusez, aimez-le tel qu'il est,
Dédaignez son mérite, estimez sa foiblesse;
De tout votre destin vous êtes la maîtresse :
Je la serai du mien, et j'ai cru vous devoir
Ce mot d'avis sincère avant que d'y pourvoir.
S'il part d'un sentiment qui flatte mal les vôtres,
Lælius, que je vois, vous en peut donner d'autres;

Souffrez que je l'évite, et que dans mon malheur
Je m'ose de sa vue épargner la douleur[1].

SCÈNE VI.

LÆLIUS, ÉRYXE, LÉPIDE, BARCÉE.

LÆLIUS.
Lépide, ma présence est pour elle un supplice.
ÉRYXE.
Vous a-t-on dit, seigneur, ce qu'a fait Massinisse?
LÆLIUS.
J'ai su que pour sortir d'une témérité
Dans une autre plus grande il s'est précipité.
Au bas de l'escalier j'ai trouvé Mézétulle;
Sur ce qu'a dit la reine il est un peu crédule :
Pour braver Massinisse elle a quelque raison
De refuser de lui le secours du poison ;
Mais ce refus pourroit n'être qu'un stratagème,
Pour faire malgré nous son destin elle-même.
Allez l'en empêcher, Lépide; et dites-lui

---

[1] Cette fin de la pièce est, quant au fond, très inférieure à celle de Mairet ; car du moins Massinisse, dans Mairet, est au désespoir ; il montre aux Romains sa femme expirante, et il se tue auprès d'elle : mais ici Sophonisbe parle de Massinisse comme du dernier des hommes ; et cet homme si méprisé épouse Éryxe. La pièce de Corneille finit donc par le mariage de deux personnages dont personne ne se soucie : et Corneille a si bien senti combien Massinisse est bas et odieux, qu'il n'ose le faire paraître ; de sorte qu'il ne reste sur la scène qu'un Lælius, qui ne prend nulle part au dénouement, la froide Éryxe, et des subalternes.

Que le grand Scipion veut lui servir d'appui,
Que Rome en sa faveur voudra lui faire grace,
Qu'un si prompt désespoir sentiroit l'ame basse,
Que le temps fait souvent plus qu'on ne s'est promis,
Que nous ferons pour elle agir tous nos amis;
Enfin, avec douceur tâchez de la réduire
A venir dans le camp, à s'y laisser conduire,
A se rendre à Syphax, qui même en ce moment
L'aime et l'adore encor malgré son changement.
Nous attendrons ici l'effet de votre adresse;
N'y perdez point de temps.

SCÈNE VII.

LÆLIUS, ÉRYXE, BARCÉE.

LÆLIUS.

Et vous, grande princesse,
Si des restes d'amour ont surpris un vainqueur,
Quand il devoit au vôtre et son trône et son cœur,
Nous vous en avons fait assez prompte justice
Pour obtenir de vous que ce trouble finisse,
Et que vous fassiez grace à ce prince inconstant,
Qui se vouloit trahir lui-même en vous quittant.

ÉRYXE.

Vous auroit-il prié, seigneur, de me le dire?

LÆLIUS.

De l'effort qu'il s'est fait il gémit, il soupire;
Et je crois que son cœur, encore outré d'ennui,
Pour retourner à vous n'est pas assez à lui:

Mais si cette bonté qu'eut pour lui votre flamme
Aidoit à sa raison à rentrer dans son ame,
Nous aurions peu de peine à rallumer des feux
Que n'a pas bien éteints cette erreur de ses vœux.

ÉRYXE.

Quand d'une telle erreur vous punissez l'audace,
Il vous sied mal pour lui de me demander grace :
Non que je la refuse à ce perfide tour ;
L'hymen des rois doit être au-dessus de l'amour ;
Et je sais qu'en un prince heureux et magnanime
Mille infidélités ne sauroient faire un crime :
Mais, si tout inconstant il est digne de moi,
Il a cessé de l'être en cessant d'être roi.

LÆLIUS.

Ne l'est-il plus, madame ? et si la Gétulie
Par votre illustre hymen à son trône s'allie,
Si celui de Syphax s'y joint dès aujourd'hui,
En est-il sur la terre un plus puissant que lui ?

ÉRYXE.

Et de quel front, seigneur, prend-il une couronne,
S'il ne peut disposer de sa propre personne,
S'il lui faut pour aimer attendre votre choix,
Et que jusqu'en son lit vous lui fassiez des lois ?
Un sceptre compatible avec un joug si rude
N'a rien à me donner que de la servitude ;
Et si votre prudence ose en faire un vrai roi,
Il est à Sophonisbe, et ne peut être à moi.
Jalouse seulement de la grandeur royale,
Je la regarde en reine, et non pas en rivale ;
Je vois dans son destin le mien enveloppé,

ACTE V, SCÈNE VII.

Et du coup qui la perd tout mon cœur est frappé.
Par votre ordre on la quitte; et cet ami fidéle
Me pourroit, au même ordre, abandonner comme elle.
  Disposez de mon sceptre, il est entre vos mains :
Je veux bien le porter au gré de vos Romains.
Je suis femme, et mon sexe accablé d'impuissance
Ne reçoit point d'affront par cette dépendance;
Mais je n'aurai jamais à rougir d'un époux
Qu'on voie ainsi que moi ne régner que sous vous.

LÆLIUS.

Détrompez-vous, madame; et voyez dans l'Asie
Nos dignes alliés régner sans jalousie,
Avec l'indépendance, avec l'autorité
Qu'exige de leur rang toute la majesté.
Regardez Prusias, considérez Attale,
Et ce que souffre en eux la dignité royale :
Massinisse avec vous, et toute autre moitié,
Recevra même honneur et pareille amitié.
Mais quant à Sophonisbe, il m'est permis de dire
Qu'elle est Carthaginoise; et ce mot doit suffire.
  Je dirois qu'à la prendre ainsi sans notre aveu,
Tout notre ami qu'il est, il nous bravoit un peu;
Mais, comme je lui veux conserver votre estime,
Autant que je le puis je déguise son crime,
Et nomme seulement imprudence d'état
Ce que nous aurions droit de nommer attentat.
Mais Lépide déja revient de chez la reine.

SCÈNE VIII.

LÆLIUS, ÉRYXE, LÉPIDE, BARCÉE.

LÆLIUS.
Qu'avez-vous obtenu de cette ame hautaine ?
LÉPIDE.
Elle avoit trop d'orgueil pour en rien obtenir :
De sa haine pour nous elle a su se punir.
LÆLIUS.
Je l'avois bien prévu, je vous l'ai dit moi-même,
Que ce desscin de vivre étoit un stratagême,
Qu'elle voudroit mourir : mais ne pouviez-vous pas....
LÉPIDE.
Ma présence n'a fait que hâter son trépas.
 A peine elle m'a vu, que d'un regard farouche,
Portant je ne sais quoi de sa main à sa bouche,
« Parlez, m'a-t-elle dit, je suis en sûreté,
« Et recevrai votre ordre avec tranquillité. »
Surpris d'un tel discours, je l'ai pourtant flattée ;
J'ai dit qu'en grande reine elle seroit traitée,
Que Scipion et vous en prendriez souci ;
Et j'en voyois déja son regard adouci,
Quand d'un souris amer me coupant la parole,
« Qu'aisément, reprend-elle, une ame se console !
« Je sens vers cet espoir tout mon cœur s'échapper,
« Mais il est hors d'état de se laisser tromper ;
« Et d'un poison ami le secourable office
« Vient de fermer la porte à tout votre artifice.

ACTE V, SCÈNE VIII.

« Dites à Scipion qu'il peut dès ce moment
« Chercher à son triomphe un plus rare ornement.
« Pour voir de deux grands rois la lâcheté punie,
« J'ai dû livrer leur femme à cette ignominie ;
« C'est ce que méritoit leur amour conjugal :
« Mais j'en ai dû sauver la fille d'Asdrubal.
« Leur bassesse aujourd'hui de tous deux me dégage ;
« Et, n'étant plus qu'à moi, je meurs toute à Carthage :
« Digne sang d'un tel père, et digne de régner,
« Si la rigueur du sort eût voulu m'épargner ! »
 A ces mots, la sueur lui montant au visage,
Les sanglots de sa voix saisissent le passage ;
Une morte pâleur s'empare de son front ;
Son orgueil s'applaudit d'un remède si prompt :
De sa haine aux abois la fierté se redouble ;
Elle meurt à mes yeux, mais elle meurt sans trouble,
Et soutient en mourant la pompe d'un courroux
Qui semble moins mourir que triompher de nous [1].

ÉRYXE.

Le dirai-je, seigneur ? je la plains et l'admire.
Une telle fierté méritoit un empire ;
Et j'aurois en sa place eu même aversion
De me voir attachée au char de Scipion.
La fortune jalouse et l'amour infidèle

---

[1] *La pompe d'un courroux qui semble moins mourir que triompher !* On voit assez que c'est là de l'enflure dépourvue du mot propre, et qu'un courroux n'est pas pompeux. Éryxe répond avec noblesse et avec convenance. Il eût été à desirer que la pièce finît par ce discours d'Éryxe, ou que Lælius eût mieux parlé ; car qu'importe qu'on *aille voir Scipion et Massinisse ?*

Ne lui laissoient ici que son grand cœur pour elle :
Il a pris le dessus de toutes leurs rigueurs,
Et son dernier soupir fait honte à ses vainqueurs.

LÆLIUS.

Je dirai plus, madame, en dépit de sa haine,
Une telle fierté devoit naître romaine.
Mais allons consoler un prince généreux,
Que sa seule imprudence a rendu malheureux.
Allons voir Scipion, allons voir Massinisse ;
Souffrez qu'en sa faveur le temps vous adoucisse ;
Et préparez votre ame à le moins dédaigner,
Lorsque vous aurez vu comme il saura régner.

ÉRYXE.

En l'état où je suis, je fais ce qu'on m'ordonne.
Mais ne disposez point, seigneur, de ma personne ;
Et si de ce héros les desirs inconstants....

LÆLIUS.

Madame, encore un coup, laissons-en faire au temps [1].

---

[1] Madame, encore un coup, laissons-en faire au temps,

n'est pas une fin heureuse. Les meilleures sont celles qui laissent dans l'ame du spectateur quelque idée sublime, quelque maxime vertueuse et importante, convenable au sujet : mais tous les sujets n'en sont pas susceptibles.

On n'a point remarqué tous les défauts dans les détails, que le lecteur remarque assez. La pièce en est pleine. Elle est très froide, très mal conçue et très mal écrite.

FIN DE SOPHONISBE.

OTHON,
TRAGÉDIE.

1665.

PRÉFACE DE VOLTAIRE.

Il ne faut guère en croire sur un ouvrage ni l'auteur ni ses amis, encore moins les critiques précipitées qu'on en fait dans la nouveauté. En vain Corneille dit dans sa préface que cette pièce égale ou passe la meilleure des siennes; en vain Fontenelle fait l'éloge d'*Othon*: le temps seul est juge souverain; il a banni cette pièce du théâtre. Il y en a sans doute une raison qu'il faut chercher; je n'en connais point de meilleure que l'exemple de *Britannicus*. Le temps nous a appris que quand on veut mettre la politique sur le théâtre, il faut la traiter comme Racine, y jeter de grands intérêts, des passions vraies, et de grands mouvements d'éloquence; et que rien n'est plus nécessaire qu'un style pur, noble, coulant et égal, qui se soutienne d'un bout de la pièce à l'autre. Voilà tout ce qui manque à *Othon*.

Avouons que cette tragédie n'est qu'un arrangement de famille: on ne s'y intéresse pour personne : il y est beaucoup parlé d'amour, et cet amour même refroidit le lecteur. Lorsque ce ressort, qui devrait attacher, a manqué son effet, la pièce est perdue.

Il est dit dans l'histoire du théâtre, à l'article *Othon*, que Corneille refit trois fois le cinquième acte : j'ai de la peine à le croire; mais si la chose est vraie, elle prouve qu'il fallait le refaire une quatrième fois, ou plutôt qu'il était impossible de tirer un cinquième acte intéressant d'un sujet ainsi arrangé. Corneille ne refit pas trois fois la première scène du premier acte, qui est pleine de très grandes beautés. Quand le sujet porte l'auteur, il vogue à pleines voiles; mais quand l'auteur porte le sujet, quand il est accablé du poids de la difficulté, et refroidi par le défaut d'intérêt qu'il ne peut se dissimuler à lui-même, alors tous ses efforts sont inutiles. Corneille pouvait être d'abord échauffé par le beau portrait que fait Tacite de la cour de Galba, et par le discours qu'il prête à cet empereur.

Le nom de Rome était encore quelque chose d'important. Corneille avait assez d'invention pour former une intrigue de cinq actes; mais tout cela n'avait rien d'attachant ni de tragique. Il le sentit sans doute plus d'une fois en composant; et quand il fut au cinquième acte, il se vit arrêté : il s'aperçut trop tard que ce n'était pas là une tragédie. Racine lui-même aurait échoué dans un sujet pareil*.

* Presque toutes les préfaces de Voltaire, et celle-ci entre autres, sont d'un excellent ton : il ne fait aucune grace aux défauts de la piéce; la stérilité du fond, la faiblesse du style, tout ce qui peut donner lieu enfin à une critique judicieuse, est remarqué avec autant de goût que d'impartialité. On n'y trouve ni sarcasmes, ni plaisanteries déplacées, ni expressions violentes ou amères; c'est la raison qui juge, et qui seule avait le droit de juger Corneille; et voilà le modéle que Voltaire aurait dû suivre constamment dans son commentaire : cependant il ne rend pas assez de justice à la prodigieuse fécondité d'invention que suppose, dans ce grand poëte, le nombre et la variété de ses plans, et à la manière, à-la-fois savante et fidéle, dont il a toujours saisi les différents caractères de ses personnages. P.

PRÉFACE DE CORNEILLE.

AU LECTEUR.

Si mes amis ne me trompent, cette pièce égale ou passe la meilleure des miennes. Quantité de suffrages illustres et solides se sont déclarés pour elle; et, si j'ose y mêler le mien, je vous dirai que vous y trouverez quelque justesse dans la conduite, et un peu de bon sens dans le raisonnement. Quant aux vers, on n'en a point vu de moi que j'aie travaillés avec plus de soin. Le sujet est tiré de Tacite, qui commence ses histoires par celle-ci; et je n'en ai encore mis aucune sur le théâtre à qui j'aie gardé plus de fidélité, et prêté plus d'invention. Les caractères de ceux que j'y fais parler y sont les mêmes que chez cet incomparable auteur, que j'ai traduit tant qu'il m'a été possible. J'ai tâché de faire paroître les vertus de mon héros en tout leur éclat, sans en dissimuler les vices, non plus que lui; et je me suis contenté de les attribuer à une politique de cour, où, quand le souverain se plonge dans les débauches, et que sa faveur n'est qu'à ce prix, il y a presse à qui sera de la partie. J'y ai conservé les événements, et pris la liberté de changer la manière dont ils arrivent, pour en jeter tout le crime sur un méchant homme, qu'on soupçonna dès-lors d'avoir donné des ordres secrets pour la mort de Vinius, tant leur inimitié étoit forte et déclarée! Othon avoit promis à ce consul d'épouser sa fille, s'il le pouvoit faire choisir à Galba pour successeur; et comme il se vit empereur sans son ministère, il se crut dégagé de cette promesse, et ne l'épousa point. Je n'ai pas voulu aller plus loin que l'histoire; et je puis dire qu'on n'a point encore vu de pièce où il se propose tant de mariages pour n'en conclure aucun. Ce sont intrigues de cabinet qui se détruisent les unes les autres. J'en dirai davantage quand mes libraires joindront celle-ci aux recueils qu'ils ont faits de celles de ma façon qui l'ont précédée.

PERSONNAGES.

GALBA, empereur de Rome.
VINIUS, consul.
OTHON, sénateur romain, amant de Plautine.
LACUS, préfet du prétoire.
CAMILLE, nièce de Galba.
PLAUTINE, fille de Vinius, amante d'Othon.
MARTIAN, affranchi de Galba.
ALBIN, ami d'Othon.
ALBIANE, sœur d'Albin, et dame d'honneur de Camille.
FLAVIE, amie de Plautine.
ATTICUS, } soldats romains.
RUTILE,

La scène est à Rome, dans le palais impérial.

OTHON.

ACTE PREMIER.

SCÈNE I[1].

OTHON, ALBIN.

ALBIN.

Votre amitié, seigneur, me rendra téméraire :
J'en abuse, et je sais que je vais vous déplaire,
Que vous condamnerez ma curiosité ;
Mais je croirois vous faire une infidélité,
Si je vous cachois rien de ce que j'entends dire
De votre amour nouveau sous ce nouvel empire.

On s'étonne de voir qu'un homme tel qu'Othon,
Othon, dont les hauts faits soutiennent le grand nom,
Daigne d'un Vinius se réduire à la fille,
S'attache à ce consul, qui ravage, qui pille,
Qui peut tout, je l'avoue, auprès de l'empereur,

---

[1] Il y a peu de pièces qui commencent plus heureusement que celle-ci ; je crois même que, de toutes les expositions, celle d'Othon peut passer pour la plus belle ; et je ne connais que l'exposition de *Bajazet* qui lui soit supérieure.

Mais dont tout le pouvoir ne sert qu'à faire horreur,
Et détruit d'autant plus, que plus on le voit croître,
Ce que l'on doit d'amour aux vertus de son maître.

OTHON.

Ceux qu'on voit s'étonner de ce nouvel amour
N'ont jamais bien conçu ce que c'est que la cour.
Un homme tel que moi jamais ne s'en détache;
Il n'est point de retraite ou d'ombre qui le cache;
Et, si du souverain la faveur n'est pour lui,
Il faut, ou qu'il périsse, ou qu'il prenne un appui.

Quand le monarque agit par sa propre conduite,
Mes pareils sans péril se rangent à sa suite;
Le mérite et le sang nous y font discerner :
Mais quand le potentat se laisse gouverner,
Et que de son pouvoir les grands dépositaires
N'ont pour raison d'état que leurs propres affaires,
Ces lâches ennemis de tous les gens de cœur
Cherchent à nous pousser avec toute rigueur,
A moins que notre adroite et prompte servitude
Nous dérobe aux fureurs de leur inquiétude.

Sitôt que de Galba le sénat eut fait choix,
Dans mon gouvernement j'en établis les lois,
Et je fus le premier qu'on vit au nouveau prince
Donner toute une armée et toute une province :
Ainsi je me comptois de ses premiers suivants.
Mais déja Vinius avoit pris les devants;
Martian l'affranchi, dont tu vois les pillages,
Avoit avec Lacus fermé tous les passages;
On n'approchoit de lui que sous leur bon plaisir.
J'eus donc pour m'y produire un des trois à choisir.

ACTE I, SCÈNE I.   275
Je les voyois tous trois se hâter sous un maître
Qui, chargé d'un long âge, a peu de temps à l'être,
Et tous trois à l'envi s'empresser ardemment
A qui dévoreroit ce règne d'un moment [1].
J'eus horreur des appuis qui restoient seuls à prendre.
J'espérai quelque temps de m'en pouvoir défendre;
Mais quand Nymphidius dans Rome assassiné
Fit place au favori qui l'avoit condamné,
Que Lacus par sa mort fut préfet du prétoire,

[1] Corneille n'a jamais fait quatre vers plus forts, plus pleins, plus sublimes[*]; et c'est en partie ce qui justifie la liberté que je prends de préférer cette exposition à celles de toutes ses autres pièces. A la vérité, il y a quelques vers familiers et négligés dans cette première scène, quelques expressions vicieuses, comme, *Le mérite et le sang font un éclat en vous*: on ne dit point *faire un éclat dans quelqu'un*.

A qui dévoreroit ce règne d'un moment.

La beauté de ce vers consiste dans cette métaphore rapide du mot *dévorer*; tout autre terme eût été faible : c'est là un de ces mots que Despréaux appelait trouvés. Racine est plein de ces expressions dont il a enrichi la langue. Mais qu'arrive-t-il? bientôt ces termes

[*] Voilà, de l'aveu de Voltaire, quatre vers sublimes ; et véritablement nous n'en connaissons pas de plus beaux. Cependant quel est le peintre qui eût fait un tableau de cette métaphore si hardie? comment représenter trois courtisans avides qui s'empressent *à dévorer un règne d'un moment?* Ce seul exemple aurait dû faire abjurer à Voltaire son système anti-poétique sur la justesse des métaphores. Toutes celles dont Racine abonde plus qu'aucun de nos poëtes, ont la même hardiesse : ce sont, comme dans la tragédie de *Bérénice*, des yeux *armés de tous leurs charmes* qui viendront *accabler Titus de leurs larmes*. Voltaire, s'il eût trouvé ces expressions dans Corneille, eût demandé sans doute comment des yeux pouvaient accabler, comment ils pouvaient accabler avec des larmes ; et, convaincu que ni la toile ni le burin ne pouvaient exprimer de pareilles images, il n'eût pas balancé à les proscrire. P.

Que pour couronnement d'une action si noire
Les mêmes assassins furent encor percer
Varron, Turpilian, Capiton, et Macer,
Je vis qu'il étoit temps de prendre mes mesures,
Qu'on perdoit de Néron toutes les créatures,
Et que, demeuré seul de toute cette cour,
A moins d'un protecteur j'aurois bientôt mon tour.
Je choisis Vinius dans cette défiance;
Pour plus de sûreté j'en cherchai l'alliance.
Les autres n'ont ni sœur ni fille à me donner;
Et d'eux sans ce grand nœud tout est à soupçonner.

ALBIN.

Vos vœux furent reçus?

OTHON.

Oui; déja l'hyménée
Auroit avec Plautine uni ma destinée,
Si ces rivaux d'état n'en savoient divertir
Un maître qui sans eux n'ose rien consentir.

ALBIN.

Ainsi tout votre amour n'est qu'une politique?
Et le cœur ne sent point ce que la bouche explique?

OTHON.

Il ne le sentit pas, Albin, du premier jour;

neufs et originaux, employés par les écrivains les plus médiocres, perdent le premier éclat qui les distinguait; ils deviennent familiers: alors les hommes de génie sont obligés de chercher d'autres expressions, qui souvent ne sont pas si heureuses; c'est ce qui produit le style forcé et sauvage dont nous sommes inondés. Il en est à-peu-près comme des modes : on invente pour une princesse une parure nouvelle, toutes les femmes l'adoptent; on veut ensuite renchérir, et on invente du bizarre plutôt que de l'agréable.

ACTE I, SCÈNE I.

Mais cette politique est devenue amour :
Tout m'en plait, tout m'en charme, et mes premiers scrupules
Près d'un si cher objet passent pour ridicules.
Vinius est consul, Vinius est puissant ;
Il a de la naissance ; et, s'il est agissant,
S'il suit des favoris la pente trop commune,
Plautine hait en lui ces soins de sa fortune ;
Son cœur est noble et grand.

ALBIN.

Quoi qu'elle ait de vertu,
Vous devriez dans l'ame être un peu combattu.
La nièce de Galba pour dot aura l'empire,
Et vaut bien que pour elle à ce prix on soupire :
Son oncle doit bientôt lui choisir un époux.
Le mérite et le sang font un éclat en vous,
Qui pour y joindre encor celui du diadème....

OTHON.

Quand mon cœur se pourroit soustraire à ce que j'aime,
Et que pour moi Camille auroit tant de bonté
Que je dusse espérer de m'en voir écouté ;
Si, comme tu le dis, sa main doit faire un maître,
Aucun de nos tyrans n'est encor las de l'être ;
Et ce seroit tous trois les attirer sur moi,
Qu'aspirer sans leur ordre à recevoir sa foi.
Sur-tout de Vinius le sensible courage
Feroit tout pour me perdre après un tel outrage,
Et se vengeroit même à la face des dieux [1],
Si j'avois sur Camille osé tourner les yeux.

---

[1] *A la face des dieux* est ce qu'on appelle une cheville ; il ne s'agit

ALBIN.

Pensez-y toutefois : ma sœur est auprès d'elle ;
Je puis vous y servir, l'occasion est belle ;
Tout autre amant que vous s'en laisseroit charmer ;
Et je vous dirois plus, si vous osiez l'aimer.

OTHON.

Porte à d'autres qu'à moi cette amorce inutile ;
Mon cœur, tout à Plautine, est fermé pour Camille.
La beauté de l'objet, la honte de changer,
Le succès incertain, l'infaillible danger,
Tout fait à tes projets d'invincibles obstacles.

ALBIN.

Seigneur, en moins de rien il se fait des miracles [1] :

point ici de dieux et d'autels. Ces malheureux hémistiches, qui ne disent rien, parcequ'ils semblent en trop dire, n'ont été que trop souvent imités.

[1] Seigneur, en moins de rien il se fait des miracles,

est un vers comique : mais ces petits défauts, qui rendraient une mauvaise scène encore plus mauvaise, n'empêchent pas que celle-ci ne soit claire, vigoureuse, attachante ; trois mérites très rares dans les expositions.

Cette première scène d'*Othon* prouve que Corneille avait encore beaucoup de génie. Je crois qu'il ne lui a manqué que d'être sévère pour lui-même et d'avoir des amis sévères. Un homme capable de faire une telle scène pouvait assurément faire encore de bonnes pièces. C'est un très grand malheur, il faut le redire, que personne ne l'avertit qu'il choisissait mal ses sujets, que ces dissertations politiques n'étaient pas propres au théâtre, qu'il fallait parler au cœur, observer les règles de la langue, s'exprimer avec clarté et avec élégance, ne jamais rien dire de trop, préférer le sentiment au raisonnement : il le pouvait ; il ne l'a fait dans aucune de ses dernières pièces. Elles donnent de grands regrets.

A ces deux grands rivaux peut-être il seroit doux
D'ôter à Vinius un gendre tel que vous ;
Et si l'un par bonheur à Galba vous propose....
Ce n'est pas qu'après tout j'en sache aucune chose ;
Je leur suis trop suspect pour s'en ouvrir à moi :
Mais, si je vous puis dire enfin ce que j'en croi,
Je vous proposerois, si j'étois en leur place.

OTHON.

Aucun d'eux ne fera ce que tu veux qu'il fasse ;
Et s'ils peuvent jamais trouver quelque douceur
A faire que Galba choisisse un successeur,
Ils voudront par ce choix se mettre en assurance,
Et n'en proposeront que de leur dépendance.
Je sais.... Mais Vinius que j'aperçois venir....
Laissez-nous seuls, Albin ; je veux l'entretenir.

SCÈNE II[1].

VINIUS, OTHON.

VINIUS.

Je crois que vous m'aimez, seigneur, et que ma fille
Vous fait prendre intérêt en toute la famille.

[1] La pièce commence à faiblir dès cette seconde scène. On voit trop que la tragédie ne sera qu'une intrigue de cour, une cabale pour donner un successeur à Galba. C'est là de quoi fournir une douzaine de lignes à un historien, et quelques pages à des écrivains d'anecdotes ; mais ce n'est pas là un sujet de tragédie. *Othon* est beaucoup moins théâtral que *Sophonisbe*, et bien moins heureux encore que *Sertorius*. *Agésilas*, qui suit, est moins théâtral encore qu'*Othon*. Le succès est presque toujours dans le sujet ; ce

Il en faut une preuve, et non pas seulement
Qui consiste aux devoirs dont s'empresse un amant;
Il la faut plus solide, il la faut d'un grand homme,
D'un cœur digne en effet de commander à Rome.
Il faut ne plus l'aimer.

qui le prouve, c'est que *Théodore*, *Sophonisbe*, *la Toison d'Or*, *Pertharite*, *Othon*, *Agésilas*, *Suréna*, *Pulchérie*, *Bérénice*, *Attila*, pièces que le public a proscrites, sont écrites à-peu-près du même style que *Rodogune*, dont on revoit le cinquième acte et quelques autres morceaux avec tant de plaisir. Ce sont quelquefois les mêmes beautés, et toujours les mêmes défauts dans l'élocution. Par-tout vous trouverez des pensées fortes et des idées alambiquées, de la hauteur et de la familiarité, de l'amour mêlé de politique, quelques vers heureux et beaucoup de mal faits, des raisonnements, des contestations, des bravades. Il est impossible de ne pas reconnaître la même main. D'où peut donc venir la différence du succès, si ce n'est du fond même du dessin ? Les défauts de style, qui ne se remarquent pas dans le beau spectacle du cinquième acte de *Rodogune*, se font sentir quand le sujet ne les couvre pas, quand l'esprit du spectateur refroidi a la liberté d'examiner la diction, l'inconvenance, l'irrégularité des phrases, les solécismes. Je sais bien qu'OEdipe était un très beau sujet; mais ce n'est pas le sujet de Sophocle que Corneille a traité, c'est l'amour de Thésée et de Dircé mêlé avec la fable d'OEdipe; c'est une froide politique jointe à un froid amour qui rend tant de pièces insipides.

Une fille qui fait prendre intérêt en toute la famille; des devoirs dont s'empresse un amant; Galba qui refuse son ordre à l'effet de nos vœux; de l'air dont nous nous regardons; une vérité qu'on voit trop manifeste; du tumulte excité; Vitellius qui arrive avec sa force unie; ce qu'il a de vieux corps; de qui se l'immola; ramener les esprits par un jeune empereur; il a remis exprès à tantôt d'en résoudre; il ira du côté de Lacus; ces grands jaloux; un œil bas; une princesse qui s'est mise à sourire : tout cela est, à la vérité, très défectueux. Le fond du discours de Vinius est raisonnable; mais ce n'est pas assez.

ACTE I, SCÈNE II.

OTHON.
Quoi! pour preuve d'amour....
VINIUS.
Il faut faire encor plus, seigneur, en ce grand jour;
Il faut aimer ailleurs.
OTHON.
Ah! que m'osez-vous dire?
VINIUS.
Je sais qu'à son hymen tout votre cœur aspire;
Mais elle, et vous, et moi, nous allons tous périr;
Et votre change seul nous peut tous secourir.
Vous me devez, seigneur, peut-être quelque chose :
Sans moi, sans mon crédit qu'à leurs desseins j'oppose,
Lacus et Martian vous auroient peu souffert;
Il faut à votre tour rompre un coup qui me perd,
Et qui, si votre cœur ne s'arrache à Plautine,
Vous enveloppera tous deux en ma ruine.
OTHON.
Dans le plus doux espoir de mes vœux acceptés,
M'ordonner que je change! et vous-même!
VINIUS.
Écoutez.
L'honneur que nous feroit votre illustre hyménée
Des deux que j'ai nommés tient l'ame si gênée,
Que jusqu'ici Galba, qu'ils obsèdent tous deux,
A refusé son ordre à l'effet de nos vœux.
L'obstacle qu'ils y font vous peut montrer sans peine
Quelle est pour vous et moi leur envie et leur haine;
Et qu'aujourd'hui, de l'air dont nous nous regardons,
Ils nous perdront bientôt si nous ne les perdons.

C'est une vérité qu'on voit trop manifeste;
Et sur ce fondement, seigneur, je passe au reste.
    Galba, vieil et cassé, qui se voit sans enfants,
Croit qu'on méprise en lui la foiblesse des ans,
Et qu'on ne peut aimer à servir sous un maître
Qui n'aura pas le temps de le bien reconnoitre.
Il voit de toutes parts du tumulte excité.
Le soldat en Syrie est presque révolté.
Vitellius avance avec la force unie
Des troupes de la Gaule et de la Germanie.
Ce qu'il a de vieux corps le souffre avec ennui;
Tous les prétoriens murmurent contre lui.
De leur Nymphidius l'indigne sacrifice
De qui se l'immola leur demande justice;
Il le sait, et prétend par un jeune empereur
Ramener les esprits, et calmer leur fureur.
Il espère un pouvoir ferme, plein, et tranquille,
S'il nomme pour César un époux de Camille;
Mais il balance encor sur ce choix d'un époux;
Et je ne puis, seigneur, m'assurer que sur vous.
J'ai donc pour ce grand choix vanté votre courage;
Et Lacus à Pison a donné son suffrage.
Martian n'a parlé qu'en termes ambigus,
Mais sans doute il ira du côté de Lacus;
Et l'unique remède est de gagner Camille.
Si sa voix est pour nous, la leur est inutile.
Nous serons pareil nombre, et dans l'égalité,
Galba pour cette nièce aura de la bonté.
Il a remis exprès à tantôt d'en résoudre.
De nos têtes sur eux détournez cette foudre.

Je vous le dis encor, contre ces grands jaloux
Je ne me puis, seigneur, assurer que sur vous.
De votre premier choix quoi que je doive attendre,
Je vous aime encor mieux pour maître que pour gendre;
Et je ne vois pour nous qu'un naufrage certain,
S'il nous faut recevoir un prince de leur main.

OTHON.

Ah! seigneur, sur ce point c'est trop de confiance;
C'est vous tenir trop sûr de mon obéissance.
Je ne prends plus de lois que de ma passion;
Plautine est l'objet seul de mon ambition;
Et, si votre amitié me veut détacher d'elle,
La haine de Lacus me seroit moins cruelle.
Que m'importe, après tout, si tel est mon malheur,
De mourir par son ordre, ou mourir de douleur?

VINIUS.

Seigneur, un grand courage, à quelque point qu'il aime,
Sait toujours au besoin se posséder soi-même.
Poppée avoit pour vous du moins autant d'appas;
Et quand on vous l'ôta vous n'en mourûtes pas.

OTHON.

Non, seigneur; mais Poppée étoit une infidèle,
Qui n'en vouloit qu'au trône, et qui m'aimoit moins qu'elle;
Ce peu qu'elle eut d'amour ne fit du lit d'Othon
Qu'un degré pour monter à celui de Néron;
Elle ne m'épousa qu'afin de s'y produire,
D'y ménager sa place au hasard de me nuire :
Aussi j'en fus banni sous un titre d'honneur;
Et pour ne me plus voir on me fit gouverneur.
Mais j'adore Plautine, et je règne en son ame :

Nous ordonner d'éteindre une si belle flamme,
C'est.... je n'ose le dire. Il est d'autres Romains [1],
Seigneur, qui sauront mieux appuyer vos desseins;
Il en est dont le cœur pour Camille soupire,
Et qui seront ravis de vous devoir l'empire.

VINIUS.

Je veux que cet espoir à d'autres soit permis;
Mais êtes-vous fort sûr qu'ils soient de nos amis?

[1] . . . . Il est d'autres Romains,
Seigneur, qui sauront mieux appuyer vos desseins....
Et qui seront ravis de vous devoir l'empire....
. . . . Sans Plautine,
L'amour m'est un poison, le bonheur m'assassine....
. . . . Les douceurs du pouvoir souverain
Me sont d'affreux tourments, s'il m'en coûte sa main....
Vous voulez que je règne, et je ne sais qu'aimer.

Je ne remarquerai que ces étranges vers dans cette scène; ils sont en partie le sujet de la pièce. Othon est amoureux: car, quoi qu'on en dise, encore une fois, il n'y a aucun des héros de Corneille qui ne le soit; mais il est amoureux froidement. Il n'a d'abord demandé la fille de Vinius que par politique; il n'a pas de ces passions violentes qui seules réussissent au théâtre, et qui seules font pardonner le refus d'un empire. Il a commencé par étaler la profondeur d'un courtisan habile; il parle à présent comme un jeune homme passionné et tendre. Il dément le caractère qu'il a fait paraître dans la première scène; et le même homme qui se fera nommer empereur, et qui détrônera Galba, renonce ici à l'empire. Le spectateur ne croit guère à cet amour; il ne s'y intéresse pas. Un des meilleurs connaisseurs, en lisant *Othon* pour la première fois, dit à cette seconde scène: *Il est impossible que la pièce ne soit froide;* et il ne se trompa point. En effet, ces craintes éloignées que montre Vinius de ce qui peut arriver un jour ne sont point un assez grand ressort. Il faut craindre des périls présents et véritables dans la tragédie, sans quoi tout languit, tout ennuie.

ACTE I, SCÈNE II.

Savez-vous mieux que moi s'ils plairont à Camille?
OTHON.
Et croyez-vous pour moi qu'elle soit plus facile,
Pour moi, que d'autres vœux....
VINIUS.
A ne vous rien celer,
Sortant d'avec Galba, j'ai voulu lui parler;
J'ai voulu sur ce point pressentir sa pensée;
J'en ai nommé plusieurs pour qui je l'ai pressée.
A leurs noms, un grand froid, un front triste, un œil bas,
M'ont fait voir aussitôt qu'ils ne lui plaisoient pas :
Au vôtre elle a rougi, puis s'est mise à sourire,
Et m'a soudain quitté sans me vouloir rien dire.
C'est à vous, qui savez ce que c'est que d'aimer,
A juger de son cœur ce qu'on doit présumer.
OTHON.
Je n'en veux rien juger, seigneur; et sans Plautine
L'amour m'est un poison, le bonheur m'assassine;
Et toutes les douceurs du pouvoir souverain
Me sont d'affreux tourments, s'il m'en coûte sa main.
VINIUS.
De tant de fermeté j'aurois l'ame ravie,
Si cet excès d'amour nous assuroit la vie;
Mais il nous faut le trône, ou renoncer au jour;
Et quand nous périrons, que servira l'amour?
OTHON.
A de vaines frayeurs un noir soupçon vous livre.
Pison n'est point cruel et nous laissera vivre.
VINIUS.
Il nous laissera vivre, et je vous ai nommé!

Si de nous voir dans Rome il n'est point alarmé,
Nos communs ennemis, qui prendront sa conduite,
En préviendront pour lui la dangereuse suite.
Seigneur, quand pour l'empire on s'est vu désigner*,
Il faut, quoi qu'il arrive, ou périr, ou régner.
Le posthume Agrippa vécut peu sous Tibère;
Néron n'épargna point le sang de son beau-frère;
Et Pison vous perdra par la même raison,
Si vous ne vous hâtez de prévenir Pison.
Il n'est point de milieu qu'en saine politique....

OTHON.

Et l'amour est la seule où tout mon cœur s'applique.
Rien ne vous a servi, seigneur, de me nommer :
Vous voulez que je règne, et je ne sais qu'aimer.
Je pourrois savoir plus, si l'astre qui domine
Me vouloit faire un jour régner avec Plautine;
Mais dérober son ame à de si doux appas,
Pour attacher sa vie à ce qu'on n'aime pas!

VINIUS.

Eh bien! si cet amour a sur vous tant de force,
Régnez : qui fait des lois peut bien faire un divorce.

---

* Voilà des vers qui méritaient bien d'être remarqués. Voltaire a rendu moins heureusement, dans *la Henriade*, une pensée à-peu-près semblable :

> Quiconque a pu forcer son monarque à le craindre,
> A tout à redouter, s'il ne veut tout enfreindre.

Nous pourrions nous tromper, mais il nous semble qu'en parlant d'un sujet, on ne peut pas dire *son monarque,* comme on dirait son maître ou son souverain. P.

Du trône on considère enfin ses vrais amis;
Et quand vous pourrez tout, tout vous sera permis.

SCÈNE III[1].

PLAUTINE, VINIUS, OTHON.

PLAUTINE.

Non pas, seigneur, non pas : quoi que le ciel m'envoie,
Je ne veux rien tenir d'une honteuse voie;
Et cette lâcheté qui me rendroit son cœur,
Sentiroit le tyran, et non pas l'empereur.
A votre sûreté, puisque le péril presse,
J'immolerai ma flamme et toute ma tendresse;
Et je vaincrai l'horreur d'un si cruel devoir[2]

[1] Cette troisième scène justifie déjà ce qu'on doit prévoir, que ce n'est pas là une tragédie. Plautine écoutait à la porte, et elle vient interrompre son père pour dire, en vers durs et obscurs, qu'elle ne voudrait point un jour épouser son amant, si cet amant marié à une autre ne pouvait revenir à elle que par un divorce. Non seulement c'est manquer à la bienséance, mais quel faible intérêt, quel froid sujet d'une scène, qu'une fille qui, sans être appelée, vient dire à son père, devant son amant, ce qu'elle ferait un jour, si ce froid amant voulait l'épouser en troisièmes noces! Elle serait, en effet, la troisième femme d'Othon, qui l'épouserait après avoir répudié Poppée et Camille.

[2] *Vaincre l'horreur d'un cruel devoir; ce qu'à ses desirs elle fait de violence, pour fuir les appas honteux d'une espérance indigne; la vertu qui dompte et bannit l'amour, et qui n'en souffre qu'un vertueux retour* : ce sont là des expressions qui affaibliraient les plus beaux sentiments.

Pour conserver le jour à qui me l'a fait voir :
Mais ce qu'à mes desirs je fais de violence
Fuit les honteux appas d'une indigne espérance ;
Et la vertu qui dompte et bannit mon amour
N'en souffrira jamais qu'un vertueux retour.

OTHON.

Ah! que cette vertu m'apprête un dur supplice,
Seigneur! et le moyen que je vous obéisse?
Voyez; et, s'il se peut, pour voir tout mon tourment,
Quittez vos yeux de père, et prenez-en d'amant[1].

VINIUS.

L'estime de mon sang ne m'est pas interdite;
Je lui vois des attraits, je lui vois du mérite;
Je crois qu'elle en a même assez pour engager,
Si quelqu'un nous perdoit, quelque autre à nous venger.
Par là nos ennemis la tiendront redoutable;
Et sa perte par là devient inévitable.
Je vois de plus, seigneur, que je n'obtiendrai rien,
Tant que votre œil blessé rencontrera le sien,
Que le temps se va perdre en répliques frivoles ;
Et pour les éviter j'achéve en trois paroles.
Si vous manquez le trône, il faut périr tous trois.
Prévenez, attendez cet ordre à votre choix.
Je me remets à vous de ce qui vous regarde ;
Mais en ma fille et moi ma gloire se hasarde ;
De ses jours et des miens je suis maître absolu ;
Et j'en disposerai comme j'ai résolu.

---

[1] Ce vers ne prépare pas un intérêt tragique, et ce défaut revient souvent dans toutes ces dernières tragédies.

ACTE I, SCÈNE III.

Je ne crains point la mort, mais je hais l'infamie
D'en recevoir la loi d'une main ennemie;
Et je saurai verser tout mon sang en Romain,
Si le choix que j'attends ne me retient la main.
C'est dans une heure ou deux que Galba se déclare.
Vous savez l'un et l'autre à quoi je me prépare,
Résolvez-en ensemble.

SCÈNE IV.

OTHON, PLAUTINE.

OTHON.

Arrêtez donc, seigneur;
Et, s'il faut prévenir ce mortel déshonneur,
Recevez-en l'exemple, et jugez si la honte [1]....

---

[1] Othon, qui veut se tuer ainsi au premier acte pour une crainte imaginaire, et pour une maîtresse, excite plutôt le rire que la terreur : rien n'est jamais plus mal reçu au théâtre qu'un désespoir mal placé, et qu'on n'attendait pas d'un homme qui n'a d'abord parlé que de politique. Ajoutons que cette scène entre Othon et Plautine est très faible. Je remarque que Plautine conseille ici à Othon précisément la même chose qu'Atalide à Bajazet : mais quelle différence de situation, de sentiments et de style! Bajazet est réellement en danger de sa vie, et Othon ne court ici qu'un danger chimérique. Plautine est raisonneuse et froide : Atalide est touchante, et a autant de délicatesse que d'amour. Enfin, ce qui est de la plus grande importance, les vers de Corneille ne valent rien, et ceux de Racine sont parfaits dans leur genre. Comparez, rien ne forme plus le goût, comparez aux vers d'Atalide ces vers de Plautine :

Et n'aspire qu'au bien d'aimer et d'être aimé....

PLAUTINE.

Quoi ! seigneur, à mes yeux une fureur si prompte !
Ce noble désespoir, si digne des Romains,
Tant qu'ils ont du courage est toujours en leurs mains ;
Et pour vous et pour moi, fût-il digne d'un temple,
Il n'est pas encor temps de m'en donner l'exemple.
Il faut vivre, et l'amour vous y doit obliger,
Pour me sauver un père, et pour me protéger.
Quand vous voyez ma vie à la vôtre attachée,
Faut-il que malgré moi votre ame effarouchée
Pour m'ouvrir le tombeau hâte votre trépas,
Et m'avance un destin où je ne consens pas ?

OTHON.

Quand il faut m'arracher tout cet amour de l'ame,
Puis-je que dans mon sang en éteindre la flamme ?
Puis-je sans le trépas....

PLAUTINE.

Et vous ai-je ordonné

> Qu'un tel épurement demande un grand courage*!...
> Et se croit mal aimé, s'il n'en a l'assurance....
> Et que de votre cœur vos yeux indépendants
> Triomphent comme moi des troubles du dedans....
> Conservez-moi toujours l'estime et l'amitié.

C'est le style, c'est la diction qui fait tout dans les scènes où le spectateur est assez tranquille pour réfléchir sur les vers ; et encore est-il nécessaire de ne point négliger la diction dans les situations les plus frappantes du théâtre : en un mot, il faut toujours bien écrire.

---

* Ces deux vers ne sont pas de Plautine, mais d'Othon : il est vrai que ceux de Plautine ne sont pas meilleurs. P.

ACTE I, SCÈNE IV.

D'éteindre tout l'amour que je vous ai donné?
Si l'injuste rigueur de notre destinée
Ne permet plus l'espoir d'un heureux hyménée,
Il est un autre amour dont les vœux innocents
S'élèvent au-dessus du commerce des sens[1].
Plus la flamme en est pure, et plus elle est durable;
Il rend de son objet le cœur inséparable;
Il a de vrais plaisirs dont son cœur est charmé,
Et n'aspire qu'au bien d'aimer et d'être aimé.

OTHON.

Qu'un tel épurement demande un grand courage!
Qu'il est même aux plus grands d'un difficile usage!
Madame, permettez que je dise à mon tour
Que tout ce que l'honneur peut souffrir à l'amour,
Un amant le souhaite, il en veut l'espérance,
Et se croit mal aimé s'il n'en a l'assurance.

PLAUTINE.

Aimez-moi toutefois sans l'attendre de moi,
Et ne m'enviez point l'honneur que j'en reçoi.
Quelle gloire à Plautine, ô ciel! de pouvoir dire
Que le choix de son cœur fut digne de l'empire;
Qu'un héros destiné pour maître à l'univers
Voulut borner ses vœux à vivre dans ses fers;
Et qu'à moins que d'un ordre absolu d'elle-même

---

[1] Encore des dissertations métaphysiques sur l'amour! quel mauvais goût! C'était l'esprit du temps, dit-on; mais il faut dire encore que la nation française est la seule qui ait eu cette malheureuse espèce d'esprit. Cela est bien pis que les *concetti* qu'on reprochait aux Italiens.

Il auroit renoncé pour elle au diadème !
OTHON.
Ah! qu'il faut aimer peu pour faire son bonheur,
Pour tirer vanité d'un si fatal honneur!
Si vous m'aimiez, madame, il vous seroit sensible
De voir qu'à d'autres vœux mon cœur fût accessible;
Et la nécessité de le porter ailleurs
Vous auroit fait déja partager mes douleurs.
Mais tout mon désespoir n'a rien qui vous alarme.
Vous pouvez perdre Othon sans verser une larme.
Vous en témoignez joie, et vous-même aspirez
A tout l'excès des maux qui me sont préparés.
PLAUTINE.
Que votre aveuglement a pour moi d'injustice!
Pour épargner vos maux j'augmente mon supplice;
Je souffre, et c'est pour vous que j'ose m'imposer
La gêne de souffrir, et de le déguiser.
Tout ce que vous sentez, je le sens dans mon ame;
J'ai mêmes déplaisirs comme j'ai même flamme;
J'ai même désespoir: mais je sais les cacher,
Et paroître insensible afin de moins toucher.
Faites à vos desirs pareille violence,
Retenez-en l'éclat, sauvez-en l'apparence;
Au péril qui nous presse immolez le dehors,
Et pour vous faire aimer montrez d'autres transports.
Je ne vous défends point une douleur muette,
Pourvu que votre front n'en soit point l'interprète,
Et que de votre cœur vos yeux indépendants
Triomphent comme moi des troubles du dedans.
Suivez, passez l'exemple, et portez à Camille

Un visage content, un visage tranquille,
Qui lui laisse accepter ce que vous offrirez,
Et ne démente rien de ce que vous direz.
OTHON.
Hélas! madame, hélas! que pourrai-je lui dire?
PLAUTINE.
Il y va de ma vie, il y va de l'empire;
Réglez-vous là-dessus. Le temps se perd, seigneur.
Adieu : donnez la main, mais gardez-moi le cœur;
Ou, si c'est trop pour moi, donnez et l'un et l'autre,
Emportez mon amour, et retirez le vôtre :
Mais, dans ce triste état si je vous fais pitié,
Conservez-moi toujours l'estime et l'amitié;
Et n'oubliez jamais, quand vous serez le maître,
Que c'est moi qui vous force et qui vous aide à l'être.
OTHON, *seul.*
Que ne m'est-il permis d'éviter par ma mort
Les barbares rigueurs d'un si cruel effort!

FIN DU PREMIER ACTE.

ACTE SECOND.

SCÈNE I.

PLAUTINE, FLAVIE.

PLAUTINE.

Dis-moi donc, lorsque Othon s'est offert à Camille,
A-t-il paru contraint? a-t-elle été facile?
Son hommage auprès d'elle a-t-il eu plein effet?
Comment l'a-t-elle pris, et comment l'a-t-il fait[1]?

FLAVIE.

J'ai tout vu : mais enfin votre humeur curieuse

---

[1] Racine a encore pris entièrement cette situation dans sa tragédie de *Bajazet*. Atalide a envoyé son amant à Roxane; elle s'informe en tremblant du succès de cette entrevue qu'elle a ordonnée elle-même, et qui doit causer sa mort. La délicatesse de ses sentiments, les combats de son cœur, ses craintes, ses douleurs, sont exprimés en vers si naturels, si aisés, si tendres, que ces vraies beautés charment tous les lecteurs.

Mais ici Corneille commence sa scène par quatre vers dont le ridicule est si extrême, qu'on n'ose plus même les citer dans des ouvrages sérieux : *Dis-moi donc, lorsque Othon*, etc.

Plautine exprime les mêmes sentiments qu'Atalide :

En regardant son change ainsi que mon ouvrage, etc.

Atalide est dans des circonstances absolument semblables : mais

OTHON.

A vous faire un supplice est trop ingénieuse.
Quelque reste d'amour qui vous parle d'Othon,
Madame, oubliez-en, s'il se peut, jusqu'au nom.
Vous vous êtes vaincue en faveur de sa gloire,
Goûtez un plein triomphe après votre victoire :
Le dangereux récit que vous me commandez
Est un nouveau combat où vous vous hasardez.
Votre ame n'en est pas encor si détachée
Qu'il puisse aimer ailleurs sans qu'elle en soit touchée.
Prenez moins d'intérêt à l'y voir réussir,
Et fuyez le chagrin de vous en éclaircir.

PLAUTINE.

Je le force moi-même à se montrer volage;
Et, regardant son change ainsi que mon ouvrage,
J'y prends un intérêt qui n'a rien de jaloux :
Qu'on l'accepte, qu'il règne, et tout m'en sera doux.

FLAVIE.

J'en doute; et rarement une flamme si forte
Souffre qu'à notre gré ses ardeurs....

PLAUTINE.

Que t'importe?
Laisse-m'en le hasard; et, sans dissimuler,
Dis de quelle manière il a su lui parler.

FLAVIE.

N'imputez donc qu'à vous si votre ame inquiète

---

c'est précisément dans ces mêmes situations qu'on voit la prodigieuse différence qu'il y a entre le sentiment et le raisonnement, entre l'élégance et la dureté du style, entre cet art charmant qui développe avec une vérité si touchante tous les replis du cœur, et la vaine déclamation ou la sécheresse.

En ressent malgré moi quelque gêne secrète.
  Othon à la princesse a fait un compliment [1],
Plus en homme de cour qu'en véritable amant.
Son éloquence accorte, enchaînant avec grace
L'excuse du silence à celle de l'audace,
En termes trop choisis accusoit le respect
D'avoir tant retardé cet hommage suspect.
Ses gestes concertés, ses regards de mesure [2]
N'y laissoient aucun mot aller à l'aventure :
On ne voyoit que pompe en tout ce qu'il peignoit ;
Jusque dans ses soupirs la justesse régnoit,
Et suivoit pas à pas un effort de mémoire
Qu'il étoit plus aisé d'admirer que de croire.
Camille sembloit même assez de cet avis ;
Elle auroit mieux goûté des discours moins suivis ;
Je l'ai vu dans ses yeux : mais cette défiance
Avoit avec son cœur trop peu d'intelligence.
De ses justes soupçons ses souhaits indignés
Les ont tout aussitôt détruits ou dédaignés ;

[1] Toute cette tirade est entièrement du style de la comédie, mais de la comédie froide et dénuée d'intérêt. *L'amour qui est civilité dans Othon, et la civilité qui est amour dans Camille*, est si éloigné de la tragédie, qu'on ne conçoit guère comment Corneille a pu y faire entrer de pareilles phrases et de pareilles idées.

[2] Qu'est-ce que *des regards de mesure*, et *la justesse qui règne dans des soupirs*? et comment cette *justesse de soupirs* peut-elle suivre un *effort de mémoire*? Othon a-t-il appris par cœur un long compliment? de tels vers ne seraient tolérables en aucun genre de poésie. Que veut dire madame de Sévigné quand elle dit : *Racine n'ira pas loin ; pardonnons de mauvais vers à Corneille*? Non, il ne faut pas pardonner des pensées fausses très mal exprimées : il faut être juste.

ACTE II, SCÈNE I.

Elle a voulu tout croire; et quelque retenue
Qu'ait su garder l'amour dont elle est prévenue,
On a vu, par ce peu qu'il laissoit échapper,
Qu'elle prenoit plaisir à se laisser tromper;
Et que si quelquefois l'horreur de la contrainte
Forçoit le triste Othon à soupirer sans feinte,
Soudain l'avidité de régner sur son cœur
Imputoit à l'amour ces soupirs de douleur.

PLAUTINE.

Et sa réponse enfin?

FLAVIE.

Elle a paru civile;
Mais la civilité n'est qu'amour en Camille,
Comme en Othon l'amour n'est que civilité.

PLAUTINE.

Et n'a-t-elle rien dit de sa légèreté,
Rien de la foi qu'il semble avoir si mal gardée?

FLAVIE.

Elle a su rejeter cette fâcheuse idée,
Et n'a pas témoigné qu'elle sût seulement
Qu'on l'eût vu pour vos yeux soupirer un moment.

PLAUTINE.

Mais qu'a-t-elle promis?

FLAVIE.

Que son devoir fidèle
Suivroit ce que Galba voudroit ordonner d'elle;
Et, de peur d'en trop dire et d'ouvrir trop son cœur,
Elle l'a renvoyé soudain vers l'empereur.
Il lui parle à présent. Qu'en dites-vous, madame?
Et de cet entretien que souhaite votre ame?

Voulez-vous qu'on l'accepte, ou qu'il n'obtienne rien?
PLAUTINE.
Moi-même, à dire vrai, je ne le sais pas bien.
Comme des deux côtés le coup me sera rude,
J'aimerois à jouir de cette incertitude,
Et tiendrois à bonheur le reste de mes jours
De n'en sortir jamais, et de douter toujours.
FLAVIE.
Mais il faut se résoudre, et vouloir quelque chose.
PLAUTINE.
Souffre sans m'alarmer que le ciel en dispose :
Quand son ordre une fois en aura résolu,
Il nous faudra vouloir ce qu'il aura voulu.
Ma raison cependant cède Othon à l'empire :
Il est de mon honneur de ne m'en pas dédire;
Et, soit ce grand souhait volontaire ou forcé,
Il est beau d'achever comme on a commencé.
Mais je vois Martian.

SCÈNE II.

MARTIAN, PLAUTINE, FLAVIE.

PLAUTINE.
Que venez-vous m'apprendre[1]?

---

[1] Corneille, qu'on a voulu faire passer pour un poëte qui dédaignait d'introduire l'amour sur la scène, était tellement accoutumé à faire parler d'amour ses héros, qu'il représente ici un vieux ministre d'état comme amoureux de Plautine; et cette Plautine lui répond par des injures. On peut, dans les mouvements violents

ACTE II, SCÈNE II.

MARTIAN.

Que de votre seul choix l'empire va dépendre,
Madame.

PLAUTINE.

Quoi! Galba voudroit suivre mon choix?

MARTIAN.

Non : mais de son conseil nous ne sommes que trois :
Et si pour votre Othon vous voulez mon suffrage,
Je vous le viens offrir avec un humble hommage.

PLAUTINE.

Avec?

MARTIAN.

Avec des vœux sincères et soumis,
Qui feront encor plus si l'espoir m'est permis.

PLAUTINE.

Quels vœux, et quel espoir?

MARTIAN.

Cet important service,
Qu'un si profond respect vous offre en sacrifice....

PLAUTINE.

Eh bien! il remplira mes desirs les plus doux;
Mais pour reconnoissance enfin que voulez-vous?

d'une passion trahie, et dans l'excès du malheur, s'emporter en reproches ; mais Plautine n'a aucune raison de parler ainsi au premier ministre de l'empereur qui la demande en mariage : ce trait est contre la bienséance et contre la raison. Ce qui est bien plus extraordinaire, c'est que Martian, à qui Plautine fait le plus sanglant outrage, en lui reprochant très mal à propos sa naissance, lui dise ensuite, *Madame, encore un coup, souffrez que je vous aime.* L'amour de ce ministre, les réponses de Plautine, et tout ce dialogue, révoltent et refroidissent. Ce n'est là ni peindre les hom-

MARTIAN.

La gloire d'être aimé.

PLAUTINE.

De qui?

MARTIAN.

De vous, madame.

PLAUTINE.

De moi-même?

MARTIAN.

De vous : j'ai des yeux; et mon ame....

PLAUTINE.

Votre ame, en me faisant cette civilité [1],
Devroit l'accompagner de plus de vérité.
On n'a pas grande foi pour tant de déférence,
Lorsqu'on voit que la suite a si peu d'apparence.
L'offre sans doute est belle, et bien digne d'un prix;
Mais en le choisissant vous vous êtes mépris.
Si vous me connoissiez vous feriez mieux paroître....

MARTIAN.

Hélas! mon mal ne vient que de vous trop connoître.

---

mes comme ils sont, ni comme ils doivent être, ni les faire parler comme ils doivent parler.

[1] *Une ame qui fait une civilité; le mal qui vient à un vieux ministre d'état* (et c'est le mal d'amour); et Plautine qui répond à ce ministre *qu'il n'a point changé de visage;* et l'autre qui réplique *qu'il a l'oreille du grand maître!*

Que dire d'un tel dialogue? On est obligé de faire un commentaire : que ce commentaire au moins serve à faire connaître que son auteur rend justice; il ne connait aucune occasion où l'on doive déguiser la vérité. Plautine montre de la hauteur; et si cette hauteur menait à quelque chose de tragique elle pourrait faire impression. Remarquons encore que de la hauteur n'est pas de la grandeur.

ACTE II, SCÈNE II.

Mais vous-même, après tout, ne vous connoissez pas,
Quand vous croyez si peu l'effet de vos appas.
Si vous daigniez savoir quel est votre mérite,
Vous ne douteriez point de l'amour qu'il excite.
Othon m'en sert de preuve : il n'avoit rien aimé
Depuis que de Poppée il s'étoit vu charmé ;
Bien que d'entre ses bras Néron l'eût enlevée,
L'image dans son cœur s'en étoit conservée ;
La mort même, la mort n'avoit pu l'en chasser :
A vous seule étoit dû l'honneur de l'effacer.
Vous seule d'un coup d'œil emportâtes la gloire
D'en faire évanouir la plus douce mémoire,
Et d'avoir su réduire à de nouveaux souhaits
Ce cœur impénétrable aux plus charmants objets.
Et vous vous étonnez que pour vous je soupire !

PLAUTINE.

Je m'étonne bien plus que vous me l'osiez dire.
Je m'étonne de voir qu'il ne vous souvient plus
Que l'heureux Martian fut l'esclave Icélus,
Qu'il a changé de nom sans changer de visage.

MARTIAN.

C'est ce crime du sort qui m'enfle le courage.
Lorsqu'en dépit de lui je suis ce que je suis,
On voit ce que je vaux, voyant ce que je puis.
Un pur hasard sans nous régle notre naissance ;
Mais comme le mérite est en notre puissance,
La honte d'un destin qu'on vit mal assorti
Fait d'autant plus d'honneur quand on en est sorti.
Quelque tache en mon sang que laissent mes ancêtres,
Depuis que nos Romains ont accepté des maîtres,

Ces maîtres ont toujours fait choix de mes pareils
Pour les premiers emplois et les secrets conseils :
Ils ont mis en nos mains la fortune publique ;
Ils ont soumis la terre à notre politique ;
Patrobe, Polyclète, et Narcisse, et Pallas,
Ont déposé des rois, et donné des états.
On nous élève au trône au sortir de nos chaînes ;
Sous Claude on vit Félix le mari de trois reines :
Et, quand l'amour en moi vous présente un époux,
Vous me traitez d'esclave, et d'indigne de vous !
Madame, en quelque rang que vous ayez pu naître,
C'est beaucoup que d'avoir l'oreille du grand maître.
Vinius est consul, et Lacus est préfet ;
Je ne suis l'un ni l'autre, et suis plus en effet ;
Et de ces consulats, et de ces préfectures,
Je puis quand il me plaît faire des créatures :
Galba m'écoute enfin ; et c'est être aujourd'hui,
Quoique sans ces grands noms, le premier d'après lui.

PLAUTINE.

Pardonnez donc, seigneur, si je me suis méprise* :
Mon orgueil dans vos fers n'a rien qui l'autorise.
Je viens de me connoître, et me vois à mon tour
Indigne des honneurs qui suivent votre amour.

* Quoi qu'en dise Voltaire, cette hauteur ne déplaît pas, et l'on aime à voir humilier d'insolents parvenus, tels que Martian. Ceux qui ont été à portée d'observer parmi nous les valets grands seigneurs, qu'on nommait courtisans, les reconnaîtront sans peine à la bassesse des Martian et des Lacus, et verront que, malgré l'orgueil de leur naissance, ils auraient pu fournir à Corneille les modèles de ces vils personnages. L'avilissement où étaient tombés les Romains est d'ailleurs parfaitement peint dans cette scène. P.

Avoir brisé ces fers fait un degré de gloire
Au-dessus des consuls, des préfets du prétoire;
Et si de cet amour je n'ose être le prix,
Le respect m'en empêche, et non plus le mépris.
On m'avoit dit pourtant que souvent la nature
Gardoit en vos pareils sa première teinture,
Que ceux de nos Césars qui les ont écoutés
Ont tous souillé leurs noms par quelques lâchetés.
Et que pour dérober l'empire à cette honte
L'univers a besoin qu'un vrai héros y monte.
C'est ce qui me faisoit y souhaiter Othon :
Mais à ce que j'apprends ce souhait n'est pas bon.
Laissons-en faire aux dieux, et faites-vous justice;
D'un cœur vraiment romain dédaignez le caprice.
Cent reines à l'envi vous prendront pour époux;
Félix en eut bien trois, et valoit moins que vous.

MARTIAN.

Madame, encore un coup, souffrez que je vous aime.
Songez que dans ma main j'ai le pouvoir suprême,
Qu'entre Othon et Pison mon suffrage incertain,
Suivant qu'il penchera, va faire un souverain.
Je n'ai fait jusqu'ici qu'empêcher l'hyménée
Qui d'Othon avec vous eût joint la destinée :
J'aurois pu hasarder quelque chose de plus;
Ne m'y contraignez point à force de refus.
Quand vous cédez Othon, me souffrir en sa place,
Peut-être ce sera faire plus d'une grace :
Car de vous voir à lui ne l'espérez jamais.

SCÈNE III.

PLAUTINE, LACUS, MARTIAN, FLAVIE.

LACUS.

Madame, enfin Galba s'accorde à vos souhaits;
Et j'ai tant fait sur lui, que, dès cette journée[1],
De vous avec Othon il consent l'hyménée.

PLAUTINE, *à Martian.*

Qu'en dites-vous, seigneur? Pourrez-vous bien souffrir
Cet hymen que Lacus de sa part vient m'offrir?
Le grand maître a parlé, voudrez-vous l'en dédire,
Vous qu'on voit après lui le premier de l'empire?
Dois-je me ravaler jusques à cet époux?
Ou dois-je par votre ordre aspirer jusqu'à vous?

LACUS.

Quelle énigme est-ce ci, madame?

PLAUTINE.

Sa grande ame
Me faisoit tout-à-l'heure un présent de sa flamme;
Il m'assuroit qu'Othon jamais ne m'obtiendroit,
Et disoit à demi qu'un refus nous perdroit.
Vous m'osez cependant assurer du contraire;
Et je ne sais pas bien quelle réponse y faire.

---

[1] Tout ce qu'on peut remarquer c'est que *j'ai tant fait sur lui* est un barbarisme et une expression basse; que le *qu'en dites-vous* de Plautine est une ironie comique; que *sa grande ame qui fait un présent de sa flamme* est très vicieux; qu'*il fait bon s'expliquer* est bourgeois, et que la scène est très froide.

Comme en de certains temps il fait bon s'expliquer,
En d'autres il vaut mieux ne s'y point embarquer.
Grands ministres d'état, accordez-vous ensemble,
Et je pourrai vous dire après ce qui m'en semble.

SCÈNE IV.

LACUS, MARTIAN.

LACUS.

Vous aimez donc Plautine, et c'est là cette foi
Qui contre Vinius vous attachoit à moi?

MARTIAN.

Si les yeux de Plautine ont pour moi quelque charme,
Y trouvez-vous, seigneur, quelque sujet d'alarme?
Le moment bien heureux qui m'en feroit l'époux
Réuniroit par moi Vinius avec vous.
Par là de nos trois cœurs l'amitié ressaisie,
En déracineroit et haine et jalousie.
Le pouvoir de tous trois, par tous trois affermi,
Auroit pour nœud commun son gendre en votre ami;
Et quoi que contre vous il osât entreprendre....

LACUS.

Vous seriez mon ami, mais vous seriez son gendre;
Et c'est un foible appui des intérêts de cour
Qu'une vieille amitié contre un nouvel amour.
Quoi que veuille exiger une femme adorée,
La résistance est vaine ou de peu de durée;
Elle choisit ses temps, et les choisit si bien,
Qu'on se voit hors d'état de lui refuser rien.

Vous-même êtes-vous sûr que ce nœud la retienne
D'ajouter, s'il le faut, votre perte à la mienne?
Apprenez que des cœurs séparés à regret
Trouvent de se rejoindre aisément le secret.
Othon n'a pas pour elle éteint toutes ses flammes;
Il sait comme aux maris on arrache les femmes;
Cet art sur son exemple est commun aujourd'hui,
Et son maître Néron l'avoit appris de lui.
Après tout, je me trompe, ou près de cette belle....

MARTIAN.

J'espère en Vinius, si je n'espère en elle;
Et l'offre pour Othon de lui donner ma voix
Soudain en ma faveur emportera son choix.

LACUS.

Quoi! vous nous donneriez vous-même Othon pour maître?

MARTIAN.

Et quel autre dans Rome est plus digne de l'être?

LACUS.

Ah! pour en être digne, il l'est, et plus que tous;
Mais aussi, pour tout dire, il en sait trop pour nous.
Il sait trop ménager ses vertus et ses vices [1].

---

[1] Le portrait d'Othon est très beau dans cette scène. Il est permis à un auteur dramatique d'ajouter des traits aux caractères qu'il dépeint, et d'aller plus loin que l'histoire. Tacite dit d'Othon, *pueritiam incuriosè, adolescentiam petulanter egerat, gratus Neroni æmulatione luxûs.... in provinciam specie legationis seposuit.... comiter administrata provincia.* Son enfance fut paresseuse, sa jeunesse débauchée; il plut à Néron en imitant ses vices et son luxe. S'étant exilé lui-même dans la Lusitanie, dont il était gouverneur, il s'y comporta avec humanité.

Cette scène serait intéressante si elle produisait de grands évé-

ACTE II, SCÈNE IV.

Il étoit sous Néron de toutes ses délices :
Et la Lusitanie a vu ce même Othon
Gouverner en César, et juger en Caton.
Tout favori dans Rome, et tout maître en province,
De lâche courtisan il s'y montra grand prince ;
Et son ame ployante, attendant l'avenir,
Sait faire également sa cour, et la tenir.
Sous un tel souverain nous sommes peu de chose ;
Son soin jamais sur nous tout-à-fait ne repose :
Sa main seule départ ses libéralités ;
Son choix seul distribue états et dignités.
Du timon qu'il embrasse il se fait le seul guide,
Consulte et résout seul, écoute et seul décide ;
Et, quoi que nos emplois puissent faire de bruit,
Sitôt qu'il nous veut perdre, un coup d'œil nous détruit.
　　Voyez d'ailleurs Galba, quel pouvoir il nous laisse,
En quel poste sous lui nous a mis sa foiblesse.
Nos ordres règlent tout, nous donnons, retranchons ;
Rien n'est exécuté dès que nous l'empêchons :
Comme par un de nous il faut que tout s'obtienne,
Nous voyons notre cour plus grosse que la sienne ;
Et notre indépendance iroit au dernier point,
Si l'heureux Vinius ne la partageoit point :
Notre unique chagrin est qu'il nous la dispute.
L'âge met cependant Galba près de sa chute ;
De peur qu'il nous entraîne il faut un autre appui,
Mais il le faut pour nous aussi foible que lui.

nements. Les fautes sont, *l'amitié ressaisie de trois cœurs, que ce nœud la retienne d'ajouter, ou près de cette belle*, et quelques autres expressions qui ne sont ni assez nobles ni assez correctes.

Il nous en faut prendre un qui, satisfait des titres,
Nous laisse du pouvoir les suprêmes arbitres.
Pison a l'ame simple et l'esprit abattu;
S'il a grande naissance, il a peu de vertu[1] :
Non de cette vertu qui déteste le crime;
Sa probité sévère est digne qu'on l'estime;
Elle a tout ce qui fait un grand homme de bien :
Mais en un souverain c'est peu de chose, ou rien.
Il faut de la prudence, il faut de la lumière,
Il faut de la vigueur adroite autant que fière,
Qui pénètre, éblouisse, et sème des appas....
Il faut mille vertus enfin qu'il n'aura pas.
Lui-même il nous priera d'avoir soin de l'empire,
Et saura seulement ce qu'il nous plaira dire :
Plus nous l'y tiendrons bas, plus il nous mettra haut;
Et c'est là justement le maître qu'il nous faut.

MARTIAN.

Mais, seigneur, sur le trône élever un tel homme,
C'est mal servir l'état, et faire opprobre à Rome.

LACUS.

Et qu'importe à tous deux de Rome et de l'état?
Qu'importe qu'on leur voie ou plus ou moins d'éclat?
Faisons nos sûretés, et moquons-nous du reste.

---

[1] *S'il a grande naissance; une vigueur adroite et fière qui sème des appas; et c'est là justement; moquons-nous du reste; il nous devra le tout; s'il vient par nous à bout*, etc. Il n'est pas nécessaire de dire que toutes ces façons de parler sont ou vicieuses[*] ou ignobles.

[*] Certainement elles seraient vicieuses aujourd'hui; mais Voltaire, en les accumulant sans ordre et sans suite, en les isolant du texte, comme il le fait dans ses remarques, les fait paraître plus vicieuses encore. P.

ACTE II, SCÈNE IV.

Point, point de bien public s'il nous devient funeste.
De notre grandeur seule ayons des cœurs jaloux;
Ne vivons que pour nous, et ne pensons qu'à nous.
Je vous le dis encor : mettre Othon sur nos têtes,
C'est nous livrer tous deux à d'horribles tempêtes.
Si nous l'en voulons croire, il nous devra le tout :
Mais de ce grand projet s'il vient par nous à bout,
Vinius en aura lui seul tout l'avantage.
Comme il l'a proposé, ce sera son ouvrage;
Et la mort, ou l'exil, ou les abaissements,
Seront pour vous et moi ses vrais remerciements.

MARTIAN.

Oui, notre sûreté veut que Pison domine :
Obtenez-en pour moi qu'il m'assure Plautine;
Je vous promets pour lui mon suffrage à ce prix.
La violence est juste après de tels mépris.
Commençons à jouir par là de son empire,
Et voyons s'il est homme à nous oser dédire.

LACUS.

Quoi ! votre amour toujours fera son capital
Des attraits de Plautine et du nœud conjugal[1] ?
Eh bien! il faudra voir qui sera plus utile
D'en croire.... Mais voici la princesse Camille.

---

[1] Cela seul suffirait pour avilir un héros, et détruit tout ce que cette scène promettait.

SCÈNE V.

CAMILLE, LACUS, MARTIAN, ALBIANE.

CAMILLE.

Je vous rencontre ensemble ici fort à propos,
Et voulois à tous deux vous dire quatre mots [1].
Si j'en crois certain bruit que je ne puis vous taire,
Vous poussez un peu loin l'orgueil du ministère :
On dit que sur mon rang vous étendez sa loi,
Et que vous vous mêlez de disposer de moi.

---

[1] *A propos* et *quatre mots* auraient gâté le rôle de Cornélie; mais une fille qui vient parler ainsi de son mariage à deux ministres est bien loin d'être une Cornélie. Camille emploie cette figure froide de l'ironie[*], qu'il faut employer si sobrement; elle parle en bourgeoise en parlant de l'empire. *Je sais ce qui m'est propre; je m'aime un peu moi-même; je n'ai pas grande envie.* L'insipidité de l'intrigue et la bassesse de l'expression sont égales. Ces fautes trop souvent répétées sont cause que cette pièce, admirablement commencée, faiblit de scène en scène, et ne peut plus être représentée.

[*] Voltaire traite toujours l'ironie de figure froide, et véritablement elle peut l'être ici; mais il oublie qu'elle a été employée avec succès par les plus grands poëtes dans le feu des passions les plus violentes. Clytemnestre elle-même (et dans quel moment!) en donne un exemple dans *Iphigénie*, qui prouve bien que Racine ne regardait pas cette figure comme déplacée dans les situations les plus fortement tragiques : Venez, dit Clytemnestre à sa fille,

.... On n'attend plus que vous;
Venez remercier un père qui vous aime,
Et qui veut à l'autel vous conduire lui-même.

Est-il une ironie plus amère que celle que prête à Roxane le même poëte, lorsque, parlant à sa rivale, dans le plus vif emportement de sa jalousie,

ACTE II, SCÈNE V.

MARTIAN.

Nous, madame?

CAMILLE.

Faut-il que je vous obéisse,
Moi, dont Galba prétend faire une impératrice?

LACUS.

L'un et l'autre sait trop quel respect vous est dû.

CAMILLE.

Le crime en est plus grand si vous l'avez perdu.
Parlez, qu'avez-vous dit à Galba l'un et l'autre?

MARTIAN.

Sa pensée a voulu s'assurer sur la nôtre;
Et s'étant proposé le choix d'un successeur,
Pour laisser à l'empire un digne possesseur,
Sur ce don imprévu qu'il fait du diadème,
Vinius a parlé, Lacus a fait de même.

CAMILLE.

Et ne savez-vous point, et Vinius, et vous,
Que ce grand successeur doit être mon époux,
Que le don de ma main suit ce don de l'empire?

---

et au moment même où elle vient d'ordonner la mort de Bajazet, elle lui dit :

> Je ne mérite pas un si grand sacrifice :
> Je me connois, madame, et je me fais justice.
> Loin de vous séparer, je prétends aujourd'hui,
> Par des nœuds éternels, vous unir avec lui :
> Vous jouirez bientôt de son aimable vue.

Racine, comme on pourrait le prouver par d'autres exemples, a souvent employé cette figure; et cependant Voltaire, qui le connaissait si bien, a dit, par inadvertance, que depuis *Andromaque* on n'en trouvait plus dans ses tragédies. Il faut quelquefois se méfier du ton beaucoup trop décisif que prend Voltaire dans ses assertions. P.

Galba par vos conseils voudroit-il s'en dédire?
LACUS.
Il est toujours le même, et nous avons parlé
Suivant ce qu'à tous deux le ciel a révélé :
En ces occasions, lui qui tient les couronnes
Inspire les avis sur le choix des personnes.
Nous avons cru d'ailleurs pouvoir sans attentat
Faire vos intérêts de ceux de tout l'état.
Vous ne voudriez pas en avoir de contraires.
CAMILLE.
Vous n'avez, vous ni lui, pensé qu'à vos affaires;
Et nous offrir Pison, c'est assez témoigner....
LACUS.
Le trouvez-vous, madame, indigne de régner?
Il a de la vertu, de l'esprit, du courage;
Il a de plus....
CAMILLE.
De plus, il a votre suffrage,
Et c'est assez de quoi mériter mes refus.
Par respect de son sang, je ne dis rien de plus.
MARTIAN.
Aimeriez-vous Othon, que Vinius propose,
Othon, dont vous savez que Plautine dispose,
Et qui n'aspire ici qu'à lui donner sa foi ?
CAMILLE.
Qu'il brûle encor pour elle, ou la quitte pour moi,
Ce n'est pas votre affaire; et votre exactitude
Se charge en ma faveur de trop d'inquiétude.
LACUS.
Mais l'empereur consent qu'il l'épouse aujourd'hui;

ACTE II, SCÈNE V.

Et moi-même je viens de l'obtenir pour lui.

CAMILLE.

Vous en a-t-il prié? dites, ou si l'envie....

LACUS.

Un véritable ami n'attend point qu'on le prie.

CAMILLE.

Cette amitié me charme, et je dois avouer
Qu'Othon a jusqu'ici tout lieu de s'en louer,
Que l'heureux contre-temps d'un si rare service....

LACUS.

Madame....

CAMILLE.

Croyez-moi, mettez bas l'artifice.
Ne vous hasardez point à faire un empereur.
Galba connoît l'empire, et je connois mon cœur :
Je sais ce qui m'est propre ; il voit ce qu'il doit faire,
Et quel prince à l'état est le plus salutaire.
Si le ciel vous inspire, il aura soin de nous,
Et saura sur ce point nous accorder sans vous.

LACUS.

Si Pison vous déplaît, il en est quelques autres....

CAMILLE.

N'attachez point ici mes intérêts aux vôtres.
Vous avez de l'esprit, mais j'ai des yeux perçants.
Je vois qu'il vous est doux d'être les tout-puissants ;
Et je n'empêche point qu'on ne vous continue
Votre toute-puissance au point qu'elle est venue ;
Mais quant à cet époux, vous me ferez plaisir
De trouver bon qu'enfin je puisse le choisir.
Je m'aime un peu moi-même, et n'ai pas grande envie

De vous sacrifier le repos de ma vie.

MARTIAN.

Puisqu'il doit avec vous régir tout l'univers....

CAMILLE.

Faut-il vous dire encor que j'ai des yeux ouverts?
Je vois jusqu'en vos cœurs, et m'obstine à me taire;
Mais je pourrois enfin dévoiler le mystère.

MARTIAN.

Si l'empereur nous croit....

CAMILLE.

Sans doute il vous croira;
Sans doute je prendrai l'époux qu'il m'offrira,
Soit qu'il plaise à mes yeux, soit qu'il me choque en l'ame.
Il sera votre maître, et je serai sa femme;
Le temps me donnera sur lui quelque pouvoir,
Et vous pourrez alors vous en apercevoir.
Voilà les quatre mots que j'avois à vous dire.
Pensez-y.

SCÈNE VI.

LACUS, MARTIAN.

MARTIAN.

Ce courroux que Pison nous attire....

LACUS.

Vous vous en alarmez? Laissons-la discourir,
Et ne nous perdons pas de crainte de périr.

MARTIAN.

Vous voyez quel orgueil contre nous l'intéresse.

ACTE II, SCÈNE VI.

LACUS.

Plus elle m'en fait voir, plus je vois sa foiblesse.
Faisons régner Pison ; et, malgré ce courroux,
Vous verrez qu'elle-même aura besoin de nous.

FIN DU SECOND ACTE.

ACTE TROISIÈME.

SCÈNE I".

CAMILLE, ALBIANE.

CAMILLE.

Ton frère te l'a dit, Albiane?

ALBIANE.

Oui, madame;
Galba choisit Pison, et vous êtes sa femme,
Ou, pour en mieux parler, l'esclave de Lacus,

' L'intrigue n'est pas ici plus intéressante et plus tragique qu'auparavant. Cette confidente, qui apprend à sa maîtresse qu'elle va être femme de Pison, et que son amant Othon sera sacrifié, pourrait émouvoir le spectateur, si le péril d'Othon était bien certain; mais qui a dit à cette confidente qu'un jour Pison, étant César, se déferait d'Othon? Premièrement, Camille devrait apprendre son mariage de la bouche de l'empereur, et non de celle d'une confidente; et ce serait du moins une espèce de situation, une petite surprise, quelque chose de ressemblant à un coup de théâtre, si Camille, espérant d'obtenir Othon de l'empereur, recevait inopinément de la bouche de l'empereur l'ordre d'en épouser un autre.

Secondement, de longs discours d'une suivante, qui dit que *les princesses doivent faire les avances*, jetteraient du froid sur le rôle de Phèdre, et sur les tragédies d'*Andromaque* et d'*Iphigénie*.

Troisièmement, s'il y a quelque chose d'aussi comique et d'aussi insipide qu'une suivante qui dit, *c'est la gêne où réduit celles de*

OTHON. 317

A moins d'un éclatant et généreux refus.
CAMILLE.
Et que devient Othon?
ALBIANE.
Vous allez voir sa tête
De vos trois ennemis affermir la conquête,
Je veux dire assurer votre main à Pison,
Et l'empire aux tyrans qui font régner son nom.
Car comme il n'a pour lui qu'une suite d'ancêtres,
Lacus et Martian vont être nos vrais maîtres;
Et Pison ne sera qu'un idole sacré*
Qu'ils tiendront sur l'autel pour répondre à leur gré.
Sa probité stupide autant comme farouche
A prononcer leurs lois asservira sa bouche;
Et le premier arrêt qu'ils lui feront donner
Les défera d'Othon qui les peut détrôner.
CAMILLE.
O dieux! que je le plains!
ALBIANE.
Il est sans doute à plaindre.
Si vous l'abandonnez à tout ce qu'il doit craindre;
Mais comme enfin la mort finira son ennui,
Je crains fort de vous voir plus à plaindre que lui.

votre sorte.... Si je n'avois fait enhardir votre amant, il ne vous auroit pas parlé, etc.; c'est une princesse qui répond : *Tu le crois donc qu'il m'aime?* Le lecteur sent assez *qu'un devoir qui passe du côté de l'amour.... se faire en la cour un accès pour un plus digne amour*; en un mot, tout ce dialogue n'est pas ce qu'on doit attendre dans une tragédie.

* *Idole*, depuis Corneille, a changé de genre, et n'est plus que du féminin. P.

CAMILLE.

L'hymen sur un époux donne quelque puissance.

ALBIANE.

Octavie a péri sur cette confiance.
Son sang qui fume encor vous montre à quel destin
Peut exposer vos jours un nouveau Tigellin.
Ce grand choix vous en donne à craindre deux ensemble;
Et pour moi, plus j'y songe, et plus pour vous je tremble.

CAMILLE.

Quel reméde, Albiane?

ALBIANE.

Aimer, et faire voir....

CAMILLE.

Que l'amour est sur moi plus fort que le devoir?

ALBIANE.

Songez moins à Galba qu'à Lacus qui vous brave,
Et qui vous fait encor braver par un esclave.
Songez à vos périls; et peut-être à son tour
Ce devoir passera du côté de l'amour.
Bien que nous devions tout aux puissances suprêmes,
Madame, nous devons quelque chose à nous-mêmes,
Sur-tout quand nous voyons des ordres dangereux,
Sous ces grands souverains, partir d'autres que d'eux.

CAMILLE.

Mais Othon m'aime-t-il?

ALBIANE.

S'il vous aime? ah, madame!

CAMILLE.

On a cru que Plautine avoit toute son ame.

ACTE III, SCÈNE I.

ALBIANE.

On l'a dû croire aussi, mais on s'est abusé;
Autrement, Vinius l'auroit-il proposé?
Auroit-il pu trahir l'espoir d'en faire un gendre?

CAMILLE.

En feignant de l'aimer que pouvoit-il prétendre?

ALBIANE.

De s'approcher de vous, et se faire en la cour
Un accès libre et sûr pour un plus digne amour.
De Vinius par là gagnant la bienveillance,
Il a su le jeter dans une autre espérance,
Et le flatter d'un rang plus haut et plus certain,
S'il devenoit par vous empereur de sa main.
Vous voyez à ces soins que Vinius s'applique,
En même temps qu'Othon auprès de vous s'explique.

CAMILLE.

Mais à se déclarer il a bien attendu.

ALBIANE.

Mon frère jusque-là vous en a répondu.

CAMILLE.

Tandis, tu m'as réduite à faire un peu d'avance,
A consentir qu'Albin combattît son silence;
Et même Vinius, dès qu'il me l'a nommé,
A pu voir aisément qu'il pourroit être aimé.

ALBIANE.

C'est la gêne où réduit celles de votre sorte
La scrupuleuse loi du respect qu'on leur porte.
Il arrête les vœux, captive les desirs,
Abaisse les regards, étouffe les soupirs,

Dans le milieu du cœur enchaîne la tendresse;
Et tel est en aimant le sort d'une princesse,
Que, quelque amour qu'elle ait, et qu'elle ait pu donner,
Il faut qu'elle devine, et force à deviner.
Quelque peu qu'on lui die, on craint de lui trop dire;
A peine on se hasarde à jurer qu'on l'admire;
Et pour apprivoiser ce respect ennemi,
Il faut qu'en dépit d'elle elle s'offre à demi.
Voyez-vous comme Othon sauroit encor se taire,
Si je ne l'avois fait enhardir par mon frère?

CAMILLE.

Tu le crois donc qu'il m'aime?

ALBIANE.

Et qu'il lui seroit doux
Que vous eussiez pour lui l'amour qu'il a pour vous.

CAMILLE.

Hélas! que cet amour croit tôt ce qu'il souhaite!
En vain la raison parle, en vain elle inquiète,
En vain la défiance ose ce qu'elle peut;
Il veut croire, et ne croit que parcequ'il le veut.
Pour Plautine ou pour moi je vois du stratagême,
Et m'obstine avec joie à m'aveugler moi-même.
Je plains cette abusée, et c'est moi qui le suis
Peut-être, et qui me livre à d'éternels ennuis :
Peut-être, en ce moment qu'il m'est doux de te croire,
De ses vœux à Plautine il assure la gloire :
Peut-être....

SCÈNE II.

CAMILLE, ALBIN, ALBIANE.

ALBIN.
L'empereur vient ici vous trouver
Pour vous dire son choix, et le faire approuver.
S'il vous déplaît, madame, il faut de la constance;
Il faut une fidéle et noble résistance;
Il faut....

CAMILLE.
De mon devoir je saurai prendre soin.
Allez chercher Othon pour en être témoin.

SCÈNE III[1].

GALBA, CAMILLE, ALBIANE.

GALBA.
Quand la mort de mes fils désola ma famille,
Ma niéce, mon amour vous prit dès-lors pour fille;
Et regardant en vous les restes de mon sang,

---

[1] On ne voit jamais dans cette pièce qu'une fille à marier. Il n'est pas contre la convenance que Galba tâche d'ennoblir la petitesse de cette intrigue par un discours politique; mais il est contre toute bienséance, tranchons le mot, il est intolérable que Camille dise à l'empereur qu'il serait bon *que son mari eût quelque chose de propre à donner de l'amour*. Galba dit à sa nièce que ce raisonnement est fort délicat.

Je flattai ma douleur en vous donnant leur rang.
Rome, qui m'a depuis chargé de son empire,
Quand sous le poids de l'âge à peine je respire,
A vu ce même amour me le faire accepter,
Moins pour me seoir si haut, que pour vous y porter.
Non que si jusque-là Rome pouvoit renaître,
Qu'elle fût en état de se passer de maître,
Je ne me crusse digne, en cet heureux moment,
De commencer par moi son rétablissement :
Mais cet empire immense est trop vaste pour elle :
A moins que d'une tête un si grand corps chancelle;
Et pour le nom de roi son invincible horreur
S'est d'ailleurs si bien faite aux lois d'un empereur,
Qu'elle ne peut souffrir, après cette habitude,
Ni pleine liberté, ni pleine servitude.
Elle veut donc un maître, et Néron condamné
Fait voir ce qu'elle veut en un front couronné.
Vindex, Rufus, ni moi, n'avons causé sa perte;
Ses crimes seuls l'ont faite; et le ciel l'a soufferte
Pour marque aux souverains qu'ils doivent par l'effet
Répondre dignement au grand choix qu'il en fait.
Jusques à ce grand coup, un honteux esclavage
D'une seule maison nous faisoit l'héritage.
Rome n'en a repris, au lieu de liberté,
Qu'un droit de mettre ailleurs la souveraineté;
Et laisser après moi dans le trône un grand homme,
C'est tout ce qu'aujourd'hui je puis faire pour Rome.
Prendre un si noble soin, c'est en prendre de vous.
Ce maître qu'il lui faut vous est dû pour époux;
Et mon zéle s'unit à l'amour paternelle

ACTE III, SCÈNE III.

Pour vous en donner un digne de vous et d'elle.
Jule et le grand Auguste ont choisi dans leur sang,
Ou dans leur alliance à qui laisser ce rang.
Moi, sans considérer aucun nœud domestique,
J'ai fait ce choix comme eux, mais dans la république :
Je l'ai fait de Pison ; c'est le sang de Crassus,
C'est celui de Pompée, il en a les vertus ;
Et ces fameux héros dont il suivra la trace
Joindront de si grands noms aux grands noms de ma race,
Qu'il n'est point d'hyménée en qui l'égalité
Puisse élever l'empire à plus de dignité.

CAMILLE.

J'ai tâché de répondre à cet amour de père
Par un tendre respect qui chérit et révère,
Seigneur ; et je vois mieux encor par ce grand choix,
Et combien vous m'aimez, et combien je vous dois.
Je sais ce qu'est Pison et quelle est sa noblesse ;
Mais, si j'ose à vos yeux montrer quelque foiblesse,
Quelque digne qu'il soit et de Rome et de moi,
Je tremble à lui promettre et mon cœur et ma foi ;
Et j'avouerai, seigneur, que pour mon hyménée
Je crois tenir un peu de Rome où je suis née.
Je ne demande point la pleine liberté,
Puisqu'elle en a mis bas l'intrépide fierté ;
Mais si vous m'imposez la pleine servitude,
J'y trouverai, comme elle, un joug un peu bien rude.
Je suis trop ignorante en matière d'état
Pour savoir quel doit être un si grand potentat ;
Mais Rome dans ses murs n'a-t-elle qu'un seul homme,
N'a-t-elle que Pison qui soit digne de Rome ?

Et dans tous ses états n'en sauroit-on voir deux
Que puissent vos bontés hasarder à mes vœux?
 Néron fit aux vertus une cruelle guerre;
S'il en a dépeuplé les trois parts de la terre,
Et si, pour nous donner de dignes empereurs,
Pison seul avec vous échappe à ses fureurs.
Il est d'autres héros dans un si vaste empire,
Il en est qu'après vous on se plairoit d'élire,
Et qui sauroient mêler, sans vous faire rougir,
L'art de gagner les cœurs au grand art de régir.
D'une vertu sauvage on craint un dur empire;
Souvent on s'en dégoûte au moment qu'on l'admire;
Et, puisque ce grand choix me doit faire un époux,
Il seroit bon qu'il eût quelque chose de doux,
Qu'on vît en sa personne également paroître
Les grâces d'un amant, et les hauteurs d'un maître,
Et qu'il fût aussi propre à donner de l'amour
Qu'à faire ici trembler sous lui toute sa cour.
Souvent un peu d'amour dans les cœurs des monarques
Accompagne assez bien leurs plus illustres marques.
Ce n'est pas qu'après tout je pense à résister;
J'aime à vous obéir, seigneur, sans contester.
Pour prix d'un sacrifice où mon cœur se dispose,
Permettez qu'un époux me doive quelque chose.
Dans cette servitude où se plaît mon desir,
C'est quelque liberté qu'un ou deux à choisir.
Votre Pison peut-être aura de quoi me plaire
Quand il ne sera plus un mari nécessaire;
Et son amour pour moi sera plus assuré,
S'il voit à quels rivaux je l'aurai préféré.

ACTE III, SCÈNE III.

GALBA.

Ce long raisonnement dans sa délicatesse
A vos tendres respects mêle beaucoup d'adresse.
Si le refus n'est juste, il est doux et civil.
Parlez donc, et sans feinte, Othon vous plairoit-il?
On me l'a proposé, qu'y trouvez-vous à dire?

CAMILLE.

L'avez-vous cru d'abord indigne de l'empire,
Seigneur?

GALBA.

Non : mais depuis, consultant ma raison,
J'ai trouvé qu'il falloit lui préférer Pison.
Sa vertu plus solide et toute inébranlable
Nous fera, comme Auguste, un siècle incomparable,
Où l'autre, par Néron dans le vice abymé,
Ramènera ce luxe où sa main l'a formé,
Et tous les attentats de l'infame licence
Dont il osa souiller la suprême puissance.

CAMILLE.

Othon près d'un tel maître a su se ménager,
Jusqu'à ce que le temps ait pu l'en dégager.
Qui sait faire sa cour se fait aux mœurs du prince;
Mais il fut tout à soi quand il fut en province;
Et sa haute vertu par d'illustres effets
Y dissipa soudain ces vices contrefaits.
Chaque jour a sous vous grossi sa renommée;
Mais Pison n'eut jamais de charge ni d'armée;
Et comme il a vécu jusqu'ici sans emploi,
On ne sait ce qu'il vaut que sur sa bonne foi.
Je veux croire en faveur des héros de sa race,

Qu'il en a les vertus, qu'il en suivra la trace,
Qu'il en égalera les plus illustres noms;
Mais j'en croirois bien mieux de grandes actions.
Si dans un long exil il a paru sans vice,
La vertu des bannis souvent n'est qu'artifice.
Sans vous avoir servi vous l'avez ramené :
Mais l'autre est le premier qui vous ait couronné;
Dès qu'il vit deux partis, il se rangea du vôtre :
Ainsi l'un vous doit tout, et vous devez à l'autre.

GALBA.

Vous prendrez donc le soin de m'acquitter vers lui;
Et comme pour l'empire il faut un autre appui,
Vous croirez que Pison est plus digne de Rome;
Pour ne plus en douter suffit que je le nomme.

CAMILLE.

Pour Rome et son empire, après vous je le croi;
Mais je doute si l'autre est moins digne de moi.

GALBA.

Doutez-en; un tel doute est bien digne d'une ame
Qui voudroit de Néron revoir le siècle infame,
Et qui voyant qu'Othon lui ressemble le mieux....

CAMILLE.

Choisissez de vous-même, et je ferme les yeux.
Que vos seules bontés de tout mon sort ordonnent :
Je me donne en aveugle à qui qu'elles me donnent.
Mais quand vous consultez Lacus et Martian,
Un époux de leur main me paroît un tyran;
Et, si j'ose tout dire en cette conjoncture,
Je regarde Pison comme leur créature,
Qui, régnant par leur ordre et leur prêtant sa voix,

ACTE III, SCÈNE III.

Me forcera moi-même à recevoir leurs lois.
Je ne veux point d'un trône où je sois leur captive,
Où leur pouvoir m'enchaîne; et, quoi qu'il en arrive,
J'aime mieux un mari qui sache être empereur,
Qu'un mari qui le soit et souffre un gouverneur.

GALBA.

Ce n'est pas mon dessein de contraindre les ames.
N'en parlons plus : dans Rome il sera d'autres femmes
A qui Pison en vain n'offrira pas sa foi [1].
Votre main est à vous, mais l'empire est à moi.

SCÈNE IV.

GALBA, OTHON, CAMILLE, ALBIN, ALBIANE.

GALBA.

Othon, est-il bien vrai que vous aimiez Camille [2] ?

OTHON.

Cette témérité m'est sans doute inutile :

---

[1] Si on faisait paraître un vieillard de comédie entre sa nièce et un amant qu'elle veut épouser, on ne pourrait guère s'exprimer autrement que dans cette scène :

N'en parlons plus:... il sera d'autres femmes
A qui Pison en vain, etc.

Otez les noms, toute cette tragédie n'est qu'une comédie sans intérêt, et aussi froidement écrite que durement. Je le répète, on a voulu un commentaire sur toutes les pièces de Corneille; mais que dire d'un mauvais ouvrage, sinon qu'il est mauvais, en montrant aux étrangers et aux jeunes gens pourquoi il est si mauvais?

[2] Le vice de cette scène est la suite des défauts précédents. La

Mais si j'osois, seigneur, dans mon sort adouci....
GALBA.
Non, non; si vous l'aimez, elle vous aime aussi.
Son amour près de moi vous rend de tels offices,
Que je vous en fais don pour prix de vos services.
Ainsi, bien qu'à Lacus j'aie accordé pour vous
Qu'aujourd'hui de Plautine on vous verra l'époux,
L'illustre et digne ardeur d'une flamme si belle
M'en fait révoquer l'ordre, et vous obtient pour elle.
OTHON.
Vous m'en voyez de joie interdit et confus.
Quand je me prononçois moi-même un prompt refus,
Que j'attendois l'effet d'une juste colère,
Je suis assez heureux pour ne pas vous déplaire!
Et loin de condamner des vœux trop élevés....
GALBA.
Vous savez mal encor combien vous lui devez.
Son cœur de telle force à votre hymen aspire,
Que pour mieux être à vous il renonce à l'empire.
Choisissez donc ensemble, à communs sentiments,
Des charges dans ma cour, ou des gouvernements;
Vous n'avez qu'à parler.
OTHON.
Seigneur, si la princesse....

---

petite ironie de Galba, *Est-il bien vrai que vous aimiez Camille? si vous l'aimez, elle vous aime aussi; son cœur aspire à votre hymen d'une telle force; choisissez des charges à communs sentiments; tenez-vous assuré qu'elle aura tout mon bien :* y a-t-il dans tout cela un seul mot qui ne soit, même pour le fond, convenable au seul genre comique?

GALBA.

Pison n'en voudra pas dédire ma promesse.
Je l'ai nommé César, pour le faire empereur:
Vous savez ses vertus, je réponds de son cœur.
Adieu. Pour observer la forme accoutumée,
Je le vais de ma main présenter à l'armée.
Pour Camille, en faveur de cet heureux lien,
Tenez-vous assuré qu'elle aura tout mon bien:
Je la fais dès ce jour mon unique héritière.

SCÈNE V[1].

OTHON, CAMILLE, ALBIN, ALBIANE.

CAMILLE.

Vous pouvez voir par là mon ame toute entière,
Seigneur; et je voudrois en vain la déguiser

---

[1] Cette scène sort du ton de la comédie; mais l'impression déjà reçue empêche le spectateur de voir de l'élévation dans un sujet qui, pendant près de trois actes, n'a presque rien eu de noble et de grand. Tous les discours artificieux que tient Othon pour se débarrasser de l'amour de Camille, toutes ses craintes de l'avenir, ne peuvent faire naître d'autre sentiment que celui de l'indifférence. Camille, à la fin de la scène, est jalouse de Plautine, mais elle est froidement jalouse. Othon ne peut guère intéresser personne en parlant de sa première femme Poppée, qui a été maîtresse de Néron. Camille peut-elle intéresser davantage en disant *qu'elle ne sait point faire valoir les choses, qu'elle ne sait pas quel amour elle a pu donner; mais qu'Othon aime à raisonner sur l'empire; elle l'y trouve assez fort, et même d'une force à montrer qu'il connoît ce que l'empire a d'amorce?*

Je crois que cet acte était impraticable. Tout manque, quand

Après ce que pour vous l'amour me fait oser.
Ce que Galba pour moi prend le soin de vous dire....

OTHON.

Quoi donc, madame! Othon vous coûteroit l'empire?
Il sait mieux ce qu'il vaut, et n'est pas d'un tel prix
Qu'il le faille acheter par ce noble mépris.
Il se doit opposer à cet effort d'estime
Où s'abaisse pour lui ce cœur trop magnanime,
Et, par un même effort de magnanimité,
Rendre une ame si haute au trône mérité.
D'un si parfait amour quelles que soient les causes....

CAMILLE.

Je ne sais point, seigneur, faire valoir les choses :
Et, dans ce prompt succès dont nos cœurs sont charmés,
Vous me devez bien moins que vous ne présumez.
Il semble que pour vous je renonce à l'empire,
Et qu'un amour aveugle ait su me le prescrire.

l'intérêt manque. C'est précisément ce que dit l'auteur de l'*Histoire du Théâtre français* *, à l'article OTHON : *La partie la plus nécessaire y manque; l'intérêt est l'ame d'une pièce, et le spectateur n'en prend ici pour aucun des personnages.*

* Plaisante autorité que celle de l'historien du Théâtre français pour juger Corneille, même dans ce qu'il a de plus faible ! En traitant le sujet d'*Othon*, il est bien évident que ce grand homme n'avait pas eu le projet de faire une tragédie où, selon la loi trop générale qu'en fait Voltaire, il y eût des combats du cœur et des infortunes intéressantes. Il avait voulu peindre des mœurs et des caractères fidèlement tracés ; et, dans cette partie, il est toujours un grand peintre. Il ne circonscrivait pas la tragédie dans un seul genre ; et Voltaire lui-même, qui n'avait fait, à ce qu'il avoue, sa tragédie du *Triumvirat* que pour y appliquer des notes historiques, ne s'éloignait pas de cette façon de penser, et devait la pardonner à Corneille. *Othon* n'est susceptible que d'un seul intérêt, l'intérêt de curiosité. P.

ACTE III, SCÈNE V.

Je vous aime, il est vrai; mais si l'empire est doux,
Je crois m'en assurer quand je me donne à vous.
Tant que vivra Galba, le respect de son âge,
Du moins apparemment, soutiendra son suffrage;
Pison croira régner : mais peut-être qu'un jour
Rome se permettra de choisir à son tour.
A faire un empereur alors quoi qui l'excite,
Qu'elle en veuille la race, ou cherche le mérite,
Notre union aura des voix de tous côtés,
Puisque j'en ai le sang, et vous les qualités.
Sous un nom si fameux qui vous rend préférable,
L'héritier de Galba sera considérable;
On aimera ce titre en un si digne époux;
Et l'empire est à moi si l'on me voit à vous.

OTHON.

Ah, madame! quittez cette vaine espérance
De nous voir quelque jour remettre en la balance :
S'il faut que de Pison on accepte la loi,
Rome, tant qu'il vivra, n'aura plus d'yeux pour moi.
Elle a beau murmurer contre un indigne maître;
Elle en souffre, pour lâche ou méchant qu'il puisse être.
Tibère étoit cruel, Caligule brutal,
Claude foible, Néron en forfaits sans égal.
Il se perdit lui-même à force de grands crimes;
Mais le reste a passé pour princes légitimes.
Claude même, ce Claude et sans cœur et sans yeux,
A peine les ouvrit qu'il devint furieux;
Et Narcisse et Pallas l'ayant mis en furie,
Firent sous son aveu régner la barbarie.
Il régna toutefois, bien qu'il se fît haïr,

Jusqu'à ce que Néron se fâchât d'obéir;
Et ce monstre ennemi de la vertu romaine
N'a succombé que tard sous la commune haine.
Par ce qu'ils ont osé, jugez sur vos refus
Ce qu'osera Pison gouverné par Lacus.
Il aura peine à voir, lui qui pour vous soupire,
Que votre hymen chez moi laisse un droit à l'empire.
Chacun sur ce penchant voudra faire sa cour;
Et le pouvoir suprême enhardit bien l'amour.
Si Néron qui m'aimoit osa m'ôter Poppée,
Jugez, pour ressaisir votre main usurpée,
Quel scrupule on aura du plus noir attentat
Contre un rival ensemble et d'amour et d'état.
Il n'est point ni d'exil, ni de Lusitanie,
Qui dérobe à Pison le reste de ma vie;
Et je sais trop la cour pour douter un moment,
Ou des soins de sa haine, ou de l'événement.

CAMILLE.

Et c'est là ce grand cœur qu'on croyoit intrépide!
Le péril, comme un autre, à mes yeux l'intimide!
Et pour monter au trône, et pour me posséder,
Son espoir le plus beau n'ose rien hasarder!
Il redoute Pison! Dites-moi donc, de grace,
Si d'aimer en lieu même on vous a vu l'audace,
Si pour vous et pour lui le trône eut même appas,
Êtes-vous moins rivaux pour ne m'épouser pas?
A quel droit voulez-vous que cette haine cesse
Pour qui lui disputa ce trône et sa maîtresse,
Et qu'il veuille oublier, se voyant souverain,
Que vous pouvez dans l'ame en garder le dessein?

ACTE III, SCÈNE V.

Ne vous y trompez plus : il a vu dans cette ame
Et votre ambition et toute votre flamme ;
Et peut tout contre vous, à moins que contre lui
Mon hymen chez Galba vous assure un appui.

OTHON.

Eh bien ! il me perdra pour vous avoir aimée ;
Sa haine sera douce à mon ame enflammée ;
Et tout mon sang n'a rien que je veuille épargner,
Si ce n'est que par là que vous pouvez régner.
Permettez cependant à cet amour sincère
De vous redire encor ce qu'il n'ose vous taire.
En l'état qu'est Pison, il vous faut aujourd'hui
Renoncer à l'empire, ou le prendre avec lui.
Avant qu'en décider, pensez-y bien, madame ;
C'est votre intérêt seul qui fait parler ma flamme.
Il est mille douceurs dans un grade si haut
Où peut-être avez-vous moins pensé qu'il ne faut.
Peut-être en un moment serez-vous détrompée ;
Et si j'osois encor vous parler de Poppée,
Je dirois que sans doute elle m'aimoit un peu,
Et qu'un trône alluma bientôt un autre feu.
Le ciel vous a fait l'ame et plus grande et plus belle ;
Mais vous êtes princesse, et femme enfin comme elle.
L'horreur de voir une autre au rang qui vous est dû,
Et le juste chagrin d'avoir trop descendu,
Presseront en secret cette ame de se rendre
Même au plus foible espoir de le pouvoir reprendre.
Les yeux ne veulent pas en tout temps se fermer ;
Mais l'empire en tout temps a de quoi les charmer.
L'amour passe, ou languit ; et, pour fort qu'il puisse être,

De la soif de régner il n'est pas toujours maître.
CAMILLE.
Je ne sais quel amour je vous ai pu donner,
Seigneur ; mais sur l'empire il aime à raisonner :
Je l'y trouve assez fort, et même d'une force
A montrer qu'il connoît tout ce qu'il a d'amorce,
Et qu'à ce qu'il me dit touchant un si grand choix,
Il a daigné penser un peu plus d'une fois.
Je veux croire avec vous qu'il est ferme et sincère,
Qu'il me dit seulement ce qu'il n'ose me taire ;
Mais à parler sans feinte....
OTHON.
Ah, madame ! croyez....
CAMILLE.
Oui, j'en croirai Pison à qui vous m'envoyez ;
Et vous, pour vous donner quelque peu plus de joie,
Vous en croirez Plautine à qui je vous renvoie.
Je n'en suis point jalouse, et le dis sans courroux :
Vous n'aimez que l'empire, et je n'aimois que vous.
N'en appréhendez rien, je suis femme, et princesse,
Sans en avoir pourtant l'orgueil ni la foiblesse ;
Et votre aveuglement me fait trop de pitié
Pour l'accabler encor de mon inimitié.

SCÈNE VI.

OTHON, ALBIN.

OTHON.
Que je vois d'appareils, Albin, pour ma ruine !

ACTE III, SCÈNE VI.

ALBIN.

Seigneur, tout est perdu, si vous voyez Plautine.

OTHON.

Allons-y toutefois : le trouble où je me voi
Ne peut souffrir d'avis que d'un cœur tout à moi.

FIN DU TROISIÈME ACTE.

ACTE QUATRIÈME.

SCÈNE I[1].

OTHON, PLAUTINE.

PLAUTINE.

Que voulez-vous, seigneur, qu'enfin je vous conseille ?
Je sens un trouble égal d'une douleur pareille ;
Et mon cœur tout à vous n'est pas assez à soi
Pour trouver un remède aux maux que je prévoi.
Je ne sais que pleurer, je ne sais que vous plaindre.
Le seul choix de Pison nous donne tout à craindre.
Mon père vous a dit qu'il ne laisse à tous trois
Que l'espoir de mourir ensemble à notre choix ;
Et nous craignons de plus une amante irritée
D'une offre en moins d'un jour reçue et rétractée,
D'un hommage où la suite a si peu répondu,
Et d'un trône qu'en vain pour vous elle a perdu.

---

[1] Cette scène pourrait faire quelque effet, si Othon était véritablement en danger ; mais cette crainte prématurée que Pison ne le fasse mourir un jour n'a rien de réel, comme on l'a déjà remarqué. Tout l'édifice de la pièce tombe par cette seule raison ; et je crois que c'est une loi qui ne souffre aucune exception, que jamais un danger éloigné ne doit faire le nœud d'une tragédie.

OTHON.

Pour vous avec ce trône elle étoit adorable ;
Pour vous elle y renonce, et n'a plus rien d'aimable.
Où ne portera point un si juste courroux
La honte de se voir sans l'empire et sans vous ?
Honte d'autant plus grande, et d'autant plus sensible,
Qu'elle s'y promettoit un retour infaillible,
Et que sa main par vous croyoit tôt regagner
Ce que son cœur pour vous paroissoit dédaigner !

OTHON.

Je n'ai donc qu'à mourir. Je l'ai voulu, madame,
Quand je l'ai pu sans crime, en faveur de ma flamme ;
Et je le dois vouloir, quand votre arrêt cruel
Pour mourir justement m'a rendu criminel.
Vous m'avez commandé de m'offrir à Camille ;
Graces à nos malheurs ce crime est inutile.
Je mourrai tout à vous ; et si pour obéir
J'ai paru mal aimer, j'ai semblé vous trahir,
Ma main, par ce même ordre à vos yeux enhardie,
Lavera dans mon sang ma fausse perfidie.
N'enviez pas, madame, à mon sort inhumain
La gloire de finir du moins en vrai Romain,
Après qu'il vous a plu de me rendre incapable
Des douceurs de mourir en amant véritable.

PLAUTINE.

Bien loin d'en condamner la noble passion,
J'y veux borner ma joie et mon ambition.
Pour de moindres malheurs on renonce à la vie.
Soyez sûr de ma part de l'exemple d'Arrie ;
J'ai la main aussi ferme et le cœur aussi grand,
Et quand il le faudra, je sais comme on s'y prend.

Si vous daigniez, seigneur, jusque-là vous contraindre,
Peut-être espérerois-je en voyant tout à craindre.
Camille est irritée et se peut apaiser.

OTHON.

Me condamneriez-vous, madame, à l'épouser?

PLAUTINE.

Que n'y puis-je moi-même opposer ma défense!
Mais si vos jours enfin n'ont point d'autre assurance,
S'il n'est point d'autre asile....

OTHON.

Ah! courons à la mort;
Ou, si pour l'éviter il nous faut faire effort,
Subissons de Lacus toute la tyrannie,
Avant que me soumettre à cette ignominie.
J'en saurai préférer les plus barbares coups
A l'affront de me voir sans l'empire et sans vous,
Aux hontes d'un hymen qui me rendroit infame,
Puisqu'on fait pour Camille un crime de sa flamme,
Et qu'on lui vole un trône en haine d'une foi
Qu'a voulu son amour ne promettre qu'à moi.
Non que pour moi sans vous ce trône eût aucuns charmes;
Pour vous je le cherchois, mais non pas sans alarmes:
Et si tantôt Galba ne m'eût point dédaigné,
J'aurois porté le sceptre, et vous auriez régné;
Vos seules volontés, mes dignes souveraines,
D'un empire si vaste auroient tenu les rênes.
Vos lois....

PLAUTINE.

C'est donc à moi de vous faire empereur.
Je l'ai pu: les moyens d'abord m'ont fait horreur;

ACTE IV, SCÈNE I.

Mais je saurai la vaincre, et, me donnant moi-même,
Vous assurer ensemble et vie et diadème,
Et réparer par là le crime d'un orgueil
Qui vous dérobe un trône, et vous ouvre un cercueil.
De Martian pour vous j'aurois eu le suffrage,
Si j'avois pu souffrir son insolent hommage,
Son amour....

OTHON.
Martian se connoîtroit si peu
Que d'oser....

PLAUTINE.
Il n'a pas encore éteint son feu;
Et du choix de Pison quelles que soient les causes,
Je n'ai qu'à dire un mot pour brouiller bien des choses.

OTHON.
Vous vous ravaleriez jusques à l'écouter?

PLAUTINE.
Pour vous j'irai, seigneur, jusques à l'accepter.

OTHON.
Consultez votre gloire elle saura vous dire....

PLAUTINE.
Qu'il est de mon devoir de vous rendre l'empire.

OTHON.
Qu'un front encor marqué des fers qu'il a portés....

PLAUTINE.
A droit de me charmer, s'il fait vos sûretés.

OTHON.
En concevez-vous bien toute l'ignominie?

PLAUTINE.
Je n'en puis voir, seigneur, à vous sauver la vie.

OTHON.
L'épouser à ma vue! et pour comble d'ennui....
PLAUTINE.
Donnez-vous à Camille, ou je me donne à lui.
OTHON.
Périssons, périssons, madame, l'un pour l'autre,
Avec toute ma gloire, avec toute la vôtre.
Pour nous faire un trépas dont les dieux soient jaloux,
Rendez-vous toute à moi, comme moi tout à vous ;
Ou si, pour conserver en vous tout ce que j'aime,
Mon malheur vous obstine à vous donner vous-même,
Du moins de votre gloire ayez un soin égal,
Et ne me préférez qu'un illustre rival.
J'en mourrai de douleur ; mais je mourrois de rage,
Si vous me préfériez un reste d'esclavage.

SCÈNE II[1].

VINIUS, OTHON, PLAUTINE.

OTHON.
Ah! seigneur, empêchez que Plautine....
VINIUS.
Seigneur,
Vous empêcherez tout si vous avez du cœur.
Malgré de nos destins la rigueur importune,

---

[1] Le consul Vinius vient ici apprendre à Othon une grande nouvelle. Une partie de l'armée desire Othon pour empereur : mais cela même rend Othon et Vinius des personnages froids et inutiles ; ni l'un ni l'autre n'ont eu la moindre part au grand changement qui

Le ciel met en vos mains toute notre fortune.
PLAUTINE.
Seigneur, que dites-vous?
VINIUS.
     Ce que je viens de voir,
Que pour être empereur il n'a qu'à le vouloir.
OTHON.
Ah! seigneur, plus d'empire, à moins qu'avec Plautine.
VINIUS.
Saisissez-vous d'un trône où le ciel vous destine;
Et pour choisir vous-même avec qui le remplir,
A vos heureux destins aidez à s'accomplir.
 L'armée a vu Pison, mais avec un murmure
Qui sembloit mal goûter ce qu'on vous fait d'injure.
Galba ne l'a produit qu'avec sévérité,
Sans faire aucun espoir de libéralité.
Il pouvoit, sous l'appât d'une feinte promesse,
Jeter dans les soldats un moment d'allégresse;
Mais il a mieux aimé hautement protester
Qu'il savoit les choisir, et non les acheter.
Ces hautes duretés, à contre-temps poussées,
Ont rappelé l'horreur des cruautés passées,
Lorsque d'Espagne à Rome il sema son chemin
De Romains immolés à son nouveau destin,
Et qu'ayant de leur sang souillé chaque contrée,
Par un nouveau carnage il y fit son entrée.

---

se va faire dans l'empire romain. Ce sont quatre soldats qui sont venus avertir Vinius des sentiments de l'armée ; les personnages principaux n'ont rien fait du tout. C'est un défaut capital qu'il faut éviter dans quelque sujet que ce puisse être.

Aussi, durant le temps qu'a harangué Pison,
Ils ont de rang en rang fait courir votre nom.
Quatre des plus zélés sont venus me le dire,
Et m'ont promis pour vous les troupes et l'empire.
Courez donc à la place, où vous les trouverez;
Suivez-les dans leur camp, et vous en assurez :
Un temps bien pris peut tout.

OTHON.

Si cet astre contraire
Qui m'a....

VINIUS.

Sans discourir, faites ce qu'il faut faire;
Un moment de séjour peut tout déconcerter,
Et le moindre soupçon vous va faire arrêter.

OTHON.

Avant que de partir souffrez que je proteste....

VINIUS.

Partez; en empereur vous nous direz le reste.

SCÈNE III[1].

VINIUS, PLAUTINE.

VINIUS.

Ce n'est pas tout, ma fille; un bonheur plus certain,
Quoi qu'il puisse arriver, met l'empire en ta main.

---

[1] Vinius joue ici le rôle d'un intrigant, et rien de plus; il ne se soucie point d'Othon; il lui importe peu qui sa fille épousera : ses sentiments sont bas, lorsque même il parle de l'empire, et il se fait mépriser par sa propre fille inutilement.

ACTE IV, SCÈNE III.

PLAUTINE.

Flatteriez-vous Othon d'une vaine chimère ?

VINIUS.

Non ; tout ce que j'ai dit n'est qu'un rapport sincère.
Je crois te voir régner avec ce cher Othon :
Mais n'espère pas moins du côté de Pison ;
Galba te donne à lui. Piqué contre Camille,
Dont l'amour a rendu son projet inutile,
Il veut que cet hymen, punissant ses refus,
Réunisse avec moi Martian et Lacus,
Et trompe heureusement les présages sinistres
De la division qu'il voit en ses ministres.
Ainsi des deux côtés on combattra pour toi.
Le plus heureux des chefs t'apportera sa foi.
Sans part à ses périls tu l'auras à sa gloire,
Et verras à tes pieds l'une et l'autre victoire.

PLAUTINE.

Quoi ! mon cœur, par vous-même à ce héros donné,
Pourroit ne l'aimer plus s'il n'est point couronné ?
Et s'il faut qu'à Pison son mauvais sort nous livre,
Pour ce même Pison je pourrois vouloir vivre ?

VINIUS.

Si nos communs souhaits ont un contraire effet,
Tu te peux faire encor l'effort que tu t'es fait,
Et qui vient de donner Othon au diadème
Pour régner à son tour peut se donner soi-même.

PLAUTINE.

Si pour le couronner j'ai fait un noble effort,
Dois-je en faire un honteux pour jouir de sa mort ?
Je me privois de lui sans me vendre à personne,

Et vous voulez, seigneur, que son trépas me donne,
Que mon cœur, entraîné par la splendeur du rang,
Vole après une main fumante de son sang,
Et que de ses malheurs triomphante et ravie
Je sois l'infame prix d'avoir tranché sa vie !
Non, seigneur : nous aurons même sort aujourd'hui ;
Vous me verrez régner ou périr avec lui ;
Ce n'est qu'à l'un des deux que tout ce cœur aspire.

VINIUS.

Que tu vois mal encor ce que c'est que l'empire !
Si deux jours seulement tu pouvois l'essayer,
Tu ne croirois jamais le pouvoir trop payer ;
Et tu verrois périr mille amants avec joie,
S'il falloit tout leur sang pour t'y faire une voie.
Aime Othon, si tu peux t'en faire un sûr appui ;
Mais, s'il en est besoin, aime-toi plus que lui ;
Et sans t'inquiéter où fondra la tempête,
Laisse aux dieux à leur choix écraser une tête.
Prends le sceptre aux dépens de qui succombera,
Et régne sans scrupule avec qui régnera.

PLAUTINE.

Que votre politique a d'étranges maximes !
Mon amour, s'il l'osoit, y trouveroit des crimes.
Je sais aimer, seigneur, je sais garder ma foi,
Je sais pour un amant faire ce que je doi,
Je sais à son bonheur m'offrir en sacrifice,
Et je saurai mourir si je vois qu'il périsse :
Mais je ne sais point l'art de forcer ma douleur
A pouvoir recueillir les fruits de son malheur.

ACTE IV, SCÈNE III.

VINIUS.

Tiens pourtant l'ame prête à le mettre en usage;
Change de sentiment, ou du moins de langage;
Et, pour mettre d'accord ta fortune et ton cœur,
Souhaite pour l'amant, et te garde au vainqueur.
Adieu : je vois entrer la princesse Camille.
Quelque trouble où tu sois, montre une ame tranquille;
Profite de sa faute, et tiens l'œil mieux ouvert
Au vif et doux éclat du trône qu'elle perd.

SCÈNE IV.

CAMILLE, PLAUTINE, ALBIANE.

CAMILLE.

Agréerez-vous, madame, un fidèle service
Dont je viens faire hommage à mon impératrice?

PLAUTINE.

Je crois n'avoir pas droit de vous en empêcher;

Ces petites picoteries de deux femmes, ces ironies, ces bravades continuelles, qui ne produisent rien du tout, seraient mauvaises quand même elles produiraient quelque chose. Ces petites scènes de remplissage sont fréquentes dans les dernières pièces de Corneille. Jamais Racine n'est tombé dans ce défaut; et quand il fait parler Hermione à Andromaque, Iphigénie à Ériphyle, Roxane à Atalide, il n'emploie point ces froides ironies, ces petits reproches comiques, ce ton bourgeois, ces expressions de la conversation la plus familière; il fait parler ces femmes avec noblesse et avec sentiment; il touche le cœur, il arrache même quelquefois des larmes : mais que Corneille est loin d'en faire répandre!

Mais ce n'est pas ici qu'il vous la faut chercher.
CAMILLE.
Lorsque Galba vous donne à Pison pour épouse....
PLAUTINE.
Il n'est pas encor temps de vous en voir jalouse.
CAMILLE.
Si j'aimois toutefois ou l'empire ou Pison,
Je pourrois déja l'être avec quelque raison.
PLAUTINE.
Et si j'aimois, madame, ou Pison ou l'empire,
J'aurois quelque raison de ne m'en pas dédire.
Mais votre exemple apprend aux cœurs comme le mien
Qu'un généreux mépris quelquefois leur sied bien.
CAMILLE.
Quoi! l'empire et Pison n'ont rien pour vous d'aimable?
PLAUTINE.
Ce que vous dédaignez je le tiens méprisable;
Ce qui plaît à vos yeux aux miens semble aussi doux:
Tant je trouve de gloire à me régler sur vous!
CAMILLE.
Donc si j'aimois Othon....
PLAUTINE.
Je l'aimerois de même,
Si ma main avec moi donnoit le diadème.
CAMILLE.
Ne peut-on sans le trône être digne de lui?
PLAUTINE.
Je m'en rapporte à vous qu'il aime d'aujourd'hui.
CAMILLE.
Vous pouvez mieux qu'une autre en dire des nouvelles;

Et comme vos ardeurs ont été mutuelles,
Votre exemple ne laisse à personne à douter
Qu'à moins de la couronne on le peut mériter.
PLAUTINE.
Mon exemple ne laisse à douter à personne
Qu'il pourra vous quitter à moins de la couronne.
CAMILLE.
Il a trouvé sans elle à vos yeux tant d'appas....
PLAUTINE.
Toutes les passions ne se ressemblent pas.
CAMILLE.
En effet, vous avez un mérite si rare....
PLAUTINE.
Mérite à part, l'amour est quelquefois bizarre ;
Selon l'objet divers le goût est différent :
Aux unes on se donne, aux autres on se vend.
CAMILLE.
Qui connoissoit Othon pouvoit à la pareille
M'en donner en amie un avis à l'oreille.
PLAUTINE.
Et qui l'estime assez pour l'élever si haut
Peut, quand il lui plaira, m'apprendre ce qu'il vaut ;
Afin que si mes feux ont ordre de renaître....
CAMILLE.
J'en ai fait quelque estime avant que le connoître,
Et vous l'ai renvoyé dès que je l'ai connu.
PLAUTINE.
Qui vient de votre part est toujours bien venu.
J'accepte le présent, et crois pouvoir sans honte,
L'ayant de votre main, en tenir quelque compte.

CAMILLE.
Pour vous rendre son ame il vous est venu voir?
PLAUTINE.
Pour négliger votre ordre il sait trop son devoir.
CAMILLE.
Il vous a tôt quittée, et son ingratitude....
PLAUTINE.
Vous met-elle, madame, en quelque inquiétude?
CAMILLE.
Non; mais j'aime à savoir comment on m'obéit.
PLAUTINE.
La curiosité quelquefois nous trahit;
Et, par un demi-mot que du cœur elle tire,
Souvent elle dit plus qu'elle ne pense dire.
CAMILLE.
La mienne ne dit pas tout ce que vous pensez.
PLAUTINE.
Sur tout ce que je pense elle s'explique assez.
CAMILLE.
Souvent trop d'intérêt que l'amour force à prendre
Entend plus qu'on ne dit et qu'on ne doit entendre.
Si vous saviez quel est mon plus ardent desir....
PLAUTINE.
D'Othon et de Pison je vous donne à choisir.
Mon peu d'ambition vous rend l'un avec joie :
Et pour l'autre, s'il faut que je vous le renvoie,
Mon amour, je l'avoue, en pourra murmurer;
Mais vous savez qu'au vôtre il aime à déférer.
CAMILLE.
Je pourrai me passer de cette déférence.

PLAUTINE.
Sans doute; et toutefois, si j'en crois l'apparence....
CAMILLE.
Brisons là; ce discours deviendroit ennuyeux.
PLAUTINE.
Martian que je vois vous entretiendra mieux.
Agréez ma retraite, et souffrez que j'évite
Un esclave insolent de qui l'amour m'irrite.

SCÈNE V[1].

CAMILLE. MARTIAN, ALBIANE.

CAMILLE.
A ce qu'elle me dit, Martian, vous l'aimez?
MARTIAN.
Malgré ses fiers mépris mes yeux en sont charmés.
Cependant pour l'empire, il est à vous encore:
Galba s'est laissé vaincre, et Pison vous adore.
CAMILLE.
De votre haut crédit c'est donc un pur effet?
MARTIAN.
Ne désavouez point ce que mon zèle a fait.
Mes soins de l'empereur ont fléchi la colère,
Et renvoyé Plautine obéir chez son père.

---

[1] Que dire de cette scène, sinon qu'elle est aussi froide que les autres? Camille croit tromper Martian, et Martian croit tromper Camille, sans qu'il y ait encore le moindre danger pour personne, sans qu'il y ait eu aucun événement, sans qu'il y ait eu un seul moment d'intérêt.

Notre nouveau César la vouloit épouser;
Mais j'ai su le résoudre à s'en désabuser;
Et Galba, que le sang presse pour sa famille,
Permet à Vinius de mettre ailleurs sa fille.
L'un vous rend la couronne, et l'autre tout son cœur.
Voyez mieux quelle en est la gloire et la douceur,
Quelle félicité vous vous étiez ôtée
Par une aversion un peu précipitée;
Et pour vos intérêts daignez considérer....

CAMILLE.

Je vois quelle est ma faute, et puis la réparer;
Mais je veux, car jamais on ne m'a vue ingrate,
Que ma reconnoissance auparavant éclate;
Et n'accorderai rien qu'on ne vous fasse heureux.
Vous aimez, dites-vous, cet objet rigoureux;
Et Pison dans sa main ne verra point la mienne
Qu'il n'ait réduit Plautine à vous donner la sienne,
Si pourtant le mépris qu'elle fait de vos feux
Ne vous a pu contraindre à former d'autres vœux.

MARTIAN.

Ah! madame, l'hymen a de si douces chaînes,
Qu'il lui faut peu de temps pour calmer bien des haines;
Et du moins mon bonheur sauroit avec éclat
Vous venger de Plautine et punir un ingrat.

CAMILLE.

Je l'avois préféré, cet ingrat, à l'empire;
Je l'ai dit, et trop haut pour m'en pouvoir dédire;
Et l'amour, qui m'apprend le foible des amants,
Unit vos plus doux vœux à mes ressentiments,
Pour me faire ébaucher ma vengeance en Plautine,

Et l'achever bientôt par sa propre ruine.
MARTIAN.
Ah! si vous la voulez, je sais des bras tout prêts;
Et j'ai tant de chaleur pour tous vos intérêts....
CAMILLE.
Ah! que c'est me donner une sensible joie!
Ces bras que vous m'offrez, faites que je les voie,
Que je leur donne l'ordre et prescrive le temps.
Je veux qu'aux yeux d'Othon vos desirs soient contents,
Que lui-même il ait vu l'hymen de sa maîtresse
Livrer entre vos bras l'objet de sa tendresse,
Qu'il ait ce désespoir avant que de mourir:
Après, à son trépas vous me verrez courir.
Jusque-là gardez-vous de rien faire entreprendre.
Du pouvoir qu'on me rend vous devez tout attendre.
Allez vous préparer à ces heureux moments;
Mais n'exécutez rien sans mes commandements.

SCÈNE VI.
CAMILLE, ALBIANE.

ALBIANE.
Vous voulez perdre Othon! vous le pouvez, madame.
CAMILLE.
Que tu pénétres mal dans le fond de mon ame!
De son lâche rival voyant le noir projet,
J'ai su par cette adresse en arrêter l'effet,
M'en rendre la maîtresse; et je serai ravie
S'il peut savoir les soins que je prends de sa vie.

Va me chercher ton frère, et fais que de ma part
Il apprenne par lui ce qu'il court de hasard,
A quoi va l'exposer son aveugle conduite,
Et qu'il n'est plus pour lui de salut qu'en la fuite.
C'est tout ce qu'à l'amour peut souffrir mon courroux.

ALBIANE.

Du courroux à l'amour le retour seroit doux.

SCÈNE VII.

CAMILLE, RUTILE, ALBIANE.

RUTILE.

Ah! madame, apprenez quel malheur nous menace.
Quinze ou vingt révoltés au milieu de la place
Viennent de proclamer Othon pour empereur.

CAMILLE.

Et de leur insolence Othon n'a point d'horreur,
Lui qui sait qu'aussitôt ces tumultes avortent?

RUTILE.

Ils le mènent au camp, ou plutôt ils l'y portent :
Et ce qu'on voit de peuple autour d'eux s'amasser
Frémit de leur audace, et les laisse passer.

CAMILLE.

L'empereur le sait-il?

RUTILE.

Oui, madame; il vous mande :
Et, pour un prompt remède à ce qu'on appréhende,
Pison de ces mutins va courir sur les pas
Avec ce qu'on pourra lui trouver de soldats.

ACTE IV, SCÈNE VII.

CAMILLE.

Puisqu'Othon veut périr, consentons qu'il périsse ;
Allons presser Galba pour son juste supplice.
Du courroux à l'amour si le retour est doux,
On repasse aisément de l'amour au courroux [1].

[1] Aucun personnage n'agit dans la pièce. Un subalterne apprend à Camille que quinze ou vingt soldats ont proclamé Othon ; et Camille, qui aimait cet Othon, consent tout d'un coup qu'on lui fasse couper la tête, et prononce une maxime de comédie sur le retour de l'amour au courroux, et du courroux à l'amour.

FIN DU QUATRIÈME ACTE.

ACTE CINQUIÈME[1].

SCÈNE I.

GALBA, CAMILLE, RUTILE, ALBIANE.

GALBA.

Je vous le dis encor, redoutez ma vengeance,
Pour peu que vous soyez de son intelligence.
On ne pardonne point en matière d'état;
Plus on chérit la main, plus on hait l'attentat;
Et lorsque la fureur va jusqu'au sacrilége,
Le sexe ni le sang n'ont point de privilége.

CAMILLE.

Cet indigne soupçon seroit bientôt détruit,
Si vous voyiez du crime où doit aller le fruit.
Othon, qui pour Plautine au fond du cœur soupire,
Othon, qui me dédaigne à moins que de l'empire,
S'il en fait sa conquête, et vous peut détrôner,

---

[1] Le cinquième acte est absolument dans le goût des quatre premiers, et fort au-dessous d'eux; aucun personnage n'agit, et tous discutent. Le vieux Galba, ayant menacé sa nièce, discute avec elle ses raisons, et se trompe comme un vieillard de comédie qu'on prend pour dupe; et le style n'est ni plus net, ni plus pur, ni plus noble que dans ce qu'on a déja lu.

Laquelle de nous deux voudra-t-il couronner?
Pourrois-je de Pison conspirer la ruine
Qui m'arrachant du trône y porteroit Plautine?
Croyez mes intérêts, si vous doutez de moi;
Et, sur de tels garants assuré de ma foi,
Tournez sur Vinius toute la défiance
Dont veut ternir ma gloire une injuste croyance.
GALBA.
Vinius par son zèle est trop justifié.
Voyez ce qu'en un jour il m'a sacrifié :
Il m'offre Othon pour vous qu'il souhaitoit pour gendre ;
Je le rends à sa fille, il aime à le reprendre ;
Je la veux pour Pison, mon vouloir est suivi ;
Je vous mets en sa place, et l'en trouve ravi ;
Son ami se révolte, il presse ma colère ;
Il donne à Martian Plautine à ma prière :
Et je soupçonnerois un crime dans les vœux
D'un homme qui s'attache à tout ce que je veux?
CAMILLE.
Qui veut également tout ce qu'on lui propose.
Dans le secret du cœur souvent veut autre chose,
Et, maître de son ame, il n'a point d'autre foi
Que celle qu'en soi-même il ne donne qu'à soi.
GALBA.
Cet hymen toutefois est l'épreuve dernière
D'une foi toujours pure, inviolable, entière.
CAMILLE.
Vous verrez à l'effet comment elle agira,
Seigneur, et comme enfin Plautine obéira.
Sûr de sa résistance, et se flattant peut-être

De voir bientôt ici son cher Othon le maître;
Dans l'état où pour vous il a mis l'avenir,
Il promet aisément plus qu'il ne veut tenir.

GALBA.

Le devoir désunit l'amitié la plus forte,
Mais l'amour aisément sur ce devoir l'emporte;
Et son feu, qui jamais ne s'éteint qu'à demi,
Intéresse un amant autrement qu'un ami.
J'aperçois Vinius. Qu'on m'amène sa fille;
J'en punirai le crime en toute la famille,
Si jamais je puis voir par où n'en point douter;
Mais aussi jusque-là j'aurois tort d'éclater.
Je vois d'ailleurs Lacus.

SCÈNE II.

GALBA, CAMILLE, VINIUS, LACUS, ALBIANE.

GALBA.

Eh bien! quelles nouvelles?
Qu'apprenez-vous tous deux du camp de nos rebelles?

VINIUS.

Que ceux de la marine et les Illyriens
Se sont avec chaleur joints aux prétoriens [1],

---

[1] Après tous les mauvais vers précédents que nous n'avons point repris, nous ne dirons rien des soldats de la marine et des Illyriens qui *se sont avec chaleur joints aux prétoriens :* mais nous remarquerons que cette scène pouvait être aussi belle que celle d'Auguste, de Cinna et de Maxime, et qu'elle n'est qu'une scène froide de comédie. Pourquoi? c'est qu'elle est écrite de ce style familier, bas,

ACTE V, SCÈNE II.

Et que des bords du Nil les troupes rappelées
Seules par leurs fureurs ne sont point ébranlées.

LACUS.

Tous ces mutins ne sont que de simples soldats ;
Aucun des chefs ne trempe en leurs vains attentats :
Ainsi ne craignez rien d'une masse d'armée
Où déja la discorde est peut-être allumée.
Sitôt qu'on y saura que le peuple à grands cris
Veut que de ces complots les auteurs soient proscrits,
Que du perfide Othon il demande la tête,
La consternation calmera la tempête ;
Et vous n'avez, seigneur, qu'à vous y faire voir

---

obscur, incorrect, auquel Corneille s'était accoutumé ; c'est qu'il n'y a ni noblesse dans les sentiments, ni éloquence dans les discours, ni rien qui attache.

On a dit quelquefois que Corneille ne cherchait pas à faire de beaux vers ; que la grandeur des sentiments l'occupait tout entier : mais il n'y a nulle grandeur dans aucune de ses dernières pièces ; et quant aux vers, il faut les faire excellents, ou ne se point mêler d'écrire. *Cinna* ne passe à la postérité qu'à cause de ses beaux vers ; ils sont dans la bouche de tous les connaisseurs. Le grand mérite de Corneille est d'avoir fait de très beaux vers dans ses premières pièces, c'est-à-dire d'avoir exprimé de très belles pensées en vers corrects et harmonieux.

Galba dit, *Eh bien ! quelles nouvelles ?* Cet empereur, au lieu d'agir comme il le doit, demande ce qui se passe, comme un nouvelliste. Vinius lui donne le conseil de persister à ne rien faire ; conseil visiblement ridicule. Il lui dit : *Un salutaire avis agit avec lenteur.* Ce n'est pas certainement dans le moment d'une crise aussi forte, quand on proclame un autre empereur, que la lenteur est salutaire. Galba ne sait à quoi se déterminer, et se contente de faire remarquer à sa nièce qu'il est triste de régner quand les ministres d'état se contrarient.

Pour rendre d'un coup d'œil chacun à son devoir.
GALBA.
Irons-nous, Vinius, hâter par ma présence
L'effet d'une si douce et si juste espérance?
VINIUS.
Ne hasardez, seigneur, que dans l'extrémité
Le redoutable effet de votre autorité.
Alors qu'il réussit, tout fait jour, tout lui cède;
Mais aussi quand il manque, il n'est plus de remède.
Il faut, pour déployer le souverain pouvoir,
Sûreté tout entière, ou profond désespoir;
Et nous ne sommes pas, seigneur, à ne rien feindre,
En l'état d'oser tout, non plus que de tout craindre.
Si l'on court au grand crime avec avidité,
Laissez-en ralentir l'impétuosité :
D'elle-même elle avorte, et la peur des supplices
Arme contre le chef ses plus zélés complices.
Un salutaire avis agit avec lenteur.
LACUS.
Un véritable prince agit avec hauteur :
Et je ne conçois point cet avis salutaire
Quand on couronne Othon de le regarder faire.
Si l'on court au grand crime avec avidité,
Il en faut réprimer l'impétuosité
Avant que les esprits qu'un juste effroi balance
S'y puissent enhardir sur notre nonchalance,
Et prennent le dessus de ces conseils prudents,
Dont on cherche l'effet quand il n'en est plus temps.
VINIUS.
Vous détruirez toujours mes conseils par les vôtres;

Le seul ton de ma voix vous en inspire d'autres ;
Et tant que vous aurez ce rare et haut crédit,
Je n'aurai qu'à parler pour être contredit.
Pison, dont l'heureux choix est votre digne ouvrage,
Ne seroit que Pison s'il eût eu mon suffrage.
Vous n'avez soulevé Martian contre Othon
Que parceque ma bouche a proféré son nom ;
Et verriez comme un autre une preuve assez claire
De combien notre avis est le plus salutaire,
Si vous n'aviez fait vœu d'être jusqu'au trépas
L'ennemi des conseils que vous ne donnez pas.

LACUS.

Et vous, l'ami d'Othon, c'est tout dire ; et peut-être
Qui le vouloit pour gendre et l'a choisi pour maître
Ne fait encor des vœux qu'en faveur de ce choix,
Pour l'avoir et pour maître et pour gendre à-la-fois.

VINIUS.

J'étois l'ami d'Othon, et le tenois à gloire
Jusqu'à l'indignité d'une action si noire,
Que d'autres nommeront l'effet du désespoir
Où l'a, malgré mes soins, plongé votre pouvoir.
Je l'ai voulu pour gendre, et choisi pour l'empire ;
A l'un ni l'autre choix vous n'avez pu souscrire.
Par là de tout l'état le bonheur s'agrandit ;
Et vous voyez aussi comme il vous applaudit.

GALBA.

Qu'un prince est malheureux quand de ceux qu'il écoute
Le zéle cherche à prendre une diverse route,
Et que l'attachement qu'ils ont au propre sens
Pousse jusqu'à l'aigreur des conseils différents !

Ne me trompé-je point? et puis-je nommer zèle
Cette haine à tous deux obstinément fidèle,
Qui peut-être, en dépit des maux qu'elle prévoit,
Seule en mes intérêts se consulte et se croit?
Faites mieux ; et croyez, en ce péril extrême,
Vous, que Lacus me sert, vous, que Vinius m'aime :
Ne haïssez qu'Othon, et songez qu'aujourd'hui
Vous n'avez à parler tous deux que contre lui.

VINIUS.

J'ose donc vous redire, en serviteur sincère,
Qu'il fait mauvais pousser tant de gens en colère,
Qu'il faut donner aux bons, pour s'entre-soutenir,
Le temps de se remettre et de se réunir,
Et laisser aux méchants celui de reconnoître
Quelle est l'impiété de se prendre à son maître.
Pison peut cependant amuser leur fureur,
De vos ressentiments leur donner la terreur,
Y joindre avec adresse un espoir de clémence
Au moindre repentir d'une telle insolence ;
Et, s'il vous faut enfin aller à son secours,
Ce qu'on veut à présent on le pourra toujours.

LACUS.

J'en doute, et crois parler en serviteur sincère,
Moi qui n'ai point d'amis dans le parti contraire.
Attendrons-nous, seigneur, que Pison repoussé
Nous vienne ensevelir sous l'état renversé,
Qu'on descende en la place en bataille rangée,
Qu'on tienne en ce palais votre cour assiégée,
Que jusqu'au Capitole Othon aille à vos yeux
De l'empire usurpé rendre graces aux dieux,

ACTE V, SCÈNE II.

Et que, le front paré de votre diadème,
Ce traître trop heureux ordonne de vous-même?
Allons, allons, seigneur, les armes à la main,
Soutenir le sénat et le peuple romain :
Cherchons aux yeux d'Othon un trépas à leur tête,
Pour lui plus odieux, et pour nous plus honnête :
Et par un noble effort allons lui témoigner....

GALBA.

Eh bien! ma nièce, eh bien! est-il doux de régner?
Est-il doux de tenir le timon d'un empire
Pour en voir les soutiens toujours se contredire?

CAMILLE.

Plus on voit aux avis de contrariétés,
Plus à faire un bon choix on reçoit de clartés.
C'est ce que je dirois, si je n'étois suspecte :
Mais je suis à Pison, seigneur, et vous respecte;
Et ne puis toutefois retenir ces deux mots,
Que si l'on m'avoit crue on seroit en repos.
Plautine qu'on amène aura même pensée :
D'une vive douleur elle paroît blessée....

SCÈNE III¹.

GALBA, CAMILLE, VINIUS, LACUS, PLAUTINE,
RUTILE, ALBIANE.

PLAUTINE.

Je ne m'en défends point, madame, Othon est mort;

---

[1] Galba demandait tranquillement des nouvelles; on lui en donne

De quiconque entre ici c'est le commun rapport ;
Et son trépas pour vous n'aura pas tant de charmes,
Qu'à vos yeux comme aux miens il n'en coûte des larmes.

GALBA.

Dit-elle vrai, Rutile, ou m'en flatté-je en vain ?

RUTILE.

Seigneur, le bruit est grand, et l'auteur incertain.
Tous veulent qu'il soit mort, et c'est la voix publique ;
Mais comment, et par qui, c'est ce qu'aucun n'explique.

GALBA.

Allez, allez, Lacus, vous-même prendre soin
De nous en faire voir un assuré témoin ;
Et si de ce grand coup l'auteur se peut connoître....

SCÈNE IV[1].

GALBA, VINIUS, LACUS, CAMILLE, PLAUTINE,
MARTIAN, ATTICUS, RUTILE, ALBIANE.

MARTIAN.

Qu'on ne le cherche plus, vous le voyez paroître.
Seigneur, c'est par sa main qu'un rebelle puni....

---

une fausse. Il est vrai que cette fausse nouvelle est rapportée dans Tacite ; mais c'est précisément parcequ'elle n'est qu'historique, parcequ'elle n'est point préparée, parceque c'est un simple mensonge d'un nommé Atticus, qu'il fallait ne pas employer un dénouement si destitué d'art et d'intérêt.

[1] Cet Atticus, qui n'est pas un personnage de la pièce, vient en faire le dénouement, en faisant accroire qu'il a tué Othon. Ce pourrait être tout au plus le dénouement du *Menteur*. Le vieux Galba croit cette fausseté ; il conseille à Plautine d'*évaporer ses soupirs*.

ACTE V, SCÈNE IV.

GALBA.

Par celle d'Atticus ce grand trouble a fini !

ATTICUS.

Mon zèle l'a poussée, et les dieux l'ont conduite ;
Et c'est à vous, seigneur, d'en arrêter la suite,
D'empêcher le désordre, et borner les rigueurs
Où contre des vaincus s'emportent des vainqueurs.

GALBA.

Courons-y. Cependant consolez-vous, Plautine ;
Ne pensez qu'à l'époux que mon choix vous destine :
Vinius vous le donne, et vous l'accepterez
Quand vos premiers soupirs seront évaporés.

C'est à vous, Martian, que je la laisse en garde :
Comme c'est votre main que son hymen regarde,
Ménagez son esprit, et ne l'aigrissez pas.

Vous pouvez, Vinius, ne suivre point mes pas ;
Et la vieille amitié, pour peu qu'il vous en reste....

VINIUS.

Ah ! c'est une amitié, seigneur, que je déteste.
Mon cœur est tout à vous, et n'a point eu d'amis
Qu'autant qu'on les a vus à vos ordres soumis.

GALBA.

Suivez ; mais gardez-vous de trop de complaisance.

CAMILLE.

L'entretien des amants hait toute autre présence,
Madame ; et je retourne en mon appartement
Rendre graces aux dieux d'un tel événement.

Camille dit un petit mot d'ironie à Plautine, et va *dans son appartement*.

SCÈNE V[1].

MARTIAN, PLAUTINE, ATTICUS.

PLAUTINE.

Allez-y renfermer les pleurs qui vous échappent.
Les désastres d'Othon ainsi que moi vous frappent ;
Et, si l'on avoit cru vos souhaits les plus doux,
Ce grand jour le verroit couronner avec vous....
Voilà, voilà le fruit de m'avoir trop aimée ;
Voilà quel est l'effet....

MARTIAN.

    Si votre ame enflammée....

PLAUTINE.

Vil esclave, est-ce à toi de troubler ma douleur?
Est-ce à toi de vouloir adoucir mon malheur,
A toi, de qui l'amour m'ose en offrir un pire?

MARTIAN.

Il est juste d'abord qu'un si grand cœur soupire,
Mais il est juste aussi de ne pas trop pleurer
Une perte facile et prête à réparer.
Il est temps qu'un sujet à son prince fidéle
Remplisse heureusement la place d'un rebelle :

---

[1] Non seulement Plautine demeure sur la scène, et s'occupe à répondre par des injures à l'amour du ministre d'état Martian; mais ce grand ministre d'état, qui devrait avoir par-tout des serviteurs et des émissaires, ne sait rien de ce qui s'est passé; il croit une fausse nouvelle, lui qui devrait avoir tout fait pour être informé de la vérité : il est pris pour dupe par cet Atticus, comme l'empereur.

Un monarque le veut; un père en est d'accord.
Vous devez pour tous deux vous faire un peu d'effort,
Et bannir de ce cœur la honteuse mémoire
D'un amour criminel qui souille votre gloire.

PLAUTINE.

Lâche! tu ne vaux pas que pour te démentir
Je daigne m'abaisser jusqu'à te repartir.
Tais-toi : laisse en repos une ame possédée
D'une plus agréable encor que triste idée;
N'interromps plus mes pleurs.

MARTIAN.

Tournez vers moi les yeux :
Après la mort d'Othon, que pouvez-vous de mieux?

SCÈNE VI[1].

PLAUTINE, MARTIAN, ATTICUS,
DEUX SOLDATS.

PLAUTINE, *pendant que deux soldats entrent et parlent bas à Atticus.*

Quelque insolent espoir qu'ait ta folle arrogance,
Apprends que j'en saurai punir l'extravagance,

---

[1] Enfin deux soldats terminent tout dans le propre palais de Galba; Martian et Plautine apprennent qu'Othon est empereur.

Si le lecteur peut aller jusqu'au bout de cette pièce et de ces remarques, il observera qu'il ne faut jamais introduire sur la fin d'une tragédie un personnage ignoré dans les premiers actes, un subalterne qui commande en maître. Il est impossible de s'intéresser à ce personnage, et il avilit tous les autres.

Et percer de ma main ou ton cœur ou le mien,
Plutôt que de souffrir cet infame lien.
Connois-toi, si tu peux, ou connois-moi.
ATTICUS.
De grace,
Souffrez....
PLAUTINE.
De me parler tu prends aussi l'audace,
Assassin d'un héros que je verrois sans toi
Donner des lois au monde, et les prendre de moi;
Toi, dont la main sanglante au désespoir me livre!
ATTICUS.
Si vous aimez Othon, madame, il va revivre;
Et vous verrez long-temps sa vie en sûreté,
S'il ne meurt que des coups dont je me suis vanté.
PLAUTINE.
Othon vivroit encore?
ATTICUS.
Il triomphe, madame;
Et maître de l'état, comme vous de son ame,
Vous l'allez bientôt voir lui-même à vos genoux
Vous faire offre d'un sort qu'il n'aime que pour vous,
Et dont sa passion dédaigneroit la gloire,
Si vous ne vous faisiez le prix de sa victoire.

L'armée à son mérite enfin a fait raison;
On porte devant lui la tête de Pison;
Et Camille tient mal ce qu'elle vient de dire,
Ou rend graces pour vous aux dieux d'un autre empire,
Et fatigue le ciel par des vœux superflus
En faveur d'un parti qu'il ne regarde plus.

MARTIAN.

Exécrable! ainsi donc ta promesse frivole....

ATTICUS.

Qui promet de trahir peut manquer de parole.
Si je n'eusse promis ce lâche assassinat,
Un autre par ton ordre eût commis l'attentat;
Et tout ce que j'ai dit n'étoit qu'un stratagème
Pour livrer en ses mains Lacus et Galba même.
Galba n'a rien à craindre : on respecte son nom;
Et ce n'est que sous lui que veut régner Othon.
Quant à Lacus et toi, je vois peu d'apparence
Que vos jours à tous deux soient en même assurance,
Si ce n'est que madame ait assez de bonté
Pour fléchir un vainqueur justement irrité.
  Autour de ce palais nous avions deux cohortes
Qui déja pour Othon en ont saisi les portes;
J'y commande, madame; et mon ordre aujourd'hui
Est de vous obéir, et m'assurer de lui.
Qu'on l'emmène, soldats; il blesse ici la vue.

MARTIAN.

Fut-il jamais disgrace, ô dieux! plus imprévue!

SCÈNE VII.

PLAUTINE.

Je me trouble, et ne sais par quel pressentiment
Mon cœur n'ose goûter ce bonheur pleinement;
Il semble avec chagrin se livrer à la joie;
Et bien qu'en ses douceurs mon déplaisir se noie,
Je ne passe de l'une à l'autre extrémité

Qu'avec un reste obscur d'esprit inquiété.
Je sens.... Mais que me veut Flavie épouvantée?

SCÈNE VIII[1].

PLAUTINE, FLAVIE.

FLAVIE.
Vous dire que du ciel la colère irritée,
Ou plutôt du destin la jalouse fureur....

[1] Cette scène est aussi froide que tout le reste, parcequ'on ne s'intéresse point du tout à ce Vinius, qu'on jette par la fenêtre. Tout cet acte se passe à apprendre des nouvelles, sans qu'il y ait ni intrigue attachante, ni sentiments touchants, ni grands tableaux, ni beau dénouement, ni beaux vers. Othon l'empereur ne reparaît que pour dire qu'il est *un malheureux amant;* Camille est oubliée: Galba n'a paru dans la pièce que pour être trompé et tué.

Puissent au moins ces réflexions persuader les jeunes auteurs qu'un sujet politique n'est point un sujet tragique; que ce qui est propre pour l'histoire l'est rarement pour le théâtre; qu'il faut dans la tragédie beaucoup de sentiment et peu de raisonnements; que l'ame doit être émue par degrés; que, sans terreur et sans pitié, nul ouvrage dramatique ne peut atteindre au but de l'art; et qu'enfin le style doit être pur, vif, majestueux, et facile!

Corneille, dans une épitre au roi, dit qu'Othon et Suréna

Ne sont point des cadets indignes de Cinna.

Il y a, en effet, dans le commencement d'*Othon* des vers aussi forts que les plus beaux de *Cinna;* mais la suite est bien loin d'y répondre : aussi cette pièce n'est point restée au théâtre.

On joua, la même année, l'*Astrate* de Quinault, célèbre par le ridicule que Despréaux lui a donné, mais plus célèbre alors par le prodigieux succès qu'elle eut. Ce qui fit ce succès, ce fut l'intérêt qui parut régner dans la pièce. Le public était las de tragédies en

ACTE V, SCÈNE VIII.

PLAUTINE.

Auroient-ils mis Othon aux fers de l'empereur?
Et dans ce grand succès la fortune inconstante
Auroit-elle trompé notre plus douce attente?

FLAVIE.

Othon est libre, il règne; et toutefois, hélas!...

PLAUTINE.

Seroit-il si blessé qu'on craignît son trépas?

FLAVIE.

Non, par-tout à sa vue on a mis bas les armes;
Mais enfin son bonheur vous va coûter des larmes.

PLAUTINE.

Explique, explique donc ce que je dois pleurer.

FLAVIE.

Vous voyez que je tremble à vous le déclarer.

raisonnements, et de héros dissertateurs. Les cœurs se laissèrent toucher par l'*Astrate*, sans examiner si la pièce était vraisemblable, bien conduite, bien écrite. Les passions y parlaient, et c'en fut assez. Les acteurs s'animèrent; ils portèrent dans l'ame du spectateur un attendrissement auquel il n'était point accoutumé. Les excellents ouvrages de l'inimitable Racine n'avaient point encore paru; les véritables routes du cœur étaient ignorées; celles que présentait l'*Astrate* furent suivies avec transport. Rien ne prouve mieux qu'il faut intéresser, puisque l'intérêt le plus mal amené échauffa tout le public, que des intrigues froides de politique glaçaient depuis plusieurs années[*].

[*] Voltaire savait très bien, et ne dit point assez, ce qui rendit si familières à Corneille ces idées politiques qu'il ne cesse de lui reprocher. Ce grand homme, presque voisin des derniers temps de la Ligue, et témoin, dans sa jeunesse, des guerres civiles qui eurent lieu sous Louis XIII et dans la minorité de Louis XIV, trouva, quand il commença à écrire, tous les esprits encore échauffés de ces idées politiques, et ne concevant rien au-dessus d'elles. Ce goût général décida nécessairement celui de Corneille. P.

PLAUTINE.

Le mal est-il si grand?

FLAVIE.

D'un balcon chez mon frère,
J'ai vu.... Que ne peut-on, madame, vous le taire!
Ou qu'à voir ma douleur n'avez-vous deviné
Que Vinius....

PLAUTINE.

Eh bien?

FLAVIE.

Vient d'être assassiné!

PLAUTINE.

Juste ciel!

FLAVIE.

De Lacus l'inimitié cruelle....

PLAUTINE.

O d'un trouble inconnu présage trop fidèle!
Lacus....

FLAVIE.

C'est de sa main que part ce coup fatal.
Tous deux près de Galba marchoient d'un pas égal,
Lorsque, tournant ensemble à la première rue,
Ils découvrent Othon maître de l'avenue.
Cet effroi ne les fait reculer quelques pas
Que pour voir ce palais saisi par vos soldats :
Et Lacus aussitôt, étincelant de rage
De voir qu'Othon par-tout leur ferme le passage,
Lance sur Vinius un furieux regard,
L'approche sans parler, et, tirant un poignard....

ACTE V, SCÈNE VIII.

PLAUTINE.

Le traître! Hélas! Flavie, où me vois-je réduite!

FLAVIE.

Vous m'entendez, madame, et je passe à la suite.
  Ce lâche sur Galba portant même fureur:
« Mourez, seigneur, dit-il, mais mourez empereur;
« Et recevez ce coup comme un dernier hommage
« Que doit à votre gloire un généreux courage. »
Galba tombe; et ce monstre, enfin s'ouvrant le flanc,
Mêle un sang détestable à leur illustre sang.
En vain le triste Othon, à cet affreux spectacle,
Précipite ses pas pour y mettre un obstacle;
Tout ce que peut l'effort de ce cher conquérant,
C'est de verser des pleurs sur Vinius mourant,
De l'embrasser tout mort. Mais le voilà, madame,
Qui vous fera mieux voir les troubles de son ame.

SCÈNE IX.

OTHON, PLAUTINE, FLAVIE.

OTHON.

Madame, savez-vous les crimes de Lacus?

PLAUTINE.

J'apprends en ce moment que mon père n'est plus.
Fuyez, seigneur, fuyez un objet de tristesse;
D'un jour si beau pour vous goûtez mieux l'alégresse.
Vous êtes empereur, épargnez-vous l'ennui
De voir qu'un père....

OTHON.
Hélas! je suis plus mort que lui;
Et si votre bonté ne me rend une vie
Qu'en lui perçant le cœur un traître m'a ravie,
Je ne reviens ici qu'en malheureux amant,
Faire hommage à vos yeux de mon dernier moment.
Mon amour pour vous seule a cherché la victoire,
Ce même amour sans vous n'en peut souffrir la gloire,
Et n'accepte le nom de maître des Romains,
Que pour mettre avec moi l'univers en vos mains.
C'est à vous d'ordonner ce qui lui reste à faire.

PLAUTINE.
C'est à moi de gémir, et de pleurer mon père.
Non que je vous impute, en ma vive douleur,
Les crimes de Lacus et de notre malheur;
Mais enfin....

OTHON.
Achevez, s'il se peut, en amante:
Nos feux....

PLAUTINE.
Ne pressez point un trouble qui s'augmente.
Vous voyez mon devoir, et connoissez ma foi:
En ce funeste état répondez-vous pour moi!
Adieu, seigneur.

OTHON.
De grace, encore une parole,
Madame.

SCÈNE X.

OTHON, ALBIN.

ALBIN.
On vous attend, seigneur, au Capitole ;
Et le sénat en corps vient exprès d'y monter
Pour jurer sur vos lois aux yeux de Jupiter.
OTHON.
J'y cours : mais, quelque honneur, Albin, qu'on m'y destine,
Comme il n'auroit pour moi rien de doux sans Plautine,
Souffre du moins que j'aille, en faveur de mon feu,
Prendre pour y courir son ordre ou son aveu ;
Afin qu'à mon retour, l'ame un peu plus tranquille,
Je puisse faire effort à consoler Camille,
Et lui jurer moi-même, en ce malheureux jour,
Une amitié fidèle, au défaut de l'amour.

FIN D'OTHON.

AGÉSILAS,
TRAGÉDIE.
1666.

PRÉFACE DE VOLTAIRE.

Agésilas n'est guère connu dans le monde que par le mot de Despréaux :

> J'ai vu l'Agésilas :
> Hélas !

Il eut tort sans doute de faire imprimer dans ses ouvrages ce mot, qui n'en valait pas la peine; mais il n'eut pas tort de le dire. La tragédie d'*Agésilas* est un des plus faibles ouvrages de Corneille. Le public commençait à se dégoûter. On trouve dans une lettre manuscrite d'un homme de ce temps-là, qu'il s'éleva un murmure très désagréable dans le parterre à ces vers d'Aglatide :

> Hélas ! — Je n'entends pas des mieux
> Comme il faut qu'un hélas s'explique ;
> Et, lorsqu'on se retranche au langage des yeux,
> Je suis muette à la réplique.

Ce même parterre avait passé dans la pièce d'*Othon* des vers beaucoup plus répréhensibles, en faveur des beautés des premières scènes ; mais il n'y avait point de pareilles beautés dans *Agésilas*: on fit sentir à Corneille qu'il vieillissait. Il donnait un ouvrage de théâtre presque tous les ans, depuis 1625, si vous en exceptez l'intervalle entre *Pertharite* et *OEdipe*: il travaillait trop vite, il était épuisé. Plaignons le triste état de sa fortune qui ne répondait pas à son mérite, et qui le forçait à travailler.

On prétend que la mesure des vers qu'il employa dans *Agésilas* nuisit beaucoup au succès de cette tragédie : je crois, au contraire, que cette nouveauté aurait réussi, et qu'on aurait prodigué les louanges à ce génie si fécond et si varié, s'il n'avait pas entièrement négligé dans *Agésilas*, comme dans les pièces précédentes, l'intérêt et le style.

Les vers irréguliers pourraient faire un très bel effet dans une tragédie ; ils exigent, à la vérité, un rhythme différent de celui des vers alexandrins et des vers de dix syllabes ; ils demandent un art singulier. Vous pouvez voir quelques exemples de la perfection de ce genre dans Quinault :

Le perfide Renaud me fuit ;
Tout perfide qu'il est, mon lâche cœur le suit.

Il me laisse mourante, il veut que je périsse.
Je revois à regret la clarté qui me luit;
L'horreur de l'éternelle nuit
Cède à l'horreur de mon supplice, etc. etc.

Toute cette scène, bien déclamée, remuera les cœurs autant que si elle était bien chantée; et la musique même de cette admirable scène n'est qu'une déclamation notée.

Il est donc prouvé que cette mesure de vers pourrait porter dans la tragédie une beauté nouvelle, dont le public a besoin pour varier l'uniformité du théâtre*.

Le lecteur doit trouver bon qu'on ne fasse aucun commentaire sur une pièce qu'on ne devrait pas même imprimer. Il serait mieux sans doute qu'on ne publiât que les bons ouvrages des bons auteurs; mais le public veut tout avoir, soit par une vaine curiosité, soit par une malignité secrète, qui aime à repaître ses yeux des fautes des grands hommes.

La tragédie d'*Agésilas* est, à la vérité, très

* Cette mesure irrégulière n'a pas fait fortune jusqu'à présent dans la tragédie, et nous paraît plus propre à énerver le style qu'à le fortifier. Voltaire en a fait un essai dans *Tancrède*, pièce intéressante, mais faiblement écrite; ce qui nous confirme dans notre opinion. Au reste, *Agé-*

PRÉFACE

froide, et aussi mal écrite que mal conduite : il y a pourtant quelques endroits où on retrouve encore un reste de Corneille. Le roi Agésilas dit à Lysander :

> En tirant toute à vous la suprême puissance,
>   Vous me laissez des titres vains.
> On s'empresse à vous voir, on s'efforce à vous plaire;
> On croit lire en vos yeux ce qu'il faut qu'on espère;
> On pense avoir tout fait quand on vous a parlé.
> Mon palais près du vôtre est un lieu désolé....
> Général en idée, et monarque en peinture,
> De ces illustres noms pourrois-je faire cas,
> S'il les falloit porter moins comme Agésilas
>   Que comme votre créature,
> Et montrer avec pompe au reste des humains
> En ma propre grandeur l'ouvrage de vos mains?
> Si vous m'avez fait roi, Lysander, je veux l'être.
> Soyez-moi bon sujet, je vous serai bon maître :
> Mais ne prétendez plus partager avec moi
>   Ni la puissance, ni l'emploi.
> Si vous croyez qu'un sceptre accable qui le porte,
> A moins qu'il prenne une aide à soutenir son poids,
>   Laissez discerner à mon choix
> Quelle main à m'aider pourroit être assez forte.
> Vous aurez bonne part à des emplois si doux
>   Quand vous pourrez m'en laisser faire;

silas, et pour le fond, et pour la forme, ne méritait guère que ce que Boileau en a dit : *Hélas!* P.

Mais soyez sûr aussi d'un succès tout contraire,
Tant que vous ne voudrez les tenir que de vous.

S'il y a beaucoup de fautes de diction dans ces vers, si le style est faible, du moins les pensées sont fortes, sages, vraies, sans enflure, et sans amplification de rhétorique.

Qu'il me soit permis de dire ici que, dans mon enfance, le P. Tournemine, jésuite, partisan outré de Corneille, et ennemi de Racine, qu'il regardait comme janséniste, me faisait remarquer ce morceau, qu'il préférait à toutes les piéces de Racine. C'est ainsi que la prévention corrompt le goût, comme elle altère le jugement dans toutes les actions de la vie.

PRÉFACE DE CORNEILLE.

AU LECTEUR.

Il ne faut que parcourir les vies d'Agésilas et de Lysander chez Plutarque, pour démêler ce qu'il y a d'historique dans cette tragédie. La manière dont je l'ai traitée n'a point d'exemple parmi nos François, ni dans ces précieux restes de l'antiquité qui sont venus jusqu'à nous; et c'est ce qui me l'a fait choisir. Les premiers qui ont travaillé pour le théâtre, ont travaillé sans exemple; et ceux qui les ont suivis y ont fait voir quelques nouveautés de temps en temps. Nous n'avons pas moins de privilége. Aussi notre Horace, qui nous recommande tant la lecture des poëtes grecs par ces paroles,

> Vos exemplaria græca
> Nocturná versate manu, versate diurná,

ne laisse pas de louer hautement les Romains

d'avoir osé quitter les traces de ces mêmes Grecs, et pris d'autres routes :

> Nil intentatum nostri liquère poetæ;
> Nec minimum meruere decus, vestigia græca
> Ausi deserere.

Leurs règles sont bonnes; mais leur méthode n'est pas de notre siècle; et qui s'attacheroit à ne marcher que sur leurs pas, feroit sans doute peu de progrès, et divertiroit mal son auditoire. On court, à la vérité, quelque risque de s'égarer, et même on s'égare assez souvent, quand on s'écarte du chemin battu; mais on ne s'égare pas toutes les fois qu'on s'en écarte : quelques uns en arrivent plus tôt où ils prétendent, et chacun peut hasarder à ses périls.

PERSONNAGES.

AGÉSILAS, roi de Sparte.
LYSANDER, fameux capitaine de Sparte.
COTYS, roi de Paphlagonie.
SPITRIDATE, grand seigneur persan.
MANDANE, sœur de Spitridate.
ELPINICE, } filles de Lysander.
AGLATIDE,
XÉNOCLÈS, lieutenant d'Agésilas.
CLÉON, orateur grec, natif d'Halicarnasse.

La scène est à Éphèse.

AGÉSILAS.

ACTE PREMIER.

SCÈNE I.

ELPINICE, AGLATIDE.

AGLATIDE.

Ma sœur, depuis un mois nous voilà dans Éphèse,
Prêtes à recevoir ces illustres époux
Que Lysander, mon père, a su choisir pour nous ;
Et ce choix bienheureux n'a rien qui ne vous plaise.
Dites-moi toutefois, et parlons librement,
    Vous semble-t-il que votre amant
Cherche avec grande ardeur votre chère présence ?
Et trouvez-vous qu'il montre, attendant ce grand jour,
    Cette obligeante impatience
Que donne, à ce qu'on dit, le véritable amour ?

ELPINICE.

Cotys est roi, ma sœur ; et comme sa couronne
    Parle suffisamment pour lui,
Assuré de mon cœur que son trône lui donne,
De le trop demander il s'épargne l'ennui.

Ce me doit être assez qu'en secret il soupire,
Que je puis deviner ce qu'il craint de trop dire,
Et que moins son amour a d'importunité,
　　　Plus il a de sincérité.
Mais vous ne dites rien de votre Spitridate ;
Prend-il autant de peine à mériter vos feux
　　　Que l'autre à retenir mes vœux?
AGLATIDE.
C'est environ ainsi que son amour éclate :
Il m'obsède à peu près comme l'autre vous sert.
On diroit que tous deux agissent de concert,
Qu'ils ont juré de n'être importuns l'un ni l'autre :
Ils en font grand scrupule ; et la sincérité
Dont mon amant se pique, à l'exemple du vôtre,
Ne met pas son bonheur en l'assiduité.
Ce n'est pas qu'à vrai dire il ne soit excusable.
Je préparai pour lui, dès Sparte, une froideur
　　　Qui, dès l'abord, étoit capable
　　　D'éteindre la plus vive ardeur ;
Et j'avoue entre nous qu'alors qu'il me néglige,
Qu'il se montre à son tour si froid, si retenu,
　　　Loin de m'offenser, il m'oblige,
Et me remet un cœur qu'il n'eût pas obtenu.
ELPINICE.
　　　J'admire cette antipathie
Qui vous l'a fait haïr avant que de le voir,
Et croirois que sa vue auroit eu le pouvoir
　　　D'en dissiper une partie.
Car enfin Spitridate a l'entretien charmant,
L'œil vif, l'esprit aisé, le cœur bon, l'ame belle.

ACTE I, SCÈNE I.

A tant de qualités s'il joignoit un vrai zéle....

ACLATIDE.

Ma sœur, il n'est pas roi, comme l'est votre amant.

ELPINICE.

Mais au parti des Grecs il unit deux provinces;
Et ce Perse vaut bien la plupart de nos princes.

AGLATIDE.

Il n'est pas roi, vous dis-je, et c'est un grand défaut :
Ce n'est point avec vous que je le dissimule.
J'ai peut-être le cœur trop haut;
Mais aussi bien que vous je sors du sang d'Hercule ;
Et lorsqu'on vous destine un roi pour votre époux,
J'en veux un aussi bien que vous.
J'aurois quelque chagrin à vous traiter de reine,
A vous voir dans un trône assise en souveraine,
S'il me falloit ramper dans un degré plus bas ;
Et je porte une ame assez vaine
Pour vouloir jusque-là vous suivre pas à pas.
Vous êtes mon aînée, et c'est un avantage
Qui me fait vous devoir grande civilité ;
Aussi veux-je céder le pas devant à l'âge,
Mais je ne puis souffrir autre inégalité.

ELPINICE.

Vous êtes donc jalouse? et ce trône vous gêne
Où la main de Cotys a droit de me placer?
Mais si je renonçois au rang de souveraine,
Voudriez-vous y renoncer?

AGLATIDE.

Non, pas sitôt; j'ai quelque vue
Qui me peut encore amuser.

Mariez-vous, ma sœur; quand vous serez pourvue,
On trouvera peut-être un roi pour m'épouser.
J'en aurois un déja, n'étoit ce rang d'aînée
Qui demandoit pour vous ce qu'il vouloit m'offrir,
Ou s'il eût reconnu qu'un père eût pu souffrir
Qu'à l'hymen avant vous on me vît destinée.
Si ce roi jusqu'ici ne s'est point déclaré,
Peut-être qu'après tout il n'a que différé,
Qu'il attend votre hymen pour rompre son silence.
Je pense avoir encor ce qui le sut charmer;
Et s'il faut vous en faire entière confidence,
Agésilas m'aimoit, et peut encor m'aimer.

ELPINICE.

Que dites-vous, ma sœur? Agésilas vous aime?

AGLATIDE.

Je vous dis qu'il m'aimoit, et que sa passion
  Pourroit bien être encor la même;
Mais cet amusement de mon ambition
  Peut n'être qu'une illusion.
Ce prince tient son trône et sa haute puissance
De ce même héros dont nous tenons le jour;
Et si ce n'étoit lors que par reconnoissance
  Qu'il me témoignoit de l'amour,
  Puis-je être sans inquiétude
Quand il n'a plus pour lui que de l'ingratitude,
Qu'il n'écoute plus rien qui vienne de sa part!
Je ne sais si sa flamme est pour moi foible ou forte;
  Mais la reconnoissance morte,
  L'amour doit courir grand hasard.

ELPINICE.

Ah! s'il n'avoit voulu que par reconnoissance
    Être gendre de Lysander,
Son choix auroit suivi l'ordre de la naissance,
Et Sparte au lieu de vous l'eût vu me demander;
Mais pour mettre chez nous l'éclat de sa couronne
Attendre que l'hymen m'ait engagée ailleurs,
C'est montrer que le cœur s'attache à la personne;
Ayez, ayez pour lui des sentiments meilleurs.
Ce cœur qu'il vous donna, ce choix qui considère
Autant et plus encor la fille que le père,
Feront que le devoir aura bientôt son tour;
Et pour vous faire seoir où vos desirs aspirent,
Vous verrez, et dans peu, comme pour vous conspirent
    La reconnoissance et l'amour.

AGLATIDE.

Vous voyez cependant qu'à peine il me regarde;
Depuis notre arrivée il ne m'a point parlé;
Et quand ses yeux vers moi se tournent par mégarde....

ELPINICE.

Comme avec lui mon père a quelque démêlé,
    Cette petite négligence,
    Qui vous fait douter de sa foi,
    Vient de leur mésintelligence,
Et dans le fond de l'ame il vit sous votre loi.

AGLATIDE.

A tous hasards, ma sœur, comme j'en suis mal sûre,
Si vous me pouviez faire un don de votre amant.
Je crois que je pourrois l'accepter sans murmure.

Vous venez de parler du mien si dignement....
ELPINICE.
Aimeriez-vous Cotys, ma sœur?
AGLATIDE.
Moi? nullement.
ELPINICE.
Pourquoi donc vouloir qu'il vous aime?
AGLATIDE.
Les hommages qu'Agésilas
Daigna rendre en secret au peu que j'ai d'appas
M'ont si bien imprimé l'amour du diadème,
 Que, pourvu qu'un amant soit roi,
 Il est trop aimable pour moi.
Mais sans trône on perd temps : c'est la première idée
Qu'à l'amour en mon cœur il ait plu de tracer;
 Il l'a fidèlement gardée,
 Et rien ne peut plus l'effacer.
ELPINICE.
Chacune a son humeur : la grandeur souveraine,
Quelque main qui vous l'offre, est digne de vos feux :
 Et vous ne ferez point d'heureux
 Qui de vous ne fasse une reine.
Moi, je m'éblouis moins de la splendeur du rang;
Son éclat au respect plus qu'à l'amour m'invite :
Cet heureux avantage ou du sort ou du sang
Ne tombe pas toujours sur le plus de mérite.
Si mon cœur, si mes yeux en étoient consultés,
 Leur choix iroit à la personne,
Et les hautes vertus, les rares qualités,

L'emporteroient sur la couronne.

AGLATIDE.

Avouez tout, ma sœur; Spitridate vous plait.

ELPINICE.

Un peu plus que Cotys; et si votre intérêt
    Vous pouvoit résoudre à l'échange....

AGLATIDE.

Qu'en pouvons-nous ici résoudre vous et moi?
    En l'état où le ciel nous range,
Il faut l'ordre d'un père, il faut l'aveu d'un roi,
Que je plaise à Cotys, et vous à Spitridate.

ELPINICE.

    Pour l'un je ne sais quoi m'en flatte,
    Pour l'autre je n'en réponds pas;
    Et je craindrois fort que Mandane,
    Cette incomparable Persane,
N'eût pour lui des attraits plus forts que vos appas.

AGLATIDE.

Ma sœur, Spitridate est son frère;
Et si jamais sur lui vous aviez du pouvoir....

ELPINICE.

Le voilà qui nous considère.

AGLATIDE.

Est-ce vous ou moi qu'il vient voir?
Voulez-vous que je vous le laisse?

ELPINICE.

Ma sœur, auparavant engagez l'entretien;
Et s'il s'en offre lieu, jouez d'un peu d'adresse,
    Pour votre intérêt et le mien.

AGLATIDE.

Il est juste en effet, puisqu'il n'a su me plaire,
Que je vous aide à m'en défaire.

SCÈNE II.

SPITRIDATE, ELPINICE, AGLATIDE.

ELPINICE.

Seigneur, je me retire ; entre les vrais amants
Leur amour seul a droit d'être de confidence,
Et l'on ne peut mêler d'agréable présence
À de si précieux moments.

SPITRIDATE.

Un vertueux amour n'a rien d'incompatible
Avec les regards d'une sœur.
Ne m'enviez point la douceur
De pouvoir à vos yeux convaincre une insensible ;
Soyez juge et témoin de l'indigne succès
Qui se prépare pour ma flamme ;
Voyez jusqu'au fond de mon ame
D'une si pure ardeur où va le digne excès ;
Voyez tout mon espoir au bord du précipice ;
Voyez des maux sans nombre et hors de guérison ;
Et quand vous aurez vu toute cette injustice,
Faites-m'en un peu de raison.

AGLATIDE.

Si vous me permettez, seigneur, de vous entendre,
De l'air dont votre amour commence à m'accuser,
Je crains que pour en bien user

Je ne me doive mal défendre.
Je sais bien que j'ai tort, j'avoue et hautement
    Que ma froideur doit vous déplaire;
Mais en cette froideur un heureux changement
    Pourroit-il fort vous satisfaire?

SPITRIDATE.

En doutez-vous, madame, et peut-on concevoir?....

AGLATIDE.

Je vous entends, seigneur, et vois ce qu'il faut voir:
Un aveu plus précis est d'une conséquence
    Qui pourroit vous embarrasser;
Et même à notre sexe il est de bienséance
    De ne pas trop vous en presser.
A Lysander mon père il vous plut de promettre
D'unir par notre hymen votre sang et le sien;
La raison, à peu près, seigneur, je la pénètre,
Bien qu'aux raisons d'état je ne connoisse rien.
Vous ne m'aviez point vue, et facile ou cruelle,
    Petite ou grande, laide ou belle,
Qu'à votre humeur ou non je pusse m'accorder,
La chose étoit égale à votre ardeur nouvelle,
Pourvu que vous fussiez gendre de Lysander.
Ma sœur vous auroit plu s'il vous l'eût proposée;
J'eusse agréé Cotys s'il me l'eût proposé:
Vous trouvâtes tous deux la politique aisée;
Nous crûmes toutes deux notre devoir aisé.
    Comme à traiter cette alliance
Les tendresses des cœurs n'eurent aucune part,
Le vôtre avec le mien a peu d'intelligence,
Et l'amour en tous deux pourra naître un peu tard.

Quand il faudra que je vous aime,
Que je l'aurai promis à la face des dieux,
Vous deviendrez cher à mes yeux;
Et j'espère de vous le même :
Jusque-là votre amour assez mal se fait voir :
Celui que je vous garde encor plus mal s'explique;
Vous attendez le temps de votre politique,
Et moi celui de mon devoir.
Voilà, seigneur, quel est mon crime,
Vous m'en vouliez convaincre, il n'en est plus besoin;
J'en ai fait comme vous ma sœur juge et témoin :
Que ma froideur lui semble injuste ou légitime,
La raison que vous peut en faire sa bonté
Je consens qu'elle vous la fasse;
Et pour vous en laisser tous deux en liberté,
Je veux bien lui quitter la place.

SCÈNE III.

SPITRIDATE, ELPINICE.

SPITRIDATE.

Elle ne s'y fait pas, madame, un grand effort,
Et feroit grace entière à mon peu de mérite,
Si votre ame avec elle étoit assez d'accord
Pour se vouloir saisir de ce qu'elle vous quitte.
Pour peu que vous daigniez écouter la raison,
Vous me devez cette justice,
Et prendre autant de part à voir ma guérison,
Qu'en ont eu vos attraits à faire mon supplice.

ELPINICE.

Quoi! seigneur, j'aurois part....

SPITRIDATE.

C'est trop dissimuler
La cause et la grandeur du mal qui me possède;
Et je me dois, madame, au défaut du remède,
  La vaine douceur d'en parler.
  Oui, vos yeux ont part à ma peine,
  Ils en font plus de la moitié;
Et s'il n'est point d'amour pour en finir la gene,
Il est pour l'adoucir des regards de pitié.
Quand je quittai la Perse, et brisai l'esclavage
Où m'envoyant au jour le ciel m'avoit soumis,
Je crus qu'il me falloit parmi ses ennemis
D'un protecteur puissant assurer l'avantage.
Cotys eut, comme moi, besoin de Lysander;
Et quand pour l'attacher lui-même à nos familles
  Nous demandâmes ses deux filles,
Ce fut les obtenir que de les demander.
Par déférence au trône il lui promit l'aînée;
  La jeune me fut destinée :
Comme nous ne cherchions tous deux que son appui,
Nous acceptâmes tout sans regarder que lui.
J'avois su qu'Aglatide étoit des plus aimables,
On m'avoit dit qu'à Sparte elle savoit charmer;
  Et sur des bruits si favorables
  Je me répondois de l'aimer.
Que l'amour aime peu ces folles confiances!
Et que, pour affermir son empire en tous lieux,
Il laisse choir souvent de cruelles vengeances

Sur qui promet son cœur sans l'aveu de ses yeux !
   Ce sont les conseillers fidèles
Dont il prend les avis pour ajuster ses coups ;
Leur rapport inégal vous fait plus ou moins belles,
Et les plus beaux objets ne le sont pas pour tous.
A ce moment fatal qui nous permit la vue
   Et de vous et de cette sœur,
   Mon ame devint tout émue
Et le trouble aussitôt s'empara de mon cœur ;
  Je le sentis pour elle tout de glace,
  Je le sentis tout de flamme pour vous ;
   Vous y régnâtes en sa place,
Et ses regards aux miens n'offrirent rien de doux.
Il faut pourtant l'aimer, du moins il faut le feindre ;
   Il faut vous voir aimer ailleurs :
Voyez s'il fut jamais un amant plus à plaindre,
Un cœur plus accablé de mortelles douleurs.
C'est un malheur sans doute égal au trépas même
Que d'attacher sa vie à ce qu'on n'aime pas ;
Et voir en d'autres mains passer tout ce qu'on aime,
C'est un malheur encor plus grand que le trépas.

ELPINICE.

Je vous en plains, seigneur, et ne puis davantage.
   Je ne sais aimer ni haïr ;
Mais dès qu'un père parle, il porte en mon courage
Toute l'impression qu'il faut pour obéir.
Voyez avec Cotys si ses vœux les plus tendres
Voudroient rendre à ma sœur l'hommage qu'il me rend.
Tout doit être à mon père assez indifférent,
 Pourvu que vous et lui vous demeuriez ses gendres.

Mais à vous dire tout, je crains qu'Agésilas
N'y refuse l'aveu qui vous est nécessaire :
C'est notre souverain.

SPITRIDATE.

S'il en dédit un père,
Peut-être ai-je une sœur qu'il n'en dédira pas.
Ce grand prince pour elle a tant de complaisance,
Qu'à sa moindre prière il ne refuse rien ;
Et si son cœur vouloit s'entendre avec le mien....

ELPINICE.

Reposez-vous, seigneur, sur mon obéissance,
  Et contentez-vous de savoir
Qu'aussi bien que ma sœur j'écoute mon devoir.
Allez trouver Cotys, et sans aucun scrupule....

SPITRIDATE.

Perdriez-vous pour moi son trône sans ennui?

ELPINICE.

Le voilà qui paroît. Quelque ardeur qui vous brûle,
Mettez d'accord mon père, Agésilas, et lui.

SCÈNE IV.

COTYS, SPITRIDATE.

COTYS.

Vous voyez de quel air Elpinice me traite,
Comme elle disparoît, seigneur, à mon abord.

SPITRIDATE.

Si votre ame, seigneur, en est mal satisfaite,

Mon sort est bien à plaindre autant que votre sort.
COTYS.
Ah! s'il n'étoit honteux de manquer de promesse!
SPITRIDATE.
Si la foi sans rougir pouvoit se dégager!
COTYS.
Qu'une autre de mon cœur seroit bientôt maîtresse!
SPITRIDATE.
Que je serois ravi, comme vous, de changer!
COTYS.
Elpinice pour moi montre une telle glace,
Que je me tiendrois sûr de son consentement.
SPITRIDATE.
Aglatide verroit qu'une autre prît sa place
Sans en murmurer un moment.
COTYS.
Que nous sert qu'en secret l'une et l'autre engagée
Peut-être ainsi que nous porte son cœur ailleurs?
Pour voir notre infortune entre elles partagée
Nos destins n'en sont pas meilleurs.
SPITRIDATE.
Elles aiment ailleurs, ces belles dédaigneuses;
Et peut-être, en dépit du sort,
Il seroit un moyen et de les rendre heureuses,
Et de nous rendre heureux par un commun accord.
COTYS.
Souffrez donc qu'avec vous tout mon cœur se déploie.
Ah! si vous le vouliez, que mon sort seroit doux!
Vous seul me pouvez mettre au comble de ma joie.

ACTE I, SCENE IV.

SPITRIDATE.

Et ma félicité dépend toute de vous.

COTYS.

Vous me pouvez donner l'objet qui me possède.

SPITRIDATE.

Vous me pouvez donner celui de tous mes vœux :
Elpinice me charme.

COTYS.

Et si je vous la cède?

SPITRIDATE.

Je céderai de même Aglatide à vos feux.

COTYS.

Aglatide, seigneur! Ce n'est pas là m'entendre,
    Et vous ne feriez rien pour moi.

SPITRIDATE.

Ne vous devez-vous pas à Lysander pour gendre?

COTYS.

Oui; mais l'amour ici me fait une autre loi.

SPITRIDATE.

L'amour! il n'en faut point écouter qui le blesse,
    Et qui nous ôte son appui.
L'échange des deux sœurs n'a rien qui l'intéresse,
    Nous n'en serons pas moins à lui;
Mais de porter ailleurs la main qui leur est due,
Seigneur, au dernier point ce sera l'irriter,
    Et, sa protection perdue,
    N'avons-nous rien à redouter?

COTYS.

Si je n'en juge mal, sa faveur n'est pas grande,

Seigneur, auprès d'Agésilas;
Il n'obtient presque rien de quoi qu'il lui demande.
SPITRIDATE.
Je vois qu'assez souvent il ne l'écoute pas :
Mais pour un différent frivole,
Dont nous ignorons le secret,
Ce prince avoueroit-il un amour indiscret
D'un tel manquement de parole?
Lui qui lui doit son trône, et cet illustre rang
D'unique général des troupes de la Grèce,
Pourroit-il le haïr avec tant de bassesse,
Qu'il pût autoriser le mépris de son sang?
Si nous manquons de foi, qu'aura-t-il lieu de croire?
En aurions-nous pour lui plus que pour Lysander?
Pensez-y-bien, seigneur, avant qu'y hasarder
Nos sûretés, et votre gloire.
COTYS.
Et si ce différent, que vous craignez si peu,
Lui fait pour notre hymen refuser un aveu?
SPITRIDATE.
Ma sœur n'a qu'à parler, je m'en tiens sûr par elle.
COTYS.
Seigneur, l'aimeroit-il?
SPITRIDATE.
Il la trouve assez belle,
Il en parle avec joie, et se plaît à la voir :
Je tâche d'affermir ces douces apparences;
Et si vous voulez tout savoir,
Je pense avoir de quoi flatter mes espérances.
Prenez-y part, seigneur, pour l'intérêt commun.

ACTE I, SCÈNE IV.

Quand nous aurons tous deux Lysander pour beau-père,
Ce roi s'allie à vous, s'il devient mon beau-frère;
Et nous aurons ainsi deux appuis au lieu d'un.

COTYS.

Et Mandane y consent?

SPITRIDATE.

Mandane est trop bien née
Pour dédire un devoir qui la met sous ma loi.

COTYS.

Et vous avez donné pour elle votre foi?

SPITRIDATE.

Non, mais, à dire vrai, je la tiens pour donnée.

COTYS.

Ah! ne la donnez point, seigneur, si vous m'aimez,
Ou si vous aimez Elpinice.
Mandane a tout mon cœur, mes yeux en sont charmés;
Et ce n'est qu'à ce prix que je vous rends justice.

SPITRIDATE.

Elpinice ne rend votre foi qu'à sa sœur,
Et ce n'est qu'à ce prix qu'elle-même se donne.

COTYS.

Hélas! et si l'amour autrement en ordonne,
Le moyen d'y forcer mon cœur?

SPITRIDATE.

Rendez-vous-en le maître.

COTYS.

Et l'êtes-vous du vôtre?

SPITRIDATE.

J'y ferai mon effort, si je vous parle en vain;
Et du moins, si ma sœur vous dérobe à toute autre.

Je serai maître de ma main.

COTYS.

Je ne le puis celer, qui que l'on me propose,
Toute autre que Mandane est pour moi même chose.

SPITRIDATE.

Il vous est donc facile, et doit même être doux,
Puisqu'enfin Elpinice aime un autre que vous,
 De lui préférer qui vous aime ;
 Et du moins vous auriez l'honneur,
 Par un peu d'effort sur vous-même,
 De faire le commun bonheur.

COTYS.

Je ferois trois heureux qui m'empêchent de l'être !
J'ose, j'ose vous faire une plus juste loi :
Ou faites mon bonheur dont vous êtes le maître,
Ou demeurez tous trois malheureux comme moi.

SPITRIDATE.

 Eh bien ! épousez Elpinice ;
 Je renonce à tout mon bonheur,
 Plutôt que de me voir complice
D'un manquement de foi qui vous perdroit d'honneur.

COTYS.

 Rendez-vous à votre Aglatide,
 Puisque votre cœur endurci
Veut suivre obstinément un faux devoir pour guide.
Je serai malheureux, vous le serez aussi.

FIN DU PREMIER ACTE.

ACTE SECOND.

SCÈNE I.

SPITRIDATE, MANDANE.

SPITRIDATE.

Que nous avons, ma sœur, brisé de rudes chaînes!
    En Perse il n'est point de sujets,
    Ce ne sont qu'esclaves abjects,
Qu'écrasent d'un coup d'œil les têtes souveraines :
Le monarque, ou plutôt le tyran général,
    N'y suit pour loi que son caprice,
N'y veut point d'autre régle et point d'autre justice.
Et souvent même impute à crime capital
Le plus rare mérite et le plus grand service;
Il abat à ses pieds les plus hautes vertus,
S'immole insolemment les plus illustres vies,
Et ne laisse aujourd'hui que les cœurs abattus
    A couvert de ses tyrannies.
Vous autres, s'il vous daigne honorer de son lit,
    Ce sont indignités égales;
La gloire s'en partage entre tant de rivales,
Qu'elle est moins un honneur qu'un sujet de dépit.
    Toutes n'ont pas le nom de reines.

Mais toutes portent mêmes chaînes,
Et toutes, à parler sans fard,
Servent à ses plaisirs sans part à son empire;
Et même en ses plaisirs elles n'ont autre part
Que celle qu'à son cœur brutalement inspire
Ou le caprice, ou le hasard.
Voilà, ma sœur, à quoi vous avoit destinée,
A quel infame honneur vous avoit condamnée
Pharnabase son lieutenant :
Il auroit fait de vous un présent à son prince,
Si pour nous affranchir mon soin le prévenant
N'eût à sa tyrannie arraché ma province.
La Gréce a de plus saintes lois,
Elle a des peuples et des rois
Qui gouvernent avec justice :
La raison y préside, et la sage équité;
Le pouvoir souverain par elles limité,
N'y laisse aucun droit de caprice.
L'hymen de ses rois même y donne cœur pour cœur;
Et si vous aviez le bonheur
Que l'un d'eux vous offrît son trône avec son ame,
Vous seriez, par ce nœud charmant,
Et reine véritablement,
Et véritablement sa femme.

MANDANE.

Je veux bien l'espérer, tout est facile aux dieux;
Et peut-être que de bons yeux
En auroient déja vu quelque flatteuse marque;
Mais il en faut de bons pour faire un si grand choix.
Si le roi dans la Perse est un peu trop monarque,

ACTE II, SCÈNE I.

En Grèce il est des rois qui ne sont pas trop rois :
Il en est dont le peuple est le suprême arbitre ;
Il en est d'attachés aux ordres d'un sénat ;
Il en est qui ne sont enfin sous ce grand titre
  Que premiers sujets de l'état.
Je ne sais si le ciel pour régner m'a fait naître,
Et quoi qu'en ma faveur j'aie encor vu paroître,
  Je doute si l'on m'aime ou non ;
  Mais je pourrois être assez vaine
  Pour dédaigner le nom de reine
Que m'offriroit un roi qui n'en eût que le nom.

SPITRIDATE.

Vous en savez beaucoup, ma sœur, et vos mérites
Vous ouvrent fort les yeux sur ce que vous valez.

MANDANE.

Je réponds simplement à ce que vous me dites,
Et parle en général comme vous me parlez.

SPITRIDATE.

Cependant et des rois et de leur différence
Je vous trouve en effet plus instruite que moi.

MANDANE.

Puisque vous m'ordonnez qu'ici j'espère un roi,
Il est juste, seigneur, que quelquefois j'y pense.

SPITRIDATE.

N'y pensez-vous point trop ?

MANDANE.

      Je sais que c'est à vous
A régler mes desirs sur le choix d'un époux ;
  Mon devoir n'en fera point d'autre :
Mais quand vous daignerez choisir pour une sœur,

Daignez songer, de grace, à faire son bonheur
    Mieux que vous n'avez fait le vôtre.
D'un choix que vous m'aviez vous-même tant loué,
Votre cœur et vos yeux vous ont désavoué;
Et si j'ai, comme vous, quelques pentes secrétes,
Seigneur, si c'est ainsi que vous les rencontrez,
    Jugez par le trouble où vous êtes,
    De l'état où vous me mettrez.

SPITRIDATE.

Je le vois bien, ma sœur, il faut vous laisser faire.
Qui choisit mal pour soi choisit mal pour autrui;
Et votre cœur instruit par le malheur d'un frère,
    A déja fait son choix sans lui.

MANDANE.

Peut-être; mais enfin vous suis-je nécessaire?
Parlez; il n'est desirs ni tendres sentiments
Que je ne sacrifie à vos contentements.
Faut-il donner ma main pour celle d'Elpinice?

SPITRIDATE.

Que sert de m'en offrir un entier sacrifice,
Si je n'ose et ne puis même déterminer
A qui pour mon bonheur vous devez la donner?
Cotys me la demande, Agésilas l'espère.

MANDANE.

Agésilas, seigneur! Et le savez-vous bien?

SPITRIDATE.

Parler de vous sans cesse, aimer votre entretien,
Vous donner tout crédit, ne chercher qu'à vous plaire....

MANDANE.

Ce sont civilités envers une étrangère

ACTE II, SCÈNE I.

Qui font beaucoup d'éclat, et ne produisent rien.
　　Il jette par là des amorces
A ceux qui comme nous voudront grossir ses forces;
Mais quelque haut crédit qu'il me donne en sa cour,
De toute sa conduite il est si bien le maître,
Qu'au simple nom d'hymen vous verriez disparoître
Tout ce qu'en ses faveurs vous prenez pour amour.

SPITRIDATE.

Vous penchez vers Cotys, et savez qu'Elpinice
Ne veut point être à moi qu'il ne soit à sa sœur!

MANDANE.

Je vous réponds de tout, si vous avez son cœur.

SPITRIDATE.

Et Lysander pourra souffrir cette injustice?

MANDANE.

Lysander est si mal auprès d'Agésilas,
Que ce sera beaucoup s'il en obtient un gendre;
Et peut-être sans moi ne l'obtiendra-t-il pas:
Pour deux, il auroit tort, s'il osoit y prétendre.
Mais, seigneur, le voici; tâchez de pressentir
Ce qu'en votre faveur il pourroit consentir.

SPITRIDATE.

　　Ma sœur, vous êtes plus adroite;
Souffrez que je ménage un moment de retraite.
J'aurois trop à rougir, pour peu que devant moi
Vous fissiez deviner de ce manque de foi.

SCÈNE II.

LYSANDER, SPITRIDATE, MANDANE, CLÉON.

LYSANDER.

Quoiqu'en matière d'hyménées
L'importune langueur des affaires traînées
Attire assez souvent de fâcheux embarras,
J'ai voulu qu'à loisir vous puissiez voir mes filles
Avant que demander l'aveu d'Agésilas
    Sur l'union de nos familles.
Dites-moi donc, seigneur, ce qu'en jugent vos yeux,
S'ils laissent votre cœur d'accord de vos promesses,
Et si vous y sentez plus d'aimables tendresses
Que de justes desirs de pouvoir choisir mieux.
Parlez avec franchise avant que je m'expose
    A des refus presque assurés,
    Que j'estimerai peu de chose
    Quand vous serez plus déclarés :
Et n'appréhendez point l'emportement d'un père ;
Je sais trop que l'amour de ses droits est jaloux,
    Qu'il dispose de nous sans nous,
Que les plus beaux objets ne sont pas sûrs de plaire :
L'aveugle sympathie est ce qui fait agir
    La plupart des feux qu'il excite ;
Il ne l'attache pas toujours au vrai mérite ;
Et quand il la dénie, on n'a point à rougir.

SPITRIDATE.

Puisque vous le voulez, je ne puis me défendre,
Seigneur, de vous parler avec sincérité.
Ma seule ambition est d'être votre gendre;
Mais apprenez, de grace, une autre vérité :
Ce bonheur que j'attends, cette gloire où j'aspire,
Et qui rendroit mon sort égal au sort des dieux,
N'a pour objet.... Seigneur, je tremble à vous le dire :
  Ma sœur vous l'expliquera mieux.

SCÈNE III.

LYSANDER, MANDANE, CLÉON.

LYSANDER.

Que veut dire, madame, une telle retraite?
Se plaint-il d'Aglatide? et la jeune indiscrète
Répondroit-elle mal aux honneurs qu'il lui fait?

MANDANE.

Elle y répond, seigneur, ainsi qu'il le souhaite,
  Et je l'en vois fort satisfait;
Mais je ne vois pas bien que par les sympathies
  Dont vous venez de nous parler,
  Leurs ames soient fort assorties,
Ni que l'amour encore ait daigné s'en mêler.
Ce n'est pas qu'il n'aspire à se voir votre gendre,
Qu'il n'y mette sa gloire, et borne ses plaisirs;
Mais, puisque par son ordre il me faut vous l'apprendre,
Elpinice est l'objet de ses plus chers desirs.

LYSANDER.

Elpinice! Et sa main n'est plus en ma puissance.

MANDANE.

Je sais qu'il n'est plus temps de vous la demander;
Mais je vous répondrois de son obéissance,
 Si Cotys la vouloit céder.
Que sait-on si l'amour, dont la bizarrerie
Se joue assez souvent du fond de notre cœur,
N'aura point fait au sien même supercherie?
S'il n'y préfère point Aglatide à sa sœur?
Cet échange, seigneur, pourroit-il vous déplaire,
 S'il les rendoit tous quatre heureux?

LYSANDER.

Madame, doutez-vous de la bonté d'un père?

MANDANE.

Voyez donc si Cotys sera plus rigoureux:
Je vous laisse avec lui, de peur que ma présence
N'empêche une sincère et pleine confiance.

SCÈNE IV.

MANDANE, LYSANDER, COTYS, CLÉON.

MANDANE, *à Cotys.*

Seigneur, ne cachez plus le véritable amour
 Dont l'idée en secret vous flatte.
J'ai dit à Lysander celui de Spitridate;
 Dites le vôtre à votre tour.

SCÈNE V.

LYSANDER, COTYS, CLÉON.

COTYS.

Puisqu'elle vous l'a dit, pourrois-je vous le taire ?
    Jugez, seigneur, de mes ennuis ;
Une autre qu'Elpinice à mes yeux a su plaire ;
Et l'aimer est un crime en l'état où je suis.

LYSANDER.

Ne traitez point, seigneur, ce nouveau feu de crime :
Le choix que font les yeux est le plus légitime ;
Et comme un beau desir ne peut bien s'allumer,
S'ils n'instruisent le cœur de ce qu'il doit aimer,
C'est ôter à l'amour tout ce qu'il a d'aimable,
Que les tenir captifs sous une aveugle foi ;
    Et le don le plus favorable
Que ce cœur sans leur ordre ose faire de soi
    Ne fut jamais irrévocable.

COTYS.

    Seigneur, ce n'est point par mépris,
Ce n'est point qu'Elpinice aux miens n'ait paru belle ;
Mais enfin, le dirai-je ? oui, seigneur, on m'a pris,
On m'a volé ce cœur que j'apportois pour elle.
D'autres yeux, malgré moi, s'en sont faits les tyrans,
Et ma foi s'est armée en vain pour ma défense ;
Ce lâche, qui s'est mis de leur intelligence,
Les a soudain reçus en justes conquérants.

LYSANDER.

Laissez-leur garder leur conquête.
Peut-être qu'Elpinice avec plaisir s'apprête
A vous laisser ailleurs trouver un sort plus doux;
Quand un autre pour elle a d'autres yeux que vous,
Qu'elle cède ce cœur à celle qui le vole,
Et qu'en ce même instant qu'on vous le surprenoit,
Un pareil attentat sur sa propre parole
Lui déroboit celui qu'elle vous destinoit.
Sur-tout ne craignez rien du côté d'Aglatide :
Je puis répondre d'elle; et quand j'aurai parlé,
Vous verrez tout son cœur, où mon pouvoir préside,
Vous payer de celui qu'elle vous a volé.

COTYS.

Ah! seigneur, pour ce vol je ne me plains pas d'elle.

LYSANDER.

Et de qui donc?

COTYS.

L'amour s'y sert d'une autre main.

LYSANDER.

L'amour!

COTYS.

Oui, cet amour qui me rend infidéle....

LYSANDER.

Seigneur, du nom d'amour n'abusez point en vain,
Dites d'Agésilas la haine insatiable;
C'est elle dont l'aigreur auprès de vous m'accable.
Et qui de jour en jour s'animant contre moi,
Pour me perdre d'honneur m'enléve votre foi,

ACTE II, SCÈNE V.

COTYS.

Ah! s'il y va de votre gloire,
Ma parole est donnée, et dussé-je en mourir,
Je la tiendrai, seigneur, jusqu'au dernier soupir;
Mais, quoi que la surprise ait pu vous faire croire,
    N'accusez point Agésilas
D'un crime de mon cœur que même il ne sait pas.
Mandane, qui m'ordonne à vos yeux de le dire,
Vous montre assez par là quel souverain empire
    L'amour lui donne sur ce cœur.
Ne considérez point si j'aime ou si l'on m'aime;
En matière d'honneur ne voyez que vous-même,
Et disposez de moi comme veut cet honneur.

LYSANDER.

L'amour le fera mieux; ce que j'en viens d'apprendre
M'offre un sujet de joie où j'en voyois d'ennui :
    Épouser la sœur de mon gendre
    C'est le devenir comme lui.
Aglatide d'ailleurs n'est pas si délaissée
Que votre exemple n'aide à lui trouver un roi;
Et, pour peu que le ciel réponde à ma pensée,
Ce sera plus de gloire et plus d'appui pour moi.
Aussi ferai-je plus : je veux que de moi-même
Vous teniez cet objet qui vous fait soupirer;
Et Spitridate, à moins que de m'en assurer,
    N'obtiendra jamais ce qu'il aime.
Je veux dès aujourd'hui savoir d'Agésilas
S'il pourra consentir à ce double hyménée,
    Dont ma parole étoit donnée.

AGÉSILAS.

Sa haine apparemment ne m'en avouera pas :
Si pourtant par bonheur il m'en laisse le maître,
J'en userai, seigneur, comme je le promets ;
  Sinon, vous lui ferez connoître
  Vous-même quels sont vos souhaits.

COTYS.

Ah ! que Mandane et moi n'avons-nous mille vies,
  Seigneur, pour vous les immoler !
Car, je ne saurois plus vous le dissimuler,
Nos ames en seront également ravies.
Souffrez-lui donc sa part en ces ravissements,
Et pardonnez, de grace, à mon impatience....

LYSANDER.

Allez : on m'a vu jeune, et par expérience
Je sais ce qui se passe au cœur des vrais amants.

SCÈNE VI.

LYSANDER, CLÉON.

CLÉON.

Seigneur, n'êtes-vous point d'une humeur bien facile
D'applaudir à Cotys sur son manque de foi ?

LYSANDER.

  Je prends pour l'attacher à moi
  Ce qui s'offre de plus utile.
  D'un emportement indiscret
  Je ne voyois rien à prétendre ;
  Vouloir par force en faire un gendre,

ACTE II, SCÈNE VI. 415

Ce n'est qu'en vouloir faire un ennemi secret.
Je veux me l'acquérir; je veux, s'il m'est possible,
A force d'amitiés si bien le ménager,
  Que, quand je voudrai me venger,
  J'en tire un secours infaillible.
  Ainsi je flatte ses desirs.
J'applaudis, je défère à ses nouveaux soupirs,
  Je me fais l'auteur de sa joie,
Je sers sa passion, et sous cette couleur
Je m'ouvre dans son ame une infaillible voie
A m'en faire à mon tour servir avec chaleur.

CLÉON.

Oui; mais Agésilas, seigneur, aime Mandane,
Du moins toute sa cour ose le deviner;
Et promettre à Cotys cette illustre Persane,
C'est lui promettre tout pour ne lui rien donner.

LYSANDER.

Qu'à ses vœux mon tyran l'accorde ou la refuse,
  De la manière dont j'en use,
  Il ne peut m'ôter son appui;
Et de quelque façon que la chose se passe,
  Ou je fais la première grace,
Ou j'aigris puissamment ce rival contre lui.
J'ai même à souhaiter que son feu se déclare.
Comme de notre Sparte il choquera les lois,
C'est une occasion que lui-même il prépare,
Et qui peut la résoudre à mieux choisir ses rois.
Nous avons trop long-temps asservi sa couronne
  A la vaine splendeur du sang;
Il est juste à son tour que la vertu la donne.

Et que le seul mérite ait droit à ce haut rang.
Ma ligue est déja forte, et ta harangue est prête
   A faire éclater la tempête,
Sitôt qu'il aura mis ma patience à bout :
Si pourtant je voyois sa haine enfin bornée
Ne mettre aucun obstacle à ce double hyménée,
Je crois que je pourrois encore oublier tout.
En perdant cet ingrat, je détruis mon ouvrage ;
Je vois dans sa grandeur le prix de mon courage,
Le fruit de mes travaux, l'effet de mon crédit.
Un reste d'amitié tient mon ame en balance ;
Quand je veux le haïr je me fais violence,
Et me force à regret à ce que je t'ai dit.
Il faut, il faut enfin qu'avec lui je m'explique,
   Que j'en sache qui peut causer
Cette haine si lâche, et qu'il rend si publique,
Et fasse un digne effort à le désabuser.

CLÉON.

Il n'appartient qu'à vous de former ces pensées ;
Mais vous ne songez point avec quels sentiments
   Vos deux filles intéressées
   Apprendront de tels changements.

LYSANDER.

Aglatide est d'humeur à rire de sa perte ;
Son esprit enjoué ne s'ébranle de rien :
Pour l'autre, elle a de vrai l'ame un peu moins ouverte,
Mais elle n'eut jamais de vouloir que le mien.
Ainsi je me tiens sûr de leur obéissance.

CLÉON.

Quand cette obéissance a fait un digne choix,

Le cœur tombé par là sous une autre puissance
N'obéit pas toujours une seconde fois.
####### LYSANDER.
Les voici : laisse-nous, afin qu'avec franchise
Leurs ames s'en ouvrent à moi.

SCÈNE VII.

LYSANDER, ELPINICE, AGLATIDE.

####### LYSANDER.
J'apprends avec quelque surprise,
Mes filles, qu'on vous manque à toutes deux de foi ;
Cotys aime en secret une autre qu'Elpinice,
Spitridate n'en fait pas moins.
####### ELPINICE.
Si l'on nous fait quelque injustice,
Seigneur, notre devoir s'en remet à vos soins ;
Je ne sais qu'obéir.
####### AGLATIDE.
J'en sais donc davantage ;
Je sais que Spitridate adore d'autres yeux ;
Je sais que c'est ma sœur à qui va cet hommage,
Et quelque chose encor qu'elle vous diroit mieux.
####### ELPINICE.
Ma sœur, qu'aurois-je à dire ?
####### AGLATIDE.
A quoi bon ce mystère ?
Dites ce qu'à ce nom le cœur vous dit tout bas,
Ou je dirai tout haut qu'il ne vous déplaît pas.

ELPINICE.

Moi, je pourrois l'aimer, et sans l'ordre d'un père ?

AGLATIDE.

Vous ne savez que c'est d'aimer ou de haïr,
Mais vous seriez pour lui fort aise d'obéir.

ELPINICE.

Qu'il faut souffrir de vous, ma sœur !

AGLATIDE.

Le grand supplice
De voir qu'en dépit d'elle on lui rend du service !

LYSANDER.

Rendez-lui la pareille. Aime-t-elle Cotys ?
Et s'il falloit changer entre vous de partis....

AGLATIDE.

Je n'ai pas besoin d'interprète,
Et vous en dirai plus, seigneur, qu'elle n'en sait.
Cotys pourroit me plaire, et plairoit en effet,
Si pour toucher son cœur j'étois assez bien faite ;
Mais je suis fort trompée, ou cet illustre cœur
     N'est pas plus à moi qu'à ma sœur.

LYSANDER.

Peut-être ce malheur d'assez près te menace.

AGLATIDE.

J'en connois plus de vingt qui mourroient en ma place,
Ou qui sauroient du moins hautement quereller
     L'injustice de la fortune ;
Mais pour moi, qui n'ai pas une ame si commune,
     Je sais l'art de m'en consoler.
     Il est d'autres rois dans l'Asie
Qui seront trop heureux de prendre votre appui ;

ACTE II, SCÈNE VII.

Et déja je ne sais par quelle fantaisie
J'en crois voir à mes pieds de plus puissants que lui.
LYSANDER.
Donc à moins que d'un roi tu ne veux plus te rendre?
AGLATIDE.
Je crois pour Spitridate avoir déja fait voir
  Que ma sœur n'a rien à m'apprendre
  Sur le chapitre du devoir.
Elle sait obéir, et je le sais comme elle :
C'est l'ordre ; et je lui garde un cœur assez fidéle
  Pour en subir toutes les lois :
  Mais pour régler ma destinée,
Si vous vous abaissiez jusqu'à prendre ma voix,
  Vous arrêteriez votre choix
  Sur une tête couronnée,
  Et ne m'offririez que des rois.
LYSANDER.
C'est mettre un peu haut ta conquête.
AGLATIDE.
La couronne, seigneur, orne bien une tête.
Je me la figurois sur celle de ma sœur,
  Lorsque Cotys devoit l'y mettre ;
Et, quand j'en contemplois la gloire et la douceur,
  Que je ne pouvois me promettre,
Un peu de jalousie et de confusion
Mutinoit mes desirs et me soulevoit l'ame ;
  Et comme en cette occasion
Mon devoir pour agir n'attendoit point ma flamme....
ELPINICE.
La gloire d'obéir à votre grand regret

Vous faisoit pester en secret :
C'est l'ordre ; et du devoir la scrupuleuse idée....
AGLATIDE.
Que dites-vous, ma sœur ? qu'osez-vous hasarder,
Vous qui tantôt....
ELPINICE.
Ma sœur, laissez-moi vous aider,
Ainsi que vous m'avez aidée.
AGLATIDE.
Pour bien m'aider à dire ici mes sentiments,
Vous vous prenez trop mal aux vôtres ;
Et, si je suis jamais réduite aux truchements,
Il m'en faudra bien chercher d'autres.
Seigneur, quoi qu'il en soit, voilà quelle je suis.
J'acceptois Spitridate avec quelques ennuis ;
De ce petit chagrin le ciel m'a dégagée
Sans que mon ame soit changée.
Mon devoir règne encor sur mon ambition ;
Quoi que vous m'ordonniez, j'obéirai sans peine :
Mais, de mon inclination,
Je mourrai fille, ou vivrai reine.
ELPINICE.
Achevez donc, ma sœur ; dites qu'Agésilas....
AGLATIDE.
Ah ! seigneur, ne l'écoutez pas :
Ce qu'elle vous veut dire est une bagatelle ;
Et même, s'il le faut, je la dirai mieux qu'elle.
LYSANDER.
Dis donc. Agésilas ?

AGLATIDE.
M'aimoit jadis un peu,
Du moins lui-même à Sparte il m'en fit confidence;
Et, s'il me disoit vrai, sa noble impatience
De vous en demander l'aveu
N'attendoit qu'après l'hyménée
De cette aimable et chère aînée.
Mais s'il attendoit là que mon tour arrivé
Autorisât à ma conquête
La flamme qu'en réserve il tenoit toute prête,
Son amour est encore ici plus réservé;
Et, soit que dans Éphèse un autre objet me passe,
Soit que par complaisance il cède à son rival,
Il me fait à présent la grace
De ne m'en dire bien ni mal.

LYSANDER.
D'un pareil changement ne cherche point la cause;
Sa haine pour ton père à cet amour s'oppose.
Mais n'importe, il est bon que j'en sois averti :
J'agirai d'autre sorte avec cette lumière;
Et, suivant qu'aujourd'hui nous l'aurons plus entière,
Nous verrons à prendre parti.

SCÈNE VIII.

ELPINICE, AGLATIDE.

ELPINICE.
Ma sœur, je vous admire, et ne saurois comprendre

Cet inépuisable enjouement,
Qui d'un chagrin trop juste a de quoi vous défendre,
Quand vous êtes si près de vous voir sans amant.

AGLATIDE.

Il est aisé pourtant d'en deviner les causes.
Je sais comme il faut vivre, et m'en trouve fort bien :
    La joie est bonne à mille choses,
    Mais le chagrin n'est bon à rien.
Ne perds-je* pas assez, sans doubler l'infortune,
Et perdre encor le bien d'avoir l'esprit égal ?
    Perte sur perte est importune,
Et je m'aime un peu trop pour me traiter si mal.
Soupirer quand le sort nous rend une injustice,
C'est lui prêter une aide à nous faire un supplice.
Pour moi, qui ne lui puis souffrir tant de pouvoir,
Le bien que je me veux met sa haine à pis faire.
    Mais allons rejoindre mon père ;
J'ai quelque chose encore à lui faire savoir.

---

* *Ne perds-je* n'est plus français, et peut-être ne l'était pas même du temps de Corneille. Il faudrait y substituer *ne perdé-je* ; mais le vers n'aurait plus sa mesure, qu'il retrouverait en changeant le tour, et en disant :

    Je perds assez déjà sans doubler l'infortune,
      Et perdre encor, etc.   P.

FIN DU SECOND ACTE.

ACTE TROISIÈME.

SCÈNE I.

AGÉSILAS, LYSANDER, XÉNOCLÈS.

LYSANDER.
Je ne suis point surpris qu'à ces deux hyménées
Vous refusiez, seigneur, votre consentement;
J'aurois eu tort d'attendre un meilleur traitement
Pour le sang odieux dont mes filles sont nées.
Il est le sang d'Hercule en elles comme en vous,
Et méritoit par là quelque destin plus doux :
Mais s'il vous peut donner un titre légitime,
  Pour être leur maître et leur roi,
C'est pour l'une et pour l'autre une espèce de crime
  Que de l'avoir reçu de moi.
J'avois cru toutefois que l'exil volontaire
Où l'amour paternel près d'elles m'eût réduit,
Moi qui de mes travaux ne vois plus d'autre fruit
  Que le malheur de vous déplaire,
  Comme il délivreroit vos yeux
  D'une insupportable présence,
A mes jours presque usés obtiendroit la licence
  D'aller finir sous d'autres cieux.
C'étoit là mon dessein; mais cette même envie

Qui me fait près de vous un si malheureux sort
Ne sauroit endurer ni l'éclat de ma vie,
    Ni l'obscurité de ma mort.

AGÉSILAS.

Ce n'est pas d'aujourd'hui que l'envie et la haine
    Ont persécuté les héros.
Hercule en sert d'exemple, et l'histoire en est pleine :
Nous ne pouvons souffrir qu'ils meurent en repos.
Cependant cet exil, ces retraites paisibles,
Cet unique souhait d'y terminer leurs jours,
Sont des mots bien choisis à remplir leurs discours;
Ils ont toujours leur grace, ils sont toujours plausibles :
    Mais ils ne sont pas vrais toujours;
Et souvent des périls, ou cachés ou visibles,
Forcent notre prudence à nous mieux assurer
    Qu'ils ne veulent que figurer.
Je ne m'étonne point qu'avec tant de lumières
    Vous ayez prévu mes refus;
Mais je m'étonne fort que, les ayant prévus,
Vous n'en ayez pu voir les raisons bien entières.
Vous êtes un grand homme, et, de plus, mécontent :
J'avouerai plus encor, vous avez lieu de l'être.
Ainsi de ce repos où votre ennui prétend
Je dois prévoir en roi quel désordre peut naître,
Et regarde en quels lieux il vous plaît de porter
Des chagrins qu'en leur temps on peut voir éclater.
Ceux que prend pour exil ou choisit pour asile
    Ce dessein d'une mort tranquille,
Des Perses et des Grecs séparent les états.
L'assiette en est heureuse, et l'accès difficile;

ACTE III, SCÈNE I.

Leurs maîtres ont du cœur, leurs peuples ont des bras;
Ils viennent de nous joindre avec une puissance
A beaucoup espérer, à craindre beaucoup d'eux;
Et c'est mettre en leurs mains une étrange balance,
Que de mettre à leur tête un guerrier si fameux.
C'est vous qui les donnez l'un et l'autre à la Grèce:
L'un fut ami de Perse, et l'autre son sujet.
Le service est bien grand, mais aussi je confesse
Qu'on peut ne pas bien voir tout le fond du projet.
Votre intérêt s'y mêle en les prenant pour gendres;
Et si par des liens et si forts et si tendres
Vous pouvez aujourd'hui les attacher à vous,
   Vous vous les donnez plus qu'à nous.
Si malgré le secours, si malgré les services
Qu'un ami doit à l'autre, un sujet à son roi,
Vous les avez tous deux arrachés à leur foi,
Sans aucun droit sur eux, sans aucuns bons offices,
   Avec quelle facilité
N'immoleront-ils point une amitié nouvelle
   A votre courage irrité,
Quand vous ferez agir toute l'autorité
De l'amour conjugale et de la paternelle!
Et que l'occasion aura d'heureux moments
   Qui flattent vos ressentiments!
   Vous ne nous laissez aucun gage;
Votre sang tout entier passe avec vous chez eux.
Voyez donc ce projet comme je l'envisage,
Et dites si pour nous il n'a rien de douteux.
Vous avez jusqu'ici fait paroître un vrai zèle,
Un cœur si généreux, une ame si fidéle,

Que par toute la Grèce on vous loue à l'envi :
Mais le temps quelquefois inspire une autre envie.
Comme vous Thémistocle avoit fort bien servi,
Et dans la cour de Perse il a fini sa vie.

LYSANDER.

Si c'est avec raison que je suis mécontent,
Si vous-même avouez que j'ai lieu de me plaindre,
Et si jusqu'à ce point on me croit important
Que mes ressentiments puissent vous être à craindre,
  Oserois-je vous demander
  Ce que vous a fait Lysander
Pour leur donner ici chaque jour de quoi naître,
Seigneur? et s'il est vrai qu'un homme tel que moi,
Quand il est mécontent, peut desservir son roi,
  Pourquoi me forcez-vous à l'être?
Quelque avis que je donne, il n'est point écouté ;
Quelque emploi que j'embrasse, il m'est soudain ôté :
Me choisir pour appui, c'est courir à sa perte.
Vous changez en tous lieux les ordres que j'ai mis ;
Et, comme s'il falloit agir à guerre ouverte,
  Vous détruisez tous mes amis,
Ces amis dont pour vous je gagnai les suffrages
Quand il fallut aux Grecs élire un général,
Eux qui vous ont soumis les plus nobles courages,
Et fait ce haut pouvoir qui leur est si fatal.
Leur seul amour pour moi les livre à leur ruine ;
Il leur coûte l'honneur, l'autorité, le bien :
Cependant plus j'y songe, et plus je m'examine,
Moins je trouve, seigneur, à me reprocher rien.

ACTE III, SCÈNE I.

AGÉSILAS.

Dites tout, vous avez la mémoire trop bonne
Pour avoir oublié que vous me fîtes roi,
    Lorsqu'on balança ma couronne
    Entre Léotychide et moi.
Peut-être n'osez-vous me vanter un service
    Qui ne me rendit que justice,
Puisque nos lois vouloient ce qu'il sut maintenir;
Mais moi qui l'ai reçu, je veux m'en souvenir.
Vous m'avez donc fait roi, vous m'avez de la Grèce
Contre celui de Perse établi général;
Et quand je sens dans l'ame une ardeur qui me presse
    De ne m'en revancher pas mal,
A peine sommes-nous arrivés dans Éphèse,
Où de nos alliés j'ai mis le rendez-vous,
Que, sans considérer si j'en serai jaloux,
    Ou s'il se peut que je m'en taise,
    Vous vous saisissez par vos mains
    De plus que votre récompense;
Et tirant toute à vous la suprême puissance*
    Vous me laissez des titres vains.
On s'empresse à vous voir, on s'efforce à vous plaire;
On croit lire en vos yeux ce qu'il faut qu'on espère;
On pense avoir tout fait quand on vous a parlé.
Mon palais près du vôtre est un lieu désolé;
Et le généralat comme le diadème

---

* Voyez la préface de Voltaire. Il devait convenir que, si l'exécution de cette scène est défectueuse, l'intention en est très belle encore, et digne de Corneille. P.

M'érige sous votre ordre en fantôme éclatant,
En colosse d'état qui de vous seul attend
    L'ame qu'il n'a pas de lui-même,
    Et que vous seul faites aller
Où pour vos intérêts il le faut étaler.
Général en idée, et monarque en peinture,
De ces illustres noms pourrois-je faire cas
S'il les falloit porter moins comme Agésilas
    Que comme votre créature,
Et montrer avec pompe au reste des humains
En ma propre grandeur l'ouvrage de vos mains?
  Si vous m'avez fait roi, Lysander, je veux l'être.
Soyez-moi bon sujet, je vous serai bon maître;
Mais ne prétendez plus partager avec moi
    Ni la puissance ni l'emploi.
Si vous croyez qu'un sceptre accable qui le porte,
A moins qu'il prenne une aide à soutenir son poids,
    Laissez discerner à mon choix
Quelle main à m'aider pourroit être assez forte.
Vous aurez bonne part à des emplois si doux
    Quand vous pourrez m'en laisser faire;
Mais soyez sûr aussi d'un succès tout contraire,
Tant que vous ne voudrez les tenir que de vous.
  Je passe à vos amis qu'il m'a fallu détruire.
Si dans votre vrai rang je voulois vous réduire,
Et d'un pouvoir surpris saper les fondements,
Ils étoient tout à vous, et par reconnoissance
    D'en avoir reçu leur puissance,
Ils ne considéroient que vos commandements.
Vous seul les aviez faits souverains dans leurs villes;

ACTE III, SCÈNE I.

Et j'y verrois encor mes ordres inutiles,
A moins que d'avoir mis leur tyrannie à bas,
Et changé comme vous la face des états.
    Chez tous nos Grecs asiatiques
Votre pouvoir naissant trouva des républiques,
Que sous votre cabale il vous plut asservir :
La vieille liberté, si chère à leurs ancêtres,
Y fut par-tout forcée à recevoir dix maîtres ;
Et dès qu'on murmuroit de se la voir ravir,
On voyoit par votre ordre immoler les plus braves
    A l'empire de vos esclaves.
J'ai tiré de ce joug les peuples opprimés :
En leur premier état j'ai remis toutes choses ;
Et la gloire d'agir par de plus justes causes
A produit des effets plus doux et plus aimés.
J'ai fait à votre exemple ici des créatures,
Mais sans verser de sang, sans causer de murmures ;
Et comme vos tyrans prenoient de vous la loi,
Comme ils étoient à vous, les peuples sont à moi.
Voilà quelles raisons ôtent à vos services
    Ce qu'ils vous semblent mériter,
    Et colorent ces injustices
Dont vous avez raison de vous mécontenter.
Si d'abord elles ont quelque chose d'étrange,
Repassez-les deux fois au fond de votre cœur ;
Changez, si vous pouvez, de conduite et d'humeur ;
    Mais n'espérez pas que je change.

LYSANDER.

S'il ne m'est pas permis d'espérer rien de tel,
Du moins, graces aux dieux, je ne vois dans vos plaintes

Que des raisons d'état et de jalouses craintes
Qui me font malheureux et non pas criminel.
Non, seigneur, que je veuille être assez téméraire
Pour oser d'injustice accuser mes malheurs :
L'action la plus belle a diverses couleurs ;
Et lorsqu'un roi prononce, un sujet doit se taire.
Je voudrois seulement vous faire souvenir
Que j'ai près de trente ans commandé nos armées
Sans avoir amassé que ces nobles fumées
  Qui gardent les noms de finir.
Sparte, pour qui j'allois de victoire en victoire,
M'a toujours vu pour fruit n'en vouloir que la gloire,
Et faire en son épargne entrer tous les trésors
Des peuples subjugués par mes heureux efforts.
Vous-même le savez, que, quoi qu'on m'ait vu faire,
Mes filles n'ont pour dot que le nom de leur père ;
Tant il est vrai, seigneur, qu'en un si long emploi
J'ai tout fait pour l'état, et n'ai rien fait pour moi.
Dans ce manque de bien Cotys et Spitridate,
L'un roi, l'autre en pouvoir égal peut-être aux rois,
M'ont assez estimé pour y borner leur choix ;
Et, quand de les pourvoir un doux espoir me flatte,
  Vous semblez m'envier un bien
Qui fait ma récompense, et ne vous coûte rien.

AGÉSILAS.

Il nous seroit honteux que des mains étrangères
Vous payassent pour nous de ce qui vous est dû.
Tôt ou tard le mérite a ses justes salaires,
Et son prix croît souvent plus il est attendu.
D'ailleurs n'auroit-on pas quelque lieu de vous dire,

ACTE III, SCÈNE I.

Si je vous permettois d'accepter ces partis,
Qu'amenant avec nous Spitridate et Cotys,
Vous auriez fait pour vous plus que pour notre empire,
Que vos seuls intérêts vous auroient fait agir?
Et pourriez-vous enfin l'entendre sans rougir?
Vos filles sont d'un sang que Sparte aime et révère
Assez pour les payer des services d'un père.
Je veux bien en répondre, et moi-même au besoin
J'en ferai mon affaire, et prendrai tout le soin.

LYSANDER.

Je n'attendois, seigneur, qu'un mot si favorable
Pour finir envers vous mes importunités;
Et je ne craindrai plus qu'aucun malheur m'accable,
    Puisque vous avez ces bontés.
Aglatide sur-tout aura l'ame ravie
    De perdre un époux à ce prix;
Et moi, pour me venger de vos plus durs mépris,
Je veux tout de nouveau vous consacrer ma vie.

SCÈNE II.

AGÉSILAS, XÉNOCLÈS.

AGÉSILAS.

D'un peu d'amour que j'eus Aglatide a parlé;
Son père qui l'a su dans son ame s'en flatte;
Et sur ce vain espoir il part tout consolé
Du refus que j'en fais aux vœux de Spitridate.
Tu l'as vu, Xénoclès, tout d'un coup s'adoucir.

XÉNOCLÈS.

Oui : mais enfin, seigneur, il est temps de le dire,
Tout soumis qu'il paroît, apprenez qu'il conspire,
Et par où sa vengeance espère y réussir.
Ce confident choisi, Cléon d'Halicarnasse,
   Dont l'éloquence a tant d'éclat,
Lui vend une harangue à renverser l'état,
Et le mettre bientôt lui-même en votre place.
En voici la copie, et je la viens d'avoir
D'un des siens sur qui l'or me donne tout pouvoir,
De l'esclave Damis, qui sert de secrétaire
   A cet orateur mercenaire,
   Et plus mercenaire que lui,
Pour être mieux payé vous la livre aujourd'hui.
On y soutient, seigneur, que notre république
Va bientôt voir ses rois devenir ses tyrans,
A moins que d'en choisir de trois ans en trois ans,
   Et non plus suivant l'ordre antique
   Qui règle ce choix par le sang;
Mais qu'indifféremment elle doit à ce rang
Élever le mérite et les rares services.
   J'ignore quels sont les complices :
Mais il pourra d'Éphèse écrire à ses amis;
Et soudain le paquet entre vos mains remis
   Vous instruira de toutes choses.
   Cependant j'ai fait mon devoir.
Vous voyez le dessein, vous en savez les causes,
Votre perte en dépend; c'est à vous d'y pourvoir.

AGÉSILAS.

A te dire le vrai, l'affaire m'embarrasse;

ACTE III, SCÈNE II.

J'ai peine à démêler ce qu'il faut que je fasse,
Tant la confusion de mes raisonnements
    Étonne mes ressentiments.
Lysander m'a servi; j'aurois une ame ingrate
Si je méconnoissois ce que je tiens de lui;
Il a servi l'état, et, si son crime éclate,
    Il y trouvera de l'appui.
    Je sens que ma reconnoissance
Ne cherche qu'un moyen de le mettre à couvert :
Mais enfin il y va de toute ma puissance;
    Si je ne le perds, il me perd.
Ce que veut l'intérêt, la prudence ne l'ose;
Tu peux juger par là du désordre où je suis.
Je vois qu'il faut le perdre; et plus je m'y dispose,
    Plus je doute si je le puis.
    Sparte est un état populaire
Qui ne donne à ses rois qu'un pouvoir limité;
    On peut y tout dire et tout faire
    Sous ce grand nom de liberté.
Si je suis souverain en tête d'une armée,
    Je n'ai que ma voix au sénat;
Il y faut rendre compte; et tant de renommée
Y peut avoir déjà quelque ligue formée
    Pour autoriser l'attentat.
Ce prétexte flatteur de la cause publique,
Dont il le couvrira, si je le mets au jour,
Tournera bien des yeux vers cette politique
Qui met chacun en droit de régner à son tour.
Cet espoir y pourra toucher plus d'un courage;
Et, quand sur Lysander j'aurai fait choir l'orage,

Mille autres, comme lui jaloux ou mécontents,
Se promettront plus d'heur à mieux choisir leur temps.
Ainsi de toutes parts le péril m'environne.
Si je veux le punir j'expose ma couronne;
Et si je lui fais grace, ou veux dissimuler,
Je dois craindre....

XÉNOCLÈS.
Cotys, seigneur, vous veut parler.

AGÉSILAS.
Voyons quelle est sa flamme, avant que de résoudre
S'il nous faudra lancer ou retenir la foudre.

SCÈNE III.

COTYS, AGÉSILAS, XÉNOCLÈS.

AGÉSILAS.
Si vous n'êtes, seigneur, plus mon ami qu'amant,
Vous me voudrez du mal avec quelque justice;
Mais vous m'êtes trop cher pour souffrir aisément
Que vous vous attachiez au père d'Elpinice :
Non qu'entre un si grand homme et moi
Ce qu'on voit de froideur prépare aucune haine;
Mais c'est assez pour voir cet hymen avec peine
Qu'un sujet déplaise à son roi.
D'ailleurs, je n'ai pas cru votre ame fort éprise :
Sans l'avoir jamais vue, elle vous fut promise;
Et la foi qui ne tient qu'à la raison d'état
Souvent n'est qu'un devoir qui géne, tyrannise,
Et fait sur tout le cœur un secret attentat.

ACTE III, SCÈNE III. 435

COTYS.

Seigneur, la personne est aimable :
Je promis de l'aimer avant que de la voir,
Et sentis à sa vue un accord agréable
 Entre mon cœur et mon devoir.
La froideur toutefois que vous montrez au père
M'en donne un peu pour elle, et me la rend moins chère :
 Non que j'ose après vos refus
Vous assurer encor que je ne l'aime plus :
Comme avec ma parole il nous falloit la vôtre,
Vous dégagez ma foi, mon devoir, mon honneur;
Mais, si vous en voulez dégager tout mon cœur,
 Il faut l'engager à quelque autre.

AGÉSILAS.

Choisissez, choisissez, et s'il est quelque objet
 A Sparte, ou dans toute la Grèce,
Qui puisse de ce cœur mériter la tendresse,
 Tenez-vous sûr d'un prompt effet.
En est-il qui vous touche, en est-il qui vous plaise ?

COTYS.

Il en est, oui, seigneur, il en est dans Éphèse;
Et pour faire en ce cœur naître un nouvel amour,
Il ne faut point aller plus loin que votre cour;
L'éclat et les vertus de l'illustre Mandane....

AGÉSILAS.

Que dites-vous, seigneur? et quel est ce desir?
Quand par toute la Grèce on vous donne à choisir.
 Vous choisissez une Persane!
Pensez-y bien, de grace, et ne nous forcez pas,
 Nous qui vous aimons, à connoître

Que, pressé d'un amour qui ne vient pas de naître,
Vous ne venez à moi que pour suivre ses pas.

COTYS.

Mon amour en ces lieux ne cherchoit qu'Elpinice ;
Mes yeux ont rencontré Mandane par hasard ;
Et quand ce même amour de vos froideurs complice
S'est voulu pour vous plaire attacher autre part,
Les siens ont attiré toute la déférence
Que j'ai cru devoir rendre à votre aversion ;
Et je l'ai regardée, après votre alliance,
  Bien moins Persane de naissance
  Que Grecque par adoption.

AGÉSILAS.

Ce sont subtilités que l'amour vous suggère,
Dont nous voyons pour nous les succès incertains.
Ne pourriez-vous, seigneur, d'une amitié si chère
Mettre le grand dépôt en de plus sûres mains ?
Pausanias et moi nous avons des parentes ;
Et jamais un vrai roi ne fait un digne choix
  S'il ne s'allie au sang des rois.

COTYS.

Quand on aime on se fait des règles différentes.
Spitridate a du nom et de la qualité ;
Sans trône, il a d'un roi le pouvoir en partage :
Votre Grèce en reçoit un pareil avantage ;
Et le sang n'y met pas tant d'inégalité,
  Que l'amour où sa sœur m'engage
  Ravale fort ma dignité.
Se peut-il qu'en l'aimant ma gloire se hasarde
  Après l'exemple d'un grand roi,

ACTE III, SCÈNE III.

Qui, tout grand roi qu'il est, l'estime et la regarde
 Avec les mêmes yeux que moi?
Si ce bruit n'est point faux mon mal est sans reméde;
Car enfin c'est un roi dont il me faut l'appui.
 Adieu, seigneur : je la lui céde,
 Mais je ne la céde qu'à lui.

SCÈNE IV.

AGÉSILAS, XÉNOCLÈS.

AGÉSILAS.

D'où sait-il, Xénoclès, d'où sait-il que je l'aime?
Je ne l'ai dit qu'à toi; m'aurois-tu découvert?

XÉNOCLÈS.

Si j'ose vous parler, seigneur, à cœur ouvert,
 Il ne le sait que de vous-même.
L'éclat de ces faveurs dont vous enveloppez
De votre faux secret le chatouilleux mystère,
Dit si haut, malgré vous, ce que vous pensez taire,
Que vous êtes ici le seul que vous trompez :
De si brillants dehors font un grand jour dans l'ame;
Et, quelque illusion qui puisse vous flatter,
 Plus ils déguisent votre flamme,
Plus au travers du voile ils la font éclater.

AGÉSILAS.

Quoi! la civilité, l'accueil, la déférence,
Ce que pour le beau sexe on a de complaisance,
Ce qu'on lui rend d'honneur, tout passe pour amour?

XÉNOCLÈS.

Il est bien malaisé qu'aux yeux de votre cour
    Il passe pour indifférence ;
Et c'est l'en avouer assez ouvertement
Que refuser Mandane aux vœux d'un autre amant.
Mais qu'importe, après tout? Si du plus grand courage
Le vrai mérite a droit d'attendre un plein hommage,
    Seroit-il honteux de l'aimer?

AGÉSILAS.

Non, et même avec gloire on s'en laisse charmer ;
Mais un roi, que son trône à d'autres soins engage,
    Doit n'aimer qu'autant qu'il lui plait,
Et que de sa grandeur y consent l'intérêt.
    Vois donc si ma peine est légère :
Sparte ne permet point aux fils d'une étrangère
    De porter son sceptre en leur main ;
Cependant à mes yeux Mandane a su trop plaire ;
Je veux cacher ma flamme, et je le veux en vain.
Empêcher son hymen, c'est lui faire injustice ;
    L'épouser, c'est blesser nos lois ;
Et même il n'est pas sûr que j'emporte son choix :
La donner à Cotys, c'est me faire un supplice ;
M'opposer à ses vœux, c'est le joindre au parti
Que déjà contre moi Lysander a pu faire ;
Et s'il a le bonheur de ne lui pas déplaire,
J'en recevrai peut-être un honteux démenti.
Que ma confusion, que mon trouble est extrême !
    Je me défends d'aimer, et j'aime ;
Et je sens tout mon cœur balancé nuit et jour
      Entre l'orgueil du diadème

ACTE III, SCÈNE IV.

Et les doux espoirs de l'amour.
En qualité de roi, j'ai pour ma gloire à craindre;
En qualité d'amant, je vois mon sort à plaindre :
Mon trône avec mes vœux ne souffre aucun accord;
Et ce que je me dois me reproche sans cesse
    Que je ne suis pas assez fort
    Pour triompher de ma foiblesse.

XÉNOCLÈS.

Toutefois il est temps ou de vous déclarer,
Ou de céder l'objet qui vous fait soupirer.

AGÉSILAS.

Le plus sûr, Xénoclès, n'est pas le plus facile.
Cherche-moi Spitridate, et l'améne en ce lieu;
Et nous verrons après s'il n'est point de milieu
    Entre le charmant et l'utile.

FIN DU TROISIÈME ACTE.

ACTE QUATRIÈME.

SCÈNE I.

SPITRIDATE, ELPINICE.

SPITRIDATE.

Agésilas me mande; il est temps d'éclater.
Que me permettez-vous, madame, de lui dire?
M'en désavouerez-vous, si j'ose me vanter
    Que c'est pour vous que je soupire,
Que je crois mes soupirs assez bien écoutés
Pour vous fermer le cœur et l'oreille à tous autres,
Et que dans vos regards je vois quelques bontés
    Qui semblent m'assurer des vôtres?

ELPINICE.

Que serviroit, seigneur, de vous y hasarder?
Suis-je moins que ma sœur fille de Lysander?
Et la raison d'état qui rompt votre hyménée
Regarde-t-elle plus la jeune que l'aînée?
S'il n'eût point à Cotys refusé votre sœur,
J'eusse osé présumer qu'il eût aimé la mienne;
Et m'auroit dit moi-même, avec quelque douceur:
« Il se l'est réservée, et veut bien qu'on m'obtienne. »
Mais il aime Mandane; et ce prince, jaloux

De ce que peut ici le grand nom de mon père,
N'a pour lui qu'une haine obstinée et sévère
Qui ne lui peut souffrir de gendres tels que vous.
SPITRIDATE.
Puisqu'il aime ma sœur, cet amour est un gage
  Qui me répond de son suffrage :
Ses desirs prendront loi de mes propres desirs ;
  Et son feu pour les satisfaire
  N'a pas moins besoin de me plaire
Que j'en ai de lui voir approuver mes soupirs.
Madame, on est bien fort quand on parle soi-même,
  Et qu'on peut dire au souverain :
« J'aime et je suis aimé ; vous aimez comme j'aime,
« Achevez mon bonheur, j'ai le vôtre en ma main. »
ELPINICE.
Vous ne songez qu'à vous, et, dans votre ame éprise,
Vos vœux se tiennent sûrs d'un prompt et plein effet.
Mais que fera Cotys, à qui je suis promise ?
Me rendra-t-il ma foi s'il n'est point satisfait ?
SPITRIDATE.
La perte de ma sœur lui servira de guide
A tourner ses desirs du côté d'Aglatide.
D'ailleurs que pourra-t-il, si contre Agésilas
Ce grand homme, ni moi, nous ne le servons pas ?
ELPINICE.
  Il a parole de mon père
Que vous n'obtiendrez rien à moins qu'il soit content ;
Et mon père n'est pas un esprit inconstant
Qui donne une parole incertaine et légère.
Je vous le dis encor, seigneur, pensez-y bien :

Cotys aura Mandane, ou vous n'obtiendrez rien.
SPITRIDATE.
Dites, dites un mot, et ma flamme enhardie....
ELPINICE.
 Que voulez-vous que je vous die?
Je suis sujette et fille, et j'ai promis ma foi;
Je dépends d'un amant, et d'un père, et d'un roi.
SPITRIDATE.
N'importe, ce grand mot produiroit des miracles.
Un amant avoué renverse tous obstacles;
Tout lui devient possible, il fléchit les parents,
Triomphe des rivaux, et brave les tyrans.
Dites donc, m'aimez-vous?
ELPINICE.
    Que ma sœur est heureuse!
SPITRIDATE.
Quand mon amour pour vous la laisse sans amant,
 Son destin est-il si charmant
 Que vous en soyez envieuse?
ELPINICE.
Elle est indifférente, et ne s'attache à rien.
SPITRIDATE.
Et vous?
ELPINICE.
 Que n'ai-je un cœur qui soit comme le sien!
SPITRIDATE.
 Le vôtre est-il moins insensible?
ELPINICE.
S'il ne tenoit qu'à lui que tout vous fût possible,
Le devoir et l'amour....

SPITRIDATE.
Ah ! madame, achevez :
Le devoir et l'amour, que vous feroient-ils faire ?
ELPINICE.
Voyez le roi, voyez Cotys, voyez mon père ;
Fléchissez, triomphez, bravez,
Seigneur ; mais laissez-moi me taire.

SCÈNE II.

MANDANE, ELPINICE, SPITRIDATE.

SPITRIDATE, *à Mandane.*
Venez, ma sœur, venez aider mes tristes feux
A combattre un injuste et rigoureux silence.
ELPINICE.
Hélas ! il est si bien de leur intelligence,
Qu'il vous dit plus que je ne veux.
J'en dois rougir. Adieu. Voyez avec madame
Le moyen le plus propre à servir votre flamme.
Des trois dont je dépends elle peut tout sur deux :
L'un hautement l'adore, et l'autre au fond de l'ame ;
Et son destin lui-même, ainsi que notre sort,
Dépend de les mettre d'accord.

SCÈNE III.

SPITRIDATE, MANDANE.

SPITRIDATE.

Il est temps de résoudre avec quel artifice
    Vous pourrez en venir à bout,
Vous, ma sœur, qui tantôt me répondiez de tout
    Si j'avois le cœur d'Elpinice.
Il est à moi ce cœur, son silence le dit,
Son adieu le fait voir, sa fuite le proteste;
    Et si je n'obtiens pas le reste,
Vous manquez de parole, ou du moins de crédit.

MANDANE.

Si le don de ma main vous peut donner la sienne,
Je vous sacrifierai tout ce que j'ai promis;
Mais vous, répondez-vous que ce don vous l'obtienne,
Et qu'il mette d'accord de si fiers ennemis?
Le roi qui vous refuse à Lysander pour gendre
Y consentira-t-il si vous m'offrez à lui?
Et, s'il peut à ce prix le permettre aujourd'hui,
    Lysander voudra-t-il se rendre?
Lui qui ne vous remet votre première foi
Qu'en faveur de l'amour que Cotys fait paroître,
    Ne vous fait-il pas cette loi
Que sans le rendre heureux vous ne le sauriez être?

SPITRIDATE.

Cotys de cet espoir ose en vain se flatter;

ACTE IV, SCÈNE III.

L'amour d'Agésilas à son amour s'oppose.
MANDANE.
Et si vous ne pensez à le mieux écouter,
Lysander d'Elpinice en sa faveur dispose.
SPITRIDATE.
Ne me cachez rien, vous l'aimez.
MANDANE.
Comme vous aimez Elpinice.
SPITRIDATE.
Mais vous m'avez promis un entier sacrifice.
MANDANE.
Oui, s'il peut être utile aux vœux que vous formez.
SPITRIDATE.
Que ne peut point un roi !
MANDANE.
Quels droits n'a point un père !
SPITRIDATE.
Inexorable sœur !
MANDANE.
Impitoyable frère,
Qui voulez que j'éteigne un feu digne de moi,
Et ne sauriez-vous faire une pareille loi !
SPITRIDATE.
Hélas ! considérez....
MANDANE.
Considérez vous-même....
SPITRIDATE.
Que j'aime, et que je suis aimé.
MANDANE.
Que je suis aimée, et que j'aime.

AGÉSILAS.

SPITRIDATE.

N'égalez point au mien un feu mal allumé.
Le sexe vous apprend à régner sur vos ames.

MANDANE.

Dites qu'il nous apprend à renfermer nos flammes.
Dites que votre ardeur à force d'éclater,
S'exhale, se dissipe, ou du moins s'exténue,
Quand la nôtre grossit sous cette retenue
Dont le joug odieux ne sert qu'à l'irriter.
Je vous parle, seigneur, avec une ame ouverte;
Et si je vous voyois capable de raison,
Si quand l'amour domine elle étoit de saison....

SPITRIDATE.

Ah! si quelque lumière enfin vous est offerte,
Expliquez-vous, de grace, et pour le commun bien
    Vous ni moi ne négligeons rien.

MANDANE.

Notre amour à tous deux ne rencontre qu'obstacles
    Presque impossibles à forcer;
Et si pour nous le ciel n'est prodigue en miracles,
Nous espérons en vain nous en débarrasser.
Tirons-nous une fois de cette servitude
    Qui nous fait un destin si rude.
Bravons Agésilas, Cotys, et Lysander.
Qu'ils s'accordent sans nous s'ils peuvent s'accorder.
Dirai-je tout? cessons d'aimer et de prétendre,
    Et nous cesserons d'en dépendre.

SPITRIDATE.

N'aimer plus! Ah! ma sœur!

ACTE IV, SCÈNE III.

MANDANE.

      J'en soupire à mon tour;
Mais un grand cœur doit être au-dessus de l'amour.
Quel qu'en soit le pouvoir, quelle qu'en soit l'atteinte,
  Deux ou trois soupirs étouffés,
Un moment de murmure, une heure de contrainte,
Un orgueil noble et ferme, et vous en triomphez.
N'avons-nous secoué le joug de notre prince
Que pour choisir des fers dans une autre province?
Ne cherchons-nous ici que d'illustres tyrans
  Dont les chaînes plus glorieuses
Soumettent nos destins aux obscurs différents
  De leurs haines mystérieuses?
Ne cherchons-nous ici que les occasions
De fournir de matière à leurs divisions,
Et de nous imposer un plus rude esclavage
Par la nécessité d'obtenir leur suffrage?
Puisque nous y cherchons tous deux la liberté,
Tâchons de la goûter, seigneur, en sûreté.
Réduisons nos souhaits à la cause publique;
  N'aimons plus que par politique;
Et, dans la conjoncture où le ciel nous a mis,
Faisons des protecteurs, sans faire d'ennemis.
A quel propos aimer, quand ce n'est que déplaire
  A qui nous peut nuire ou servir?
S'il nous en faut l'appui, pourquoi nous le ravir?
Pourquoi nous attirer sa haine et sa colère?

SPITRIDATE.

Oui, ma sœur, et j'en suis d'accord;

Agésilas, ici maître de notre sort,
Peut nous abandonner à la Perse irritée,
Et nous laisser rentrer, malgré tout notre effort,
Sous la captivité que nous avons quittée.
Cotys ni Lysander ne nous soutiendront pas
S'il faut que sa colère à nous perdre s'applique.
Aimez, aimez-le donc, du moins par politique,
  Ce redoutable Agésilas.

MANDANE.

  Voulez-vous que je le prévienne,
  Et qu'en dépit de la pudeur
D'un amour commandé l'obéissante ardeur
Ose faire éclater ma flamme avant la sienne?
On dit que je lui plais, qu'il soupire en secret,
Qu'il retient, qu'il combat ses desirs à regret;
Et cette vanité qui nous est naturelle
Veut croire ainsi que vous qu'on en juge assez bien :
Mais enfin c'est un feu sans aucune étincelle.
Je crois ce qu'on en dit, et n'en sais encor rien.
S'il m'aime, un tel silence est la marque certaine
  Qu'il craint Sparte et ses dures lois;
Qu'il voit qu'en m'épousant, s'il peut m'y faire reine,
  Il ne peut lui donner de rois;
Que sa gloire....

SPITRIDATE.

   Ma sœur, l'amour vaincra sans doute;
Ce héros est à vous, quelques lois qu'il redoute;
Et, si par la prière il ne les peut fléchir,
Ses victoires auront de quoi l'en affranchir.
Ces lois, ces mêmes lois s'imposeront silence

ACTE IV, SCÈNE III.

A l'aspect de tant de vertus ;
Ou Sparte l'avouera d'un peu de violence,
Après tant d'ennemis à ses pieds abattus.

MANDANE.

C'est vous flatter beaucoup en faveur d'Elpinice,
Que ce prince après tout ne vous peut accorder
Sans une éclatante injustice,
A moins que vous ayez l'aveu de Lysander.
Dailleurs, en exiger un hymen qui le gêne,
Et lui faire des lois au milieu de sa cour,
N'est-ce point hautement lui demander sa haine,
Quand vous lui promettez l'objet de son amour ?

SPITRIDATE.

Si vous saviez, ma sœur, aimer autant que j'aime....

MANDANE.

Si vous saviez, mon frère, aimer comme je fais,
Vous sauriez ce que c'est que s'immoler soi-même,
Et faire violence à de si doux souhaits.
Je vous en parle en vain. Allez, frère barbare,
Voir à quoi Lysander se résoudra pour vous ;
Et si d'Agésilas la flamme se déclare,
J'en mourrai, mais je m'y résous.

SCÈNE IV.

SPITRIDATE, MANDANE, AGLATIDE.

AGLATIDE.

Vous me quittez, seigneur, mais vous croyez-vous quitte,
Et que ce soit assez que de me rendre à moi ?

SPITRIDATE.

Après tant de froideurs pour mon peu de mérite,
Est-ce vous mal servir que reprendre ma foi?

AGLATIDE.

Non; mais le pouvez-vous à moins que je la rende?
Et si je vous la rends, savez-vous à quel prix?

SPITRIDATE.

Je ne crois pas pour vous cette perte si grande,
Que vous en souhaitiez d'autres que vos mépris.

AGLATIDE.

Moi, des mépris pour vous!

SPITRIDATE.

C'est ainsi que j'appelle
Un feu si bien promis, et si mal allumé.

AGLATIDE.

Si je ne vous aimois, je vous aurois aimé;
Mon devoir m'en étoit un garant trop fidèle.

SPITRIDATE.

Il ne vous répondoit que d'agir un peu tard,
Et laissoit beaucoup au hasard.
Votre ordre cependant vers une autre me chasse,
Et vous avez quitté la place à votre sœur.

AGLATIDE.

Si je vous ai donné de quoi remplir la place,
Ne me devez-vous point de quoi remplir mon cœur?

SPITRIDATE.

J'en suis au désespoir; mais je n'ai point de frère
Que je puisse à mon tour vous prier d'accepter.

AGLATIDE.

Si vous n'en avez point par qui me satisfaire,

ACTE IV, SCÈNE IV.

Vous avez une sœur qui vous peut acquitter :
Elle a trop d'un amant; et si sa flamme heureuse
Me renvoyoit celui dont elle ne veut plus,
　　Je ne suis point d'humeur fâcheuse,
Et m'accommoderois bientôt de ses refus.

SPITRIDATE.

　　De tout mon cœur je l'en conjure :
Envoyez-lui Cotys, ou même Agésilas,
Ma sœur, et prenez soin d'apaiser ce murmure
Qui cherche à m'imputer des sentiments ingrats.
Je vous laisse entre vous faire ce grand partage,
Et vais chez Lysander voir quel sera le mien.
Madame, vous voyez, je ne puis davantage ;
Et qui fait ce qu'il peut n'est plus garant de rien.

SCÈNE V.

AGLATIDE, MANDANE.

AGLATIDE.

Vous pourrez-vous résoudre à payer pour ce frère,
Madame, et de deux rois daignant en choisir un,
Me donner en sa place, ou le plus importun,
　　Ou le moins digne de vous plaire ?

MANDANE.

Hélas !

AGLATIDE.

　　Je n'entends pas des mieux
Comme il faut qu'un hélas s'explique ;
Et lorsqu'on se retranche au langage des yeux,

AGÉSILAS.

Je suis muette à la réplique.

MANDANE.

Pourquoi mieux expliquer quel est mon déplaisir ?
Il ne se fait que trop entendre.

AGLATIDE.

Si j'avois comme vous de deux rois à choisir,
Mes déplaisirs auroient peu de chose à prétendre.
Parlez donc, et de bonne foi ;
Acquittez par ce choix Spitridate envers moi.
Ils sont tous deux à vous.

MANDANE.

Je n'y suis pas moi-même.

AGLATIDE.

Qui des deux est l'aimé ?

MANDANE.

Q'importe lequel j'aime,
Si le plus digne amour, de quoi qu'il soit d'accord,
Ne peut décider de mon sort ?

AGLATIDE.

Ainsi je dois perdre espérance
D'obtenir de vous aucun d'eux ?

MANDANE.

Donnez-moi votre indifférence,
Et je vous les donne tous deux.

AGLATIDE.

C'en seroit un peu trop : leur mérite est si rare,
Qu'il en faut être plus avare.

MANDANE.

Il est grand, mais bien moins que la félicité
De votre insensibilité.

AGLATIDE.

Ne me prenez point tant pour une ame insensible :
Je l'ai tendre, et qui souffre aisément de beaux feux ;
Mais je sais ne vouloir que ce qui m'est possible,
  Quand je ne puis ce que je veux.

MANDANE.

Laissez donc faire au ciel, au temps, à la fortune,
  Ne veuillez que ce qu'ils voudront ;
Et sans prendre d'attache, ou d'idée importune,
Attendez en repos les cœurs qui se rendront.

AGLATIDE.

Il m'en pourroit coûter mes plus belles années
Avant qu'ainsi deux rois en devinssent le prix ;
Et j'aime mieux borner mes bonnes destinées
  Au plus digne de vos mépris.

MANDANE.

Donnez-moi donc, madame, un cœur comme le vôtre,
Et je vous les redonne une seconde fois ;
  Ou, si c'est trop de l'un et l'autre,
Laissez-m'en le rebut, et prenez-en le choix.

AGLATIDE.

Si vous leur ordonniez à tous deux de m'en croire,
Et que l'obéissance eût pour eux quelque appas,
Peut-être que mon choix satisferoit ma gloire,
Et qu'enfin mon rebut ne vous déplairoit pas.

MANDANE.

Qui peut vous assurer de cette obéissance ?
Les rois même en amour savent mal obéir ;
Et les plus enflammés s'efforcent de haïr
Sitôt qu'on prend sur eux un peu trop de puissance.

AGLATIDE.

Je vois bien ce que c'est, vous voulez tout garder.
Il est honteux de rendre une de vos conquêtes ;
Et quoi qu'au plus heureux le cœur veuille accorder,
L'œil règne avec plaisir sur deux si grandes têtes.
Mais craignez que je n'use aussi de tous mes droits.
Peut-être en ai-je encor de garder quelque empire
  Sur l'un et l'autre de ces rois,
Bien qu'à l'envi pour vous l'un et l'autre soupire ;
Et si j'en laisse faire à mon esprit jaloux,
Quoique la jalousie assez peu m'inquiète,
Je ne sais s'ils pourront l'un ni l'autre pour vous
  Tout ce que votre cœur souhaite.

SCÈNE VI.

COTYS, MANDANE, AGLATIDE.

AGLATIDE, *à Cotys.*

Seigneur, vous le savez, ma sœur a votre foi,
  Et ne vous la rend que pour moi.
  Usez-en comme bon vous semble ;
  Mais sachez que je me promets
  De ne vous la rendre jamais,
  A moins d'un roi qui vous ressemble.

SCÈNE VII.

COTYS, MANDANE.

MANDANE.

L'étrange contre-temps que prend sa belle humeur!
    Et la froide galanterie
D'affecter par bravade à tourner son malheur
    En importune raillerie!
Son cœur l'en désavoue; et murmurant tout bas....

COTYS.

Que cette belle humeur soit véritable ou feinte,
Tout ce qu'elle en prétend ne m'alarmeroit pas,
    Si le pouvoir d'Agésilas
Ne me portoit dans l'ame une plus juste crainte.
Pourrez-vous l'aimer?

MANDANE.
    Non.

COTYS.
            Pourrez-vous l'épouser?

MANDANE.

Vous-même, dites-moi, puis-je m'en excuser?
Et quel bras, quel secours appeler à mon aide,
Lorsqu'un frère me donne, et qu'un amant me cède?

COTYS.

N'imputez point à crime une civilité
Qu'ici de général vouloit l'autorité.

MANDANE.

Souffrez-moi donc, seigneur, la même déférence

Qu'ici de nos destins demande l'assurance.

COTYS.

Vous céder par dépit et d'un ton menaçant,
Faire voir qu'on pénétre au cœur du plus puissant,
Qu'on sait de ses refus la plus secréte cause,
Ce n'est pas tant céder l'objet de son amour,
Que presser un rival de paroître en plein jour,
Et montrer qu'à ses vœux hautement on s'oppose.

MANDANE.

Que sert de s'opposer aux vœux d'un tel rival,
 Qui n'a qu'à nous protéger mal
 Pour nous livrer à notre perte?
Seroit-il d'un grand cœur de chercher à périr,
 Quand il voit une porte ouverte
A régner avec gloire aux dépens d'un soupir?

COTYS.

Ah! le change vous plaît.

MANDANE.

    Non, seigneur, je vous aime;
Mais je dois à mon frère, à ma gloire, à vous-même.
D'un rival si puissant si nous perdons l'appui,
Pourrons-nous du Persan nous défendre sans lui?
L'espoir d'un renouement de la vieille alliance
Flatte en vain votre amour et vos nouveaux desseins.
Si vous ne remettez sa proie entre ses mains,
Oserez-vous y prendre aucune confiance?
 Quant à mon frère et moi, si les dieux irrités
Nous font jamais rentrer dessous sa tyrannie,
Comme il nous traitera d'esclaves révoltés,
Le supplice l'attend, et moi l'ignominie.

C'est ce que je saurai prévenir par ma mort :
Mais jusque-là, seigneur, permettez-moi de vivre,
Et que par un illustre et rigoureux effort,
Acceptant les malheurs où mon destin me livre,
Un sacrifice entier de mes vœux les plus doux
Fasse la sûreté de mon frère et de vous.

COTYS.

Cette sûreté malheureuse
A qui vous immolez votre amour et le mien
Peut-elle être si précieuse
Qu'il faille l'acheter de mon unique bien ?
Et faut-il que l'amour garde tant de mesures
Avec des intérêts qui lui font tant d'injures ?
Laissez, laissez périr ce déplorable roi,
A qui ces intérêts dérobent votre foi.
Que sert que vous l'aimiez ? et que fait votre flamme
Qu'augmenter son ardeur pour croître ses malheurs,
Si malgré le don de votre ame
Votre raison vous livre ailleurs ?
Armez-vous de dédains; rendez, s'il est possible,
Votre perte pour lui moins grande ou moins sensible;
Et, par pitié d'un cœur trop ardemment épris,
Éteignez-en la flamme à force de mépris.

MANDANE.

L'éteindre ! Ah ! se peut-il que vous m'ayez aimée ?

COTYS.

Jamais si digne flamme en un cœur allumée....

MANDANE.

Non, non; vous m'en feriez des serments superflus.
Vouloir ne plus aimer, c'est déja n'aimer plus;

Et qui peut n'aimer plus ne fut jamais capable
. D'une passion véritable.

COTYS.

L'amour au désespoir peut-il encor charmer?

MANDANE.

L'amour au désespoir fait gloire encor d'aimer;
Il en fait de souffrir, et souffre avec constance,
Voyant l'objet aimé partager sa souffrance;
Il regarde ses maux comme un doux souvenir
De l'union des cœurs qui ne sauroit finir;
Et comme n'aimer plus quand l'espoir abandonne,
C'est aimer ses plaisirs et non pas la personne,
Il fuit cette bassesse, et s'affermit si bien,
Que toute sa douleur ne se reproche rien.

COTYS.

Quel indigne tourment, quel injuste supplice
Succède au doux espoir qui m'osoit tout offrir!

MANDANE.

Et moi, seigneur, et moi, n'ai-je rien à souffrir?
Ou m'y condamne-t-on avec plus de justice?
Si vous perdez l'objet de votre passion,
Épousez-vous celui de votre aversion?
Attache-t-on vos jours à d'aussi rudes chaînes?
Et souffrez-vous enfin la moitié de mes peines?
Cependant mon amour aura tout son éclat
En dépit du supplice où je suis condamnée;
Et si notre tyran par maxime d'état
    Ne s'interdit mon hyménée,
Je veux qu'il ait la joie, en recevant ma main,
D'entendre que du cœur vous êtes souverain,

Et que les déplaisirs dont ma flamme est suivie
  Ne cesseront qu'avec ma vie.
Allez, seigneur, défendre aux vôtres de durer ;
  Ennuyez-vous de soupirer,
Craignez de trop souffrir, et trouvez en vous-même
L'art de ne plus aimer dès qu'on perd ce qu'on aime.
Je souffrirai pour vous, et ce nouveau malheur,
  De tous mes maux le plus funeste,
D'un trait assez perçant armera ma douleur
Pour trancher de mes jours le déplorable reste.

COTYS.
Que dites-vous, madame ? et par quel sentiment....

SCÈNE VIII.

COTYS, MANDANE, CLÉON.

CLÉON.
Spitridate, seigneur, et Lysander vous prient
De vouloir avec eux conférer un moment.

MANDANE.
Allez, seigneur, allez, puisqu'ils vous en convient.
Aimez, cédez, souffrez, et voyez si les dieux
Voudront vous inspirer quelque chose de mieux.

FIN DU QUATRIÈME ACTE.

ACTE CINQUIÈME.

SCÈNE I.

AGÉSILAS, XÉNOCLÈS.

XÉNOCLÈS.
Je remets en vos mains et l'une et l'autre lettre
Que l'esclave Damis aux miennes vient de mettre.
Vous y verrez, seigneur, quels sont les attentats....
(Il lui donne deux lettres, dont il lit l'inscription.)
AGÉSILAS.
Au sénateur Cratès, a l'éphore Arsidas.
Spitridate et Cotys sont de l'intelligence?
XÉNOCLÈS.
Non; il s'est caché d'eux en cette conférence;
Il a plaint leur malheur et de tout son pouvoir;
Mais sa prudence enfin tous deux vous les renvoie,
 Sans leur donner aucun espoir
D'obtenir que de vous ce qui feroit leur joie.
AGÉSILAS.
Par cette déférence il croit les mieux aigrir;
Et rejetant sur moi ce qu'ils ont à souffrir....
XÉNOCLÈS.
 Vous avez mandé Spitridate,

Il entre ici.

AGÉSILAS.
Gardons qu'à ses yeux rien n'éclate.

SCÈNE II.

AGÉSILAS, SPITRIDATE, XÉNOCLÈS.

AGÉSILAS.
Aglatide, seigneur, a-t-elle encor vos vœux?
SPITRIDATE.
Non, seigneur : mais enfin ils ne vont pas loin d'elle;
Et sa sœur a fait naître une flamme nouvelle
En la place des premiers feux.
AGÉSILAS.
Elpinice?
SPITRIDATE.
Elle-même.
AGÉSILAS.
Ainsi toujours pour gendre
Vous vous donnez à Lysander?
SPITRIDATE.
Seigneur, contre l'amour peut-on bien se défendre?
A peine attaque-t-il qu'on brûle de se rendre.
Le plus ferme courage est ravi de céder;
Et j'ai trouvé ma foi plus facile à reprendre
Que mon cœur à redemander.
AGÉSILAS.
Si vous considériez....

SPITRIDATE.
Seigneur, que considère
Un cœur d'un vrai mérite heureusement charmé?
L'amour n'est plus amour sitôt qu'il délibère;
Et vous le sauriez trop si vous aviez aimé.
AGÉSILAS.
Seigneur, j'aimois à Sparte, et j'aime dans Éphèse.
L'un et l'autre objet est charmant;
Mais bien que l'un m'ait plu, bien que l'autre me plaise,
Ma raison m'en a su défendre également.
SPITRIDATE.
La mienne suivroit mieux un plus commun exemple.
Si vous aimez, seigneur, ne vous refusez rien,
Ou souffrez que je vous contemple
Comme un cœur au-dessus du mien.
Des climats différents la nature est diverse;
La Grèce a des vertus qu'on ne voit point en Perse.
Permettez qu'un Persan n'ose vous imiter,
Que sur votre partage il craigne d'attenter,
Qu'il se contente à moins de gloire,
Et trouve en sa foiblesse un destin assez doux
Pour ne point envier cette haute victoire,
Que vous seul avez droit de remporter sur vous.
AGÉSILAS.
Mais de mon ennemi rechercher l'alliance!
SPITRIDATE.
De votre ennemi!
AGÉSILAS.
Non, Lysander ne l'est pas:
Mais s'il faut vous le dire, il y court à grands pas.

SPITRIDATE.

C'en est assez; je dois me faire violence
Et renonce à plus croire, ou mes yeux, ou mon cœur.
Ne m'ordonnez-vous rien sur l'hymen de ma sœur?
Cotys l'aime.

AGÉSILAS.

Il est roi, je ne suis pas son maître;
Et Mandane ni vous n'êtes pas mes sujets.
L'aime-t-elle?

SPITRIDATE.

Il se peut. Lui ferai-je connoître
Que vous auriez d'autres projets?

AGÉSILAS.

C'est me connoître mal; je ne contrains personne.

SPITRIDATE.

Peut-être qu'elle n'aime encor que sa couronne;
Et je ne sais pas bien où pencheroit son choix
Si le ciel lui donnoit à choisir de deux rois.
Vous l'avez jusqu'ici de tant d'honneur comblée,
De tant de faveurs accablée,
Qu'à vos ordres ses vœux sans peine assujettis....

AGÉSILAS.

L'ingrate!

SPITRIDATE.

Je réponds de sa reconnoissance,
Et qu'elle ne consent à l'espoir de Cotys
Que pour le maintenir dans votre dépendance.
Pourroit-elle, seigneur, davantage pour vous?

AGÉSILAS.

Non: mais qui la pressoit de choisir un époux?

SPITRIDATE.

L'occasion d'un roi, seigneur, est bien pressante.
Les plus dignes objets ne l'ont pas chaque jour;
Elle échappe à la moindre attente
Dont on veut éprouver l'amour.
A moins que de la prendre au moment qu'elle arrive,
On s'expose aux périls de l'accepter trop tard;
Et l'asile est si beau pour une fugitive,
Qu'elle ne peut sans crime en rien mettre au hasard.

AGÉSILAS.

Elle eût peu hasardé peut-être pour attendre.

SPITRIDATE.

Voyoit-elle en ces lieux un plus illustre espoir?

AGÉSILAS.

Comme l'amour n'entend que ce qu'il veut entendre,
Il ne voit que ce qu'il veut voir.
Si je l'ai jusqu'ici de tant d'honneurs comblée,
De tant de faveurs accablée,
Ces faveurs, ces honneurs ne lui disoient-ils rien?
Elle les entendoit trop bien en dépit d'elle:
Mais l'ingrate!... mais la cruelle!...
Seigneur, à votre tour vous m'entendez trop bien.
Qu'elle aille chez Cotys partager sa couronne;
Je n'y mets point d'obstacle, et n'en veux rien savoir.
Soit que l'ambiton, soit que l'amour la donne,
Vous avez tous deux tout pouvoir.
Si pourtant vous m'aimiez....

SPITRIDATE.

Soyez sûr de mon zèle.
Ma parole à Cotys est encore à donner.

ACTE V, SCÈNE II.

Mais si cet hyménée a de quoi vous gêner,
Mandane que deviendra-t-elle?

AGÉSILAS.

Allez encore un coup, allez en d'autres lieux
Épargner par pitié cette gêne à mes yeux;
Sauvez-moi du chagrin de montrer que je l'aime.

SPITRIDATE.

Elle vient recevoir vos ordres elle-même.

SCÈNE III.

AGÉSILAS, SPITRIDATE, MANDANE, XÉNOCLÈS.

AGÉSILAS.

O vue! ô sur mon cœur regards trop absolus!
Que vous allez troubler mes vœux irrésolus!
Ne partez pas, madame. O ciel! j'en vais trop dire.

MANDANE.

Je conçois mal, seigneur, de quoi vous me parlez.
Moi partir?

AGÉSILAS.

Oui, partez, encor que j'en soupire.
Que ce mot ne peut-il suffire!

MANDANE.

Je conçois encor moins pourquoi vous m'exilez.

AGÉSILAS.

J'aime trop à vous voir, et je vous ai trop vue;
C'est, madame, ce qui me tue.
Partez, partez, de grace.

MANDANE.
Où me bannissez-vous?

AGÉSILAS.
Nommez-vous un exil le trône d'un époux?

MANDANE.
Quel trône, et quel époux?

AGÉSILAS.
Cotys....

MANDANE.
Je crois qu'il m'aime;
Mais si je vous regarde ici comme mon roi
Et comme un protecteur que j'ai choisi moi-même,
Puis-je sans votre aveu l'assurer de ma foi?
Après tant de bontés et de marques d'estime,
A vous moins déférer je croirois faire un crime;
Et mon ame....

AGÉSILAS.
Ah! c'est trop déférer, et trop peu.
Quoi! pour cet hyménée exiger mon aveu!

MANDANE.
Jusque-là mon bonheur n'aura qu'incertitude;
Et bien qu'une couronne éblouisse aisément....

SPITRIDATE.
Ma sœur, il faut parler un peu plus clairement.
Le roi s'est plaint à moi de votre ingratitude.

MANDANE.
Et je me plains à lui des inégalités
Qu'il me force de voir lui-même en ses bontés.
Tout ce que pour un autre a voulu ma prière,

ACTE V, SCÈNE III.

Vous me l'avez, seigneur, et sur l'heure accordé;
Et pour mes intérêts ce qu'on a demandé
Prête à de prompts refus une digne matière!

AGÉSILAS.

Si vous vouliez avoir des yeux
Pour voir de ces refus la véritable cause....

SPITRIDATE.

N'est-ce pas assez dire, et faut-il autre chose?
Voyez mieux sa pensée, ou répondez-y mieux.
Ces refus obligeants veulent qu'on les entende;
Ils sont de ses faveurs le comble et la plus grande.
Tout roi qu'est votre amant, perdez-le sans ennui
Lorsqu'on vous en destine un plus puissant que lui.
M'en désavouerez-vous, seigneur?

AGÉSILAS.

Non, Spitridate.
C'est inutilement que ma raison me flatte:
Comme vous j'ai mon foible, et j'avoue à mon tour
Qu'un si triste secours défend mal de l'amour.
Je vois par mon épreuve avec quelle injustice
   Je vous refusois Elpinice:
Je cesse de vous faire une si dure loi.
Allez; elle est à vous, si Mandane est à moi.
Ce que pour Lysander je semble avoir de haine
Fera place aux douceurs de cette double chaîne
   Dont vous serez le nœud commun;
Et cet heureux hymen, accompagné du vôtre,
Vous rendant entre nous garant de l'un vers l'autre,
   Réduira nos trois cœurs en un.

Madame, parlez donc.

SPITRIDATE.

Seigneur, l'obéissance
S'exprime assez par le silence.
Trouvez bon que je puisse apprendre à Lysander
La grace qu'à ma flamme il vous plaît d'accorder.

SCÈNE IV.

AGÉSILAS, MANDANE, XÉNOCLÈS.

AGÉSILAS.

En puis-je pour la mienne espérer une égale,
Madame? ou ne sera-ce en effet qu'obéir?

MANDANE.

Seigneur, je croirois vous trahir
Et n'avoir pas pour vous une ame assez royale,
Si je vous cachois rien des justes sentiments
Que m'inspire le ciel pour deux rois mes amants.

J'ai vu que vous m'aimiez; et sans autre interprète
J'en ai cru vos faveurs qui m'ont si peu coûté;
J'en ai cru vos bontés, et l'assiduité
Qu'apporte à me chercher votre ardeur inquiète.

Ma gloire y vouloit consentir,
Mais ma reconnoissance a pris soin de la vôtre.
Vos feux la hasardoient, et pour les amortir
J'ai réduit mes desirs à pencher vers un autre.

Pour m'épouser, vous le pouvez,
Je ne saurois former de vœux plus élevés;
Mais, avant que juger ma conquête assez haute,

ACTE V, SCÈNE IV.

De l'œil dont il faut voir ce que vous vous devez,
Voyez ce qu'elle donne, ou plutôt ce qu'elle ôte.
   Votre Sparte si haut porte sa royauté,
Que tout sang étranger la souille et la profane;
Jalouse de ce trône où vous êtes monté,
   Y faire seoir une Persane,
C'est pour elle une étrange et dure nouveauté;
Et tout votre pouvoir ne peut m'y donner place
Que vous n'y renonciez pour toute votre race.
Vos éphores peut-être oseront encor plus;
Et si votre sénat avec eux se soulève,
Si, de me voir leur reine indignés et confus,
Ils m'arrachent d'un trône où votre choix m'élève....
Pensez bien à la suite avant que d'achever,
Et si ce sont périls que vous deviez braver.
Vous les voyez si bien que j'ai mauvaise grace
   De vous en faire souvenir;
Mais mon zèle a voulu cette indiscréte audace,
Et moi je n'ai pas cru devoir la retenir.
Que la suite, après tout, vous flatte ou vous traverse,
Ma gloire est sans pareille aux yeux de l'univers
S'il voit qu'une Persane au vainqueur de la Perse
Donne à son tour des lois, et l'arrête en ses fers.
Comme votre intérêt m'est plus considérable,
Je tâche de vous rendre à des destins meilleurs.
Mon amour peut vous perdre, et je m'attache ailleurs
   Pour être pour vous moins aimable.
Voilà ce que devoit un cœur reconnoissant.
   Quant au reste, parlez en maître,
   Vous êtes ici tout-puissant.

AGÉSILAS.

Quand peut-on être ingrat si c'est là reconnoître?
Et que puis-je sur vous si le cœur n'y consent?

MANDANE.

Seigneur, il est donné; la main n'est pas donnée;
Et l'inclination ne fait pas l'hyménée :
A défaut de ce cœur, je vous offre une foi
Sincère, inviolable, et digne enfin de moi.
Voyez si ce partage aura pour vous des charmes.
Contre l'amour d'un roi c'est assez raisonner.
J'aime, et vais toutefois attendre sans alarmes
  Ce qu'il lui plaira m'ordonner.
Je fais un sacrifice assez noble, assez ample,
  S'il en veut un en ce grand jour;
Et, s'il peut se résoudre à vaincre son amour,
J'en donne à son grand cœur un assez haut exemple.
Qu'il écoute sa gloire ou suive son desir,
  Qu'il se fasse grace ou justice,
Je me tiens prête à tout, et lui laisse à choisir
  De l'exemple ou du sacrifice.

SCÈNE V.

AGÉSILAS, XÉNOCLÈS.

AGÉSILAS.

Qu'une Persane m'ose offrir un si grand choix!
Parmi nous qui traitons la Perse de barbare,
  Et méprisons jusqu'à ses rois,

ACTE V, SCÈNE V.

Est-il plus haut mérite, est-il vertu plus rare?
Cependant mon destin à ce point est amer,
Que plus elle mérite, et moins je dois l'aimer;
Et que plus ses vertus sont dignes de l'hommage
Que rend toute mon ame à cet illustre objet,
Plus je la dois fermer à tout autre projet
Qu'à celui d'égaler sa grandeur de courage.

XÉNOCLÈS.

Du moins vous rendre heureux, ce n'est plus hasarder.
Puisqu'un si digne amour fait grace à Lysander,
    Il n'a plus lieu de se contraindre :
Vous devenez par là maître de tout l'état;
Et, ce grand homme à vous, vous n'avez plus à craindre
    Ni d'éphores ni de sénat.

AGÉSILAS.

Je n'en suis pas encor d'accord avec moi-même.
J'aime; mais, après tout, je hais autant que j'aime;
Et ces deux passions qui règnent tour-à-tour
Ont au fond de mon cœur si peu d'intelligence,
Qu'à peine immole-t-il la vengeance à l'amour,
Qu'il voudroit immoler l'amour à la vengeance.
Entre ce digne objet et ce digne ennemi,
    Mon ame incertaine et flottante,
Quoi que l'un me promette, et quoi que l'autre attente,
Ne se peut ni dompter, ni croire qu'à demi :
Et plus des deux côtés je la sens balancée,
Plus je vois clairement que si je veux régner,
Moi qui de Lysander vois toute la pensée,
Il le faut tout-à-fait ou perdre ou regagner;

Qu'il est temps de choisir.
####### XÉNOCLÈS.
Qu'il seroit magnanime
De vaincre et la vengeance et l'amour à-la-fois !
####### AGÉSILAS.
Il faudroit, Xénoclès, une ame plus sublime.
####### XÉNOCLÈS.
Il ne faut que vouloir : tout est possible aux rois.
####### AGÉSILAS.
Ah ! si je pouvois tout, dans l'ardeur qui me presse
Pour ces deux passions qui partagent mes vœux,
    Peut-être aurois-je la foiblesse
    D'obéir à toutes les deux.

SCÈNE VI.

AGÉSILAS, LYSANDER, XÉNOCLÈS.

####### LYSANDER.
Seigneur, il vous a plu disposer d'Elpinice ;
Nous devons, elle et moi, beaucoup à vos bontés ;
Et je serai ravi qu'elle vous obéisse,
Pourvu que de Cotys les vœux soient acceptés.
J'en ai donné parole, il y va de ma gloire.
Spitridate, sans lui, ne sauroit être heureux ;
Et donner mon aveu, s'ils ne le sont tous deux,
C'est faire à mon honneur une tache trop noire.
    Vous pouvez nous parler en roi.
    Ma fille vous doit plus qu'à moi :
Commandez, elle est prête, et je saurai me taire.

ACTE V, SCÈNE VI.

N'exigez rien de plus d'un père.
Il a tenu toujours vos ordres à bonheur;
  Mais rendez-lui cette justice
De souffrir qu'il emporte au tombeau cet honneur,
Qui fait l'unique prix de trente ans de service.

AGÉSILAS.

Oui, vous l'y porterez, et du moins de ma part
Ce précieux honneur ne court aucun hasard.
On a votre parole, et j'ai donné la mienne;
Et, pour faire aujourd'hui que l'une et l'autre tienne,
Il faut vaincre un amour qui m'étoit aussi doux
  Que votre gloire l'est pour vous,
Un amour dont l'espoir ne voyoit plus d'obstacle.
Mais enfin il est beau de triompher de soi,
  Et de s'accorder ce miracle,
Quand on peut hautement donner à tous la loi*,
Et que le juste soin de combler notre gloire
Demande notre cœur pour dernière victoire.
Un roi né pour l'éclat des grandes actions
  Dompte jusqu'à ses passions,
Et ne se croit point roi, s'il ne fait sur lui-même
Le plus illustre essai de son pouvoir suprême.

---

* Voilà les vers qu'applaudissait sur-tout le P. Tournemine, détracteur de Racine et de Boileau, et dans lesquels il prétendait qu'on retrouvait le grand Corneille. Il faut l'avouer, le génie de Corneille paraît quelquefois l'avoir abandonné; et *Théodore*, *Pertharite*, *OEdipe*, *Agésilas*, *Tite et Bérénice*, sont les ouvrages où l'on n'en retrouve que de bien faibles traces : mais Voltaire en a rabaissé beaucoup d'autres auxquels on pourrait appliquer ce que Longin disait du sommeil d'Homère : « Ses rêves même ont quelque « chose de divin; ce sont les rêves de Jupiter. » P.

AGÉSILAS.

(*à Xénoclès.*)

Allez dire à Cotys que Mandane est à lui;
Que si mes feux aux siens ne l'ont pas accordée,
Pour venger son amour de ce moment d'ennui,
Je veux la lui céder comme il me l'a cédée.
Oyez de plus.

(*Il parle bas à Xénoclès qui sort.*)

SCÈNE VII.

AGÉSILAS, LYSANDER.

AGÉSILAS.

Eh bien! vos mécontentements
Me seront-ils encore à craindre?
Et vous souviendrez-vous des mauvais traitements
Qui vous auroient donné tant de lieu de vous plaindre?

LYSANDER.

Je vous ai dit, seigneur, que j'étois tout à vous;
Et j'y suis d'autant plus, que, malgré l'apparence,
Je trouve des bontés qui passent l'espérance
Où je n'avois cru voir que des soupçons jaloux.

AGÉSILAS.

Et que va devenir cette docte harangue
Qui du fameux Cléon doit ennoblir la langue?

LYSANDER.

Seigneur....

AGÉSILAS.

Nous sommes seuls, j'ai chassé Xénoclès:
Parlons confidemment. Que venez-vous d'écrire

ACTE V, SCÈNE VII.

A l'éphore Arsidas, au sénateur Cratès?
Je vous défère assez pour n'en vouloir rien lire.
    Avec moi n'appréhendez rien,
Tout est encor fermé. Voyez.

LYSANDER.

                Je suis coupable,
Parcequ'on me trahit, que l'on vous sert trop bien,
Et que, par un effort de prudence admirable,
Vous avez su prévoir de quoi seroit capable,
Après tant de mépris, un cœur comme le mien.
Ce dessein toutefois ne passera pour crime
    Que parcequ'il est sans effet;
    Et ce qu'on va nommer forfait
N'a rien qu'un plein succès n'eût rendu légitime.
Tout devient glorieux pour qui peut l'obtenir,
    Et qui le manque est à punir.

AGÉSILAS.

Non, non; j'aurois plus fait peut-être en votre place.
    Il est naturel aux grands cœurs
De sentir vivement de pareilles rigueurs;
Et vous m'offenseriez de douter de ma grace.
Comme roi, je la donne, et comme ami discret,
    Je vous assure du secret.
Je remets en vos mains tout ce qui vous peut nuire.
Vous m'avez trop servi pour m'en trouver ingrat;
Et d'un trop grand soutien je priverois l'état
Pour des ressentiments où j'ai su vous réduire.
Ma puissance établie et mes droits conservés
Ne me laissent point d'yeux pour voir votre entreprise.
Dites-moi seulement avec même franchise,

Vous dois-je encor bien plus que vous ne me devez?
LYSANDER.
Avez-vous pu, seigneur, me devoir quelque chose?
Qui sert le mieux son roi ne fait que son devoir.
En vous de tout l'état j'ai défendu la cause
Quand je l'ai fait tomber dessous votre pouvoir.
Le zéle est tout de feu quand ce grand devoir presse;
Et, comme à le moins suivre on s'en acquitte mal,
Le mien vous servit moins qu'il ne servit la Gréce,
Quand j'en sus ménager les cœurs avec adresse
  Pour vous en faire général.
Je vous dois cependant et la vie et ma gloire;
  Et lorsqu'un dessein malheureux
Peut me coûter le jour et souiller ma mémoire,
La magnanimité de ce cœur généreux....
AGÉSILAS.
Reprochez-moi plutôt toutes mes injustices,
Que de plus ravaler de si rares services.
Elles ont fait le crime, et j'en tire ce bien,
Que j'ai pu m'acquitter, et ne vous dois plus rien.
  A présent que la gratitude
Ne peut passer pour dette en qui s'est acquitté,
Vos services, payés d'un traitement si rude,
Vont recevoir de moi ce qu'ils ont mérité.
S'ils ont su conserver un trône en ma famille,
J'y veux par mon hymen faire seoir votre fille.
C'est ainsi qu'avec vous je puis le partager.
LYSANDER.
Seigneur, à ces bontés que je n'osois attendre,
  Que puis-je....

AGÉSILAS.

Jugez-en comme il en faut juger,
Et sur-tout commencez d'apprendre
Que les rois sont jaloux du souverain pouvoir,
Qu'ils aiment qu'on leur doive, et ne peuvent devoir;
Que rien à leurs sujets n'acquiert l'indépendance;
Qu'ils règlent à leur choix l'emploi des plus grands cœurs;
Qu'ils ont pour qui les sert des graces, des faveurs;
Et qu'on n'a jamais droit sur leur reconnoissance.
Prenons dorénavant, vous et moi, pour objet,
Les devoirs qu'il faudra l'un à l'autre nous rendre;
N'oubliez pas ceux d'un sujet,
Et j'aurai soin de ceux d'un gendre.

SCÈNE VIII.

AGÉSILAS, LYSANDER, AGLATIDE, *conduite par* XÉNOCLÈS.

AGLATIDE.

Sur un ordre, seigneur, reçu de votre part,
Je viens, étonnée et surprise
De voir que tout d'un coup un roi m'en favorise,
Qui me daignoit à peine honorer d'un regard.

AGÉSILAS.

Sortez d'étonnement. Les temps changent, madame,
Et l'on n'a pas toujours mêmes yeux ni même ame.
Pourriez-vous de ma main accepter un époux?

AGLATIDE.

Si mon père y consent, mon devoir me l'ordonne:

Ce me sera trop d'heur de le tenir de vous.
Mais avant que savoir quelle en est la personne,
Pourrois-je vous parler avec la liberté
Que me souffroit à Sparte un feu trop écouté,
Alors qu'il vous plaisoit ou m'aimer, ou me dire
Qu'en votre cœur mes yeux s'étoient fait un empire?
Non que j'y pense encor; j'apprends de vous, seigneur,
Qu'on change avec le temps, d'ame, d'yeux et de cœur.

AGÉSILAS.

Rappelez ces beaux jours pour me parler sans feindre;
Mais, si vous le pouvez, madame, épargnez-moi.

AGLATIDE.

Ce seroit sans raison que j'oserois m'en plaindre:
L'amour doit être libre, et vous êtes mon roi.
Mais, puisque jusqu'à vous vous m'avez fait prétendre,
N'obligez point, seigneur, cet espoir à descendre,
 Et ne me faites point de lois
Qui profanent l'honneur de votre premier choix.
 J'y trouvois pour moi tant de gloire,
J'en chéris à tel point la flatteuse mémoire,
Que je regarderois comme un indigne époux
Quiconque m'offriroit un moindre rang que vous.
 Si cet orgueil a quelque crime,
Il n'en faut accuser que votre trop d'estime;
Ce sont des sentiments que je ne puis trahir.
Après cela, parlez; c'est à moi d'obéir.

AGÉSILAS.

Je parlerai, madame, avec même franchise.
J'aime à voir cet orgueil que mon choix autorise
A dédaigner les vœux de tout autre qu'un roi:

J'aime cette hauteur en un jeune courage ;
Et vous n'aurez point lieu de vous plaindre de moi,
Si votre heureux destin dépend de mon suffrage.

SCÈNE IX.

AGÉSILAS, LYSANDER, COTYS, SPITRIDATE, MANDANE, ELPINICE, AGLATIDE, XÉNOCLÈS.

COTYS.

Seigneur, à vos bontés nous venons consacrer,
    Et Mandane et moi, notre vie.

SPITRIDATE.

De pareilles faveurs, seigneur, nous font rentrer
    Pour vous faire voir même envie.

AGÉSILAS.

    Je vous ai fait justice à tous,
Et je crois que ce jour vous doit être assez doux
Qui de tous vos souhaits à votre gré décide ;
Mais, pour le rendre encor plus doux et plus charmant,
Sachez que Sparte voit sa reine en Aglatide,
A qui le ciel en moi rend son premier amant.

AGLATIDE.

C'est me faire, seigneur, des surprises nouvelles.

AGÉSILAS.

Rendons nos cœurs, madame, à des flammes si belles ;
Et tous ensemble allons préparer ce beau jour
Qui, par un triple hymen, couronnera l'amour.

FIN D'AGÉSILAS.

TABLE DES PIÈCES

CONTENUES

DANS LE TOME HUITIÈME.

SERTORIUS, TRAGÉDIE EN CINQ ACTES. . . . . *Page*   5
Préface de Voltaire.   7
Préface de Corneille. — Au lecteur. 13
Personnages. 20

SOPHONISBE, TRAGÉDIE EN CINQ ACTES. 151
Préface de Voltaire. 153
Préface de Corneille. — Au lecteur. 159
Personnages 170

OTHON, TRAGÉDIE EN CINQ ACTES. 263
Préface de Voltaire. 265
Préface de Corneille. — Au lecteur. 269
Personnages 272

AGÉSILAS, TRAGÉDIE EN CINQ ACTES. 375
Préface de Voltaire. 377
Préface de Corneille. — Au lecteur. 382
Personnages. 384

FIN DU TOME HUITIÈME.

www.ingramcontent.com/pod-product-compliance
Lightning Source LLC
Chambersburg PA
CBHW072104220426
43664CB00013B/1997